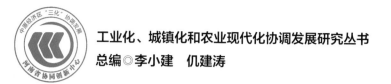

工业化、城镇化和农业现代化协调发展研究丛书

总编◎李小建　仉建涛

粮食主产区
农户农地投入行为研究

RESEARCH ON FARMLAND INPUT
BY FARMER HOUSEHOLDS
IN MAJOR GRAIN PRODUCING AREAS

张建杰　张改清◎著

社会科学文献出版社
SOCIAL SCIENCES ACADEMIC PRESS (CHINA)

　　本书稿是国家社会科学基金"粮食主产区农户农地投入行为及其利益补偿机制研究"（编号：11BJY096）的最终成果

总　序

中原经济区"三化"协调发展河南省协同创新中心（以下简称"中心"）是河南省首批"2011"计划（高等学校创新能力提升计划）所设立的研究单位，2012年10月由河南省政府批准正式挂牌成立。中心由河南财经政法大学作为牵头单位，由河南大学、河南农业大学、河南师范大学、河南工业大学、许昌学院、信阳师范学院、河南省委政策研究室、河南省政府发展研究中心、河南省工信厅、河南省住建厅等多所省内著名高校和政府机构作为协同单位联合组建。

中心的使命是按照"河南急需、国内一流、制度先进、贡献重大"的建设目标，以河南省不以牺牲农业和粮食、生态和环境为代价的新型城镇化、新型工业化、新型农业现代化"三化"协调发展的重大战略需求为牵引，努力实现"三化"协调发展基础理论、政策研究与实践应用的紧密结合，支撑河南省新型工业化、新型城镇化和新型农业现代化建设走在全国前列，引领中原经济区和河南省成为打造中国经济升级版中的新经济增长极。

工业化、城镇化和农业现代化各自本身就是非常复杂的问题，三者相互协调更是一大难题。研究如此大系统的复杂问题，中心一方面展开大量理论研究，另一方面，展开广泛深入的调查。此外，还不断试图将理论应用于实践。如此，已取得一定的阶段性成果。

为此，中心推出"工业化、城镇化和农业现代化协调发展研究丛书"。一方面，丛书可及时向政府和公众报告中心的研究进展，使得中心的研究能得到及时的关注和应用；另一方面，中心也可从政府和公众的反馈中不断改进研究。我们深知我们所要研究的问题之艰难以及意义之重大。我们一定会持续努力，不负河南省政府及河南人民对我们的信任和寄托，做对人民有用的研究。

十分感谢社会科学文献出版社为丛书的出版所做出的重要贡献。

李小建 仉建涛
2015 年 5 月 1 日

摘　要

　　农户是农地的直接支配者、经营者与收益者，其农地投入行为直接关系到农地资源的合理利用与保护，以及农业可持续发展与粮食安全大计。本研究从农地边际化视角，推演粮食主产区农户农地投入决策机理与行为，设计确保粮食安全与粮农增收协同的利益机制，进而提出有益的政策建议。

　　农地边际化是在社会、经济、政策和自然环境等多因素交互作用下，农地收益下降或农地变得不再具有生产能力的动态过程。理论推演表明，农地边际化下，政府粮食安全目标与农户增产增收目标的协同需要建立稳定的纳什均衡，确保种粮资本收益率大于等于社会平均利润率。然而，由于当前工业化与城市化的快速推进，农地利用中土地、劳动力、资金等生产要素资源流失，引致农地低端与高端边际化并存，且针对影响农地边际化的因素更多取决于"粮外"及"农外"等状况，需要从农村制度环境、经济环境以及技术环境等方面降低农地经营成本来遏制农地边际化。

　　农地边际化直接影响农户种粮的生产经营行为。对不同类型农户粮食生产行为的研究表明：粮食主产区营粮农户的分布呈现以维稳户为主体而扩张户较少的偏正态分布，且各类型农户之间规模效率损失的差异引致扩张户与维稳户粮作经营的效率较高，而缩减户粮作经营的效率较低的态势。对农户储售粮行为研究表明：大规模营粮户趋向于扩大产能与提高储量，而较小规模营粮户则正好相反，总体呈现储粮量下降趋势；同时，较大规模营粮户在售粮地点就近化、售粮时期集中化、售粮方式便捷化上显著于其他营粮户；伴随不同规模营粮户储售粮行为趋异，粮食补贴政策的增收效应也随农户营粮规模的扩大而渐次增大，但增幅偏低。

　　新时期我国提出了"以我为主、立足国内、确保产能、适度进口、科技支撑"的粮食安全战略和"谷物基本自给、口粮绝对安全"的粮食安全目标，在此背景下，国家相继出台了诸多惠农政策，从宏观层面看，政策绩效明显，粮食产量连年增产，有效地保障了国家的粮食安全。但从微观层面看，粮食补贴政策未能有效抵消农用生产资料价格上涨、种粮劳动力机会成本上升等对抬高农户营粮成本的影响，进而影响到农户农地投入的力度与规模。从不同规模农户的收益比较来看，中小规模经营户以及中大规模经营户的粮食产出效率相对较高，并且中等及以上规模粮作经营户的商品粮比重较高，这些类型的营粮户应为农地投入的合理规模户。

根据现行粮食补贴政策存在的缺陷，借鉴国际经验，从定向机制、传导机制、协调机制、反馈机制四个方面，构建兼顾宏微观目标的粮食主产区农户农地投入的利益补偿机制，关键在于合理把控政府"要粮"与农民"要钱"的逻辑结合点——农地增产、增值潜力的有效挖掘。因而，从创新农地制度，调控农地边际化；加大对粮食主产区建设的投入力度，完善农地资源的优化配置；优化粮食补贴政策设计，调节政策环节的各种关系；强化粮食补贴政策的主体依托，构建政策的长效机制等方面把控农地边际化，实施粮食主产区农户农地投入合理化的行动规划与政策措施，方是确保粮食安全目标与营粮农户利润最大化目标相统一，"稳粮、增收、强基础、重民生"政策目标落到实处的重要举措。

前　言

"民以食为本，粮以地为先。"随着社会、经济结构转型，农地利用方式和程度发生了较大变化，出现了农地收益下滑、集约度降低、弃耕撂荒等农地边际化现象。如何在人地矛盾突出与非农化驱动强烈的情形下，坚守18亿亩耕地"红线"，合理利用与保护农地资源，最大限度地发挥农地资源在粮食安全保障中的基础作用，可谓世纪难题。

新时期惠农政策施行以来，我国粮食生产实现了"十二连增"，创造了中国乃至世界粮食史上的奇迹。但伴随粮食产量的节节攀升，"卖粮难"问题再度显现，"谷贱伤农"难以避免。当前在我国800个产粮大县中，国家级贫困县超过100个，产粮大县、经济穷县、财政小县的"粮财倒挂"现象长期存在。"粮稳则天下安"，粮食主产区肩负着保障国家粮食安全的重任，破解粮食主产区"保粮致富"难题，需要厘清"谁来种地""怎么种地"等问题。土地是农民的命根子，土地问题涉及亿万农民的切身利益，在新型城镇化、工业化进程加快背景下，如何"把脉"农业要素的空间及产业流动规律，探求尊重农民的意愿与利益诉求，合理引导种粮农户的农地投入行为，优化农户农地投入的利益机制，事关粮食安全与民生大计。

在本书即将付梓之时，心情越发沉重。只叹求索"三农"问题之路多艰，唯有执着求证农事之心未改。快速变革的农村社会经济结构，既为"三农"学者提供了素材与范例，也对其创新性研究提出了考验。本书在整体研究设计上，突出问题的针对性，力求研究脉络的完整清晰、实证分析的充分有力以及对策措施的切实可行。研究成果的创新主要体现在以下三个方面。一是研究视角创新。从农地边际化视角，将农户农地投入的微观行为，纳入国家宏观政策目标实现的框架中去考量，探索实现宏微观目标兼容、政策措施统筹的利益补偿机制，这有助于更好地把握农户行为与

1

其利益诉求的内在规律，厘清合理调控农户行为以保障国家粮食安全目标的实现机理。二是实证研究创新。在对全国农地低端与高端边际化总体判断的基础上，分主产区域、分品种结构测度农地边际化进程，分类型剖析诸多惠农政策下农户农地投入响应行为及政策效应。三是政策措施研究。突出"投资农地，提升地力"在调控农地边际化中的重要性，围绕粮食安全突出的"政治经济"特性，提出深化农村土地产权、劳动转移、金融投资、技术推广和组织创新等方面的改革来掣肘农地边际化，通过实施粮食主产区农户农地投入合理化的行动规划与政策措施，实现粮食安全目标与营粮农户利润最大化目标相统一。总体而言，现行粮食政策的"普惠制"亟须向粮食种植规模户的"专惠制"转变，只有合理引导农地向种粮大户适度集中，通过改善粮作品种、优化种植结构、提高对粮食及副产品的深加工与综合开发利用，强化科技对粮作生产的支撑作用等，才能真正拓展营粮农户利润空间，塑造新型农业经营主体，从根本上解决"谁来种地"问题，确保国家粮食安全。

本书能够出版得益于国家社会科学基金"粮食主产区农户农地投入行为及其利益补偿机制研究"（编号：11BJY096）以及中原经济区"三化"协调发展河南省协同创新中心的资助。本书内容由张建杰与张改清完成。由于作者学术水平所限、涉猎资料素材所囿，本研究成果在视野广度、理论维度、方法新度、对策高度有诸多不足，望广大同仁不吝赐教，指导作者进行后续深入研究。

目　录

第一章
引 言

第一节 研究依据

一、农地制度变迁影响农地利用的效率

(一) 农地制度变迁及意愿主体

制度变迁是新制度替代旧制度的过程,作为一种共同规范,制度规定了参与人可行的选择集,约束着当事人的选择和行为,决定了制度变迁动力的大小及制度变迁何时发生,能否继续[1]。农地制度作为农村的基本制度,其变革发展既会受到既得利益主体的阻碍,也会受到追求利益主体的推崇,相关利益主体间的长期博弈使得中国农地制度的变迁形成了强制性变迁与诱致性变迁交错相融的路径轨迹(见表 1-1)。

表 1-1 新中国成立以来中国农地制度的变迁

阶段划分	意愿主体	方式	内容
新中国成立初期 (1949~1952 年)	政府农民	强制性制度变迁 诱致性制度变迁	土地所有权、经营权 均归家庭私有
农业合作化运动初期 (1953~1955 年)	农民	诱致性制度变迁	土地所有权归家庭私有、 经营权归集体所有

1

续表

阶段划分	意愿主体	方式	内容
农业合作化运动后期 （1955～1957年）	政府	强制性制度变迁	土地所有权、经营权 均归集体所有
人民公社时期 （1958～1977年）	政府	强制性制度变迁	土地所有权、经营权 均归集体所有
家庭联产承包责任制时期 （1978年至今）	农民政府	诱致性制度变迁 强制性制度变迁	土地所有权归集体、 经营权归家庭

1. 新中国成立初期

新中国成立初期，中国是一个落后的农业大国，人地矛盾十分突出。在广大新解放区，土地改革还未进行，广大农民迫切要求获得土地。在此背景下，1950年6月，我国颁布施行了《中华人民共和国土地改革法》，进一步完善了解放区之前的土地政策，"耕者有其田"的农地制度得以落实。到1952年底，土地改革进展较为顺利，建立了"农有农用"的土地制度。这一制度不仅在法律上被予以承认，而且获得了农民的积极响应与参与[2]，体现了该阶段农地制度变迁的强制性与诱致性的双重性。

2. 农业合作化运动时期

尽管在土地改革后，农民拥有了土地所有权，但其生产生活条件并没有发生较大转变。在市场化水平极低甚至市场缺失的情况下，农民通过互助合作自发建立了临时互助组、常年互助组和初级合作社等来克服小农经济的缺陷。其中，临时互助组与常年互助组仅仅要求农民在农业生产过程中相互合作，共同分摊生产费用，仍然保持土地的农民私有制，保证了土地制度安排的连续性，稳定了农民的预期。与互助组不同，初级合作社对农地制度安排进行了调整。初级合作社要求农民以自己所拥有的土地入股，由合作社统一经营，农民的土地所有权、使用权与收益权分离。这种农地制度基本上保留了农民的土地所有权，但使用权已有所分离，即意味着农地的经营权与所有权初步分离。因而，在农业合作化运动初期，农地制度变迁总体上按照农民意愿进行，是一种诱致性制度变迁，因而取得了较好的制度绩效。初级合作社尽管发挥了一定的效果，但在这种制度安排下，想有效地把农民全部组织起来非常困难。为了更好地激励农民的生产热情，高级农业合作社应运而生。高级合作社规定农民原来私有的土地、耕畜和大型农具等主要生产资料交由合作社集体所有，且农民不能取得土地报酬等[3]。由于高级合作社打破了每个成员都享有同样土地权利的惯性，由政府推动的高级合作社没能较好地尊重农民的意愿，它的成立是一种典型的强制性、激进式的制度变迁。

3. 人民公社时期

由初级合作社向高级合作社的推进，虽然未能较好地尊重农民的意愿，但在国家实施重工业优先发展战略的形势下，使国民经济第一个五年计划目标得以顺利实现，从而彰显了农业对工业发展的支持作用。在此背景下，我国没有考虑集体经济的适度规模，发起了"大跃进"和"人民公社化"运动。1958年，在行政力量推动下的制度变迁非常迅速，全国基本上实现了人民公社化。但随之而来的三年全国性大饥荒，迫使中央政府对农地制度改革进行了反思，此后逐步建立了"三级所有，队为基础"的基本农地制度[4]。但总体上，人民公社对土地进行统一规划，土地的所有权高度集体化，经营权、使用权完全掌握在人民公社手中，农民由于只能获得较少的收益而被动劳作。这场由中央政府直接领导的人民公社化运动，决定了这一时期的农地制度变迁具有强制性特性。

4. 家庭联产承包责任制时期

人民公社制度所派生的吃"大锅饭"、追求"一大二公"发展模式助长了"浮夸风""瞎指挥"等行为，造成农业生产效率低下、农产品供给严重不足的局面。农民强烈希望对现有的农地制度进行改革。1978年，安徽省凤阳县小岗村的一群农民，开了家庭联产承包责任制的先河，这一制度在1982年的中央"一号文件"中被明确予以肯定。至此，"三级所有，队为基础"的集体农地经营制度已被集体所有、家庭承包经营制度完全取代。由农民自发创新的农地制度得到中央政府的认可，最终发展成为中国农村农地的基本制度。伴随着这一基本制度的建立，社会经济不断发展，农民对土地承包经营权有了更高的要求，不仅希望拥有土地的使用权、农业生产收益权，而且主张拥有土地转让权、收益权以及处置权等。在这一背景下，中央政府根据制度环境的不断变化，逐步对家庭联产承包责任制

3

进行改革，而此次改革先后经历了诱发状况下的试错阶段（1978～1984年）、稳步推进阶段（1985～1991年）和大转型阶段（1992年至今）[2]。家庭联产承包责任制最初由农民自发创新而来，接着在农民需求的引导下成为我国农地制度的主要形式，因此它具有明显的诱致性特征，但中央政府和各级地方政府力促家庭联产承包责任制的推进也不免使之具有一定的强制性特征。因而，家庭联产承包责任制是在诱致性制度变迁和强制性制度变迁融合下的一种不断创新的中国农地制度[5]。

（二）农地制度变迁对农地利用的影响

1. 新中国成立初期

新中国成立初期，人地矛盾十分突出，绝大部分土地由少数地主占有，贫雇农只拥有非常少的土地，如表1-2所示。经过土地改革，农村土地分配状况有较大改观。到1953年底，90%的农村完成了土地改革，贫雇农和中农占有了90%以上的土地，地主、富农的土地占有量不足土地总量的10%[6]。土地改革使农村土地呈现平均化态势，"农有农用"的土地制度得以基本建立。

表1-2　土地改革前后农村耕地占有比较

单位：%，亩

成分	"土改"前[7]					"土改"后[8]
	占总户数比重	占总人口比重	占总耕地比重	户均耕地	人均耕地	户均耕地
地主	3.79	4.75	38.26	144.11	26.32	16.46
富农	3.08	4.66	13.66	63.24	9.59	32.91
中农	29.20	33.13	30.94	15.12	3.05	23.78
贫雇农	57.44	52.37	14.28	3.55	0.89	16.59

在获得了土地和其他生产资料后，农民的生产积极性得到极大提高。至1952年，除个别品种外，主要农产品产量均已恢复并超过新中国成立前的历史最高水平（见表1-3），这表明土地改革不仅使农民真正实现了"耕者有其田"的梦想，而且也推进了农业生产力的提高。三年的土地改革，使国民经济得到了全面恢复，也拉开了农业支持工业发展的序幕。

表 1-3 土地改革期间主要农产品产量比较

单位：万吨，万头

产品	历史最高年		1952 年产量和指数		
	年份	产量	产量	最高年 = 100	1949 年 = 100
粮食	1936	15000.0	16392.0	109.30	144.83
棉花	1936	85.0	130.4	153.60	293.69
花生	1933	317.1	231.5	73.00	182.57
油菜籽	1934	190.7	93.3	48.90	125.67
甘蔗	1940	565.2	711.6	125.90	268.83
烤烟	1948	17.9	22.2	124.00	516.28
大牲畜 *	1935	7151.0	7645.9	106.90	127.43
水产品	1936	150.0	167.0	111.30	371.11

* 大牲畜的单位为"万头"。

数据来源：《农地资源合理配置的制度经济学分析》[2] 第 122 页。

2. 农业合作化运动时期

农业合作化的演变路径是由互助组到初级合作社，再到高级合作社，其间农地利用发生了较大的变化。初级合作社的主要特点是土地入股、统一经营、统一分配。入股的土地包括耕地、特殊土地（如藕池、鱼塘、菜地等）、私有荒地。在入社土地中，已投入农业生产的土地，其所有者均可取得报酬；交合作社开垦的社员私有荒地，两三年后社员可取得土地报酬。初级合作社互帮互助的运作方式提高了农业的生产力水平和农民的生活水平。就粮食产量而言，合作社初期，个体农户、临时互助组、常年互助组三者的人均粮食产量，以及个体农户与初级合作社的单位土地粮食产量均呈现一定的差异（见表 1-4）。

表 1-4 合作社初期农地产出物比较

单位：公斤

类型	1995 年人均粮食产量			类型	1955 年单位土地粮食产量			
	贫农	中农	富农		稻谷	小麦	大豆	花生
个体农户	477.5	607.0	647.5	个体农户	176.5	56.1	55.0	58.9
临时互助组	563.0	685.5	717.0	初级合作社	194.5	60.2	65.4	103.7
常年互助组	647.5	827.5	822.0					

数据来源：人均粮食产量来自《基于农民认知视角的中国农地制度变迁研究》[4] 第 93 页；单位土地粮食产量来自《中国农村土地产权制度论》[9] 第 76 页。

初级农业合作社的建立在一定程度上改变了农地过于分散经营的局面，农地规模经营的优势初步显现。高级农业合作社依靠政府的行政力量通过无偿收回的方式扩大了农地规模，实行了集体所有、集体经营的模式。1956年与1954年相比，全国农村受灾面积达2.4亿亩，比1954年多0.7亿亩[10]，但粮食产出多了2225万吨，这表明高级合作社的经营模式比之前农户分散的经营模式在防御灾害、农业生产设施改造、技术推广运用等方面更具优势[2]。但由于高级合作社的规模较大，有几百人，甚至上千人，社员相互之间并不熟悉，一定程度上增加了监督成本、计量成本等，削弱了规模经济的效率[11]。高级合作社时期，通过扩大耕地面积，粮食的总产量提高了，但单位面积的产量在下降，农业产值的增速也趋于下降[12]~[14]。

3. 人民公社时期

在强制推行人民公社制度的情况下，新的"集体土地、三级所有、队为基础"的农地集体所有制建立起来。但农地数量自1958年开始一改增长势头而出现下降趋势且下降趋势日趋强烈，人均占有耕地面积由1949年的2.7亩下降到1975年的1.65亩左右，用地结构也呈现土地主要用于种植粮、棉作物的单一的利用结构特征。据统计，在1952年、1957年、1962年、1965年、1978年这5个代表性年份中，耕地用于种植粮食作物的比例分别达87.8%、85%、86.7%、83.5%、80.3%。在"以粮为纲"的农业政策的引导下，粮食总产量尽管从2亿吨增加到3亿吨，但人均占有的农产品产量与粮食产量均没有提高。农地质量退化也呈现加剧趋势。沙化耕地面积在20世纪50年代为2.1亿亩，70年代增加至2.6亿亩；水土流失也较为严重：水土流失面积在20世纪50年代为1650万亩，60年代上升为2700万亩，70年代为3232万亩，折算下来，每年平均损失耕地100万亩[15]。总体而言，在人民公社时期，随着农地数量与质量的变化，全国农业总产值仅有13年为正增长，另有7年为负增长，年均增长率仅为4.62%（见表1-5）。

4. 家庭联产承包责任制时期

从1978年农民自发创新出家庭联产承包责任制开始，到1983年底，全国实行联产承包的队数达81.3万个，占生产队总数的99.5%，其中实行大包干的队数占生产队总数的比重达98.3%。1984年，实行各种联产

表1-5 人民公社时期农业总产值及其增长率

单位：亿元，%

年份	农业总产值	增长率	年份	农业总产值	增长率	年份	农业总产值	增长率
1958	566	–	1965	833	15.69	1972	1123	1.45
1959	497	-12.19	1966	910	9.24	1973	1226	9.17
1960	457	-8.05	1967	924	1.54	1974	1277	4.16
1961	559	22.32	1968	928	0.43	1975	1343	5.17
1962	584	4.47	1969	948	2.16	1976	1378	2.61
1963	642	9.93	1970	1058	11.60	1977	1400	1.60
1964	720	12.15	1971	1107	4.63	1978	1397	-0.21

数据来源：根据历年《中国统计年鉴》整理。

承包制的队数占生产队总数的比重达到100%，其中实行大包干的队数达536.6万个，占生产队总数的99.1%[9]。至此，"三级所有，队为基础"的集体农地经营制度已被集体所有、家庭承包的土地经营制度完全取代。1978~1984年，全国粮食产量从30475吨增加到40730吨，增长了33.7%，农民的温饱问题得到基本解决[4]。随着家庭联产承包责任制进入稳步推进和转型阶段，全国耕地面积呈现先减少后增加再减少的趋势，与此同时，粮食总产量与单产量却在持续增加，只不过增速逐渐趋缓[16]。

二、在农地利用演进中悄然出现边际化现象

家庭联产承包责任制的确立，标志着我国新农地制度的开始。由农民自发创新出家庭联产承包责任制的雏形到它正式建立，到农民需求引导下的家庭承包经营制的完善，再到中央政府鼓励农民进行多种形式的农地制度创新，诠释了我国新农地制度变迁的内在逻辑与路径。新的农地制度在解放农村生产力、调动广大农民生产经营积极性方面发挥了历史性的作用，但随着农村经济和市场环境的变化，单家独户小规模经营农地的利润空间下降，农村家庭联产承包责任制释放的绩效也表现出递减的特征。在大部分农村地区，大批青壮年劳动力涌入城市，出现农民不愿种田、农地非农化进程加快、耕地面积递减的状况。这种现象被刘成武、李秀彬称为农地边际化，并且他们认为我国农地利用发生变化的根本原因在于农地边际

化[17]。此外，刘成武、李秀彬运用1980～2002年全国三大粮食作物的成本收益数据，采用纯收益、播种面积、集约度等指标对我国农地边际化的演进做了宏观判定，诊断出在这20年期间农地边际化现象并不是持续存在的，通过适当的政策干预和对农户农地利用方式的调整，农地边际化能够得到有效控制[18]。

继续对2002年以后的粮食作物播种面积及价格指数修正后的亩均纯收益的时序变化进行分析。结果显示（见图1-1），全国粮食播种面积在2003年进入谷底，但在此后的七年间，全国粮食播种面积出现了一个明显的增长过程，2010年的全国粮食播种面积基本达到了1999年前后的水平。价格指数修正后的亩均纯收益的结果显示（见图1-2），2002～2006年亩均纯收益也出现了明显的增长过程，但在2006年以后，亩均纯收益的增长基本处于停滞状态。2002年以后粮食播种面积和亩均纯收益的变化显示出在这一时期，全国整体范围内农地边际化的趋势有所缓解，这主要得益于国家在土地制度层面加强了对基本农田的管控、取消了农业税以及出台了以工补农等政策。

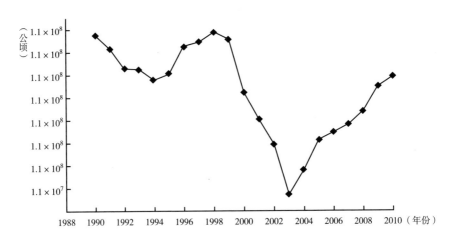

图1-1　1990～2010年全国粮食作物播种面积

数据来源：1991～2011年《中国统计年鉴》。

农地边际化在空间上呈现一定的差异，东部地区农地边际化的发生时间早于中西部地区，它呈现自东向西扩展的发展态势。农地边际化在经济发展水平不同的地区也表现出差异，欠发达地区农地边际化现象滞后于发

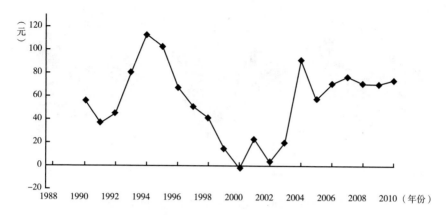

图 1 – 2 1990 ~ 2010 年全国粮食作物价格指数修正后的亩均纯收益

数据来源：1991 ~ 2011 年《全国农产品成本收益资料汇编》。

达地区，但随着地区经济融合程度的提高，农地边际化呈现由发达地区延伸至欠发达地区的趋势。农地边际化不仅因地理区位、经济发展水平不同而异，而且也因种植作物不同而异，一般多发生在种植大宗粮食作物、经济作物与油料作物的土地上，当然受市场环境的影响，种植各种作物的土地的具体边际化时间与程度有差异，但基本的规律是一致的[19]。随着工业化与城市化的快速推进，农地制度创新模式多样化，如山东的"两田制"、江苏苏南地区的"规模经营"、广东南海市的"土地股份合作制"、浙江嘉兴的"两分两换"等，它们都不同程度地影响了各地区的农地利用情况，由此也引致了农地边际化，尤其是高端边际化现象在不同地区的分异。

对 2006 ~ 2009 年全国各省份的粮食播种面积及亩均净利润（价格修正后的）进行分析，粮食播种面积的变化率结果显示（见图 1 – 3）：东部地区与西部地区在变化率上有明显不同，东部地区的粮食播种面积在 2006 ~ 2007 年还处于负增长阶段，但在随后两年中出现了较大幅度的正增长；相比较而言，西部地区的粮食播种面积有着与东部地区的粮食播种面积相反的变化趋势，即播种面积变化率由正的逐渐变为负的。2006 ~ 2009 年全国各省份亩均纯收益（价格修正后的）的变化率显示（见图 1 – 4），西部地区的亩均纯收益的增速也明显低于东部。以上的对比说明，虽然在 2002 年以后，全国范围内的农地边际化趋势减缓，但西部地区的农地边际化呈现蔓延趋势。可见，农地边际化现象呈现地区差异。

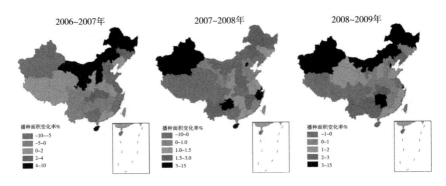

图 1-3　2006～2009 年全国各省份粮食播种面积变化率

数据来源：2007～2010 年《全国农产品成本收益资料汇编》。

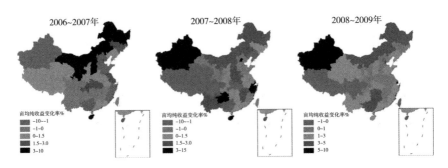

图 1-4　2006～2009 年全国各省份亩均纯收益（价格修正后的）变化率

数据来源：2007～2010 年《全国农产品成本收益资料汇编》。

（一）农地边际化影响国家的粮食安全

要保障国家粮食安全，首先需保证一定的农地数量。但随着工业化与城市化的推进，农地利用结构和劳动力流动方式发生了变化，出现了农地的非农化与非粮化，农地边际化现象趋于严重。因此，我国从农地资源安全问题角度提出了保障 18 亿亩耕地的国策，因为耕地面积减少直接影响粮食安全。王海鸿的研究表明（见表 1-6）：随着农业科技水平的提高，我国粮食产量对耕地面积的依赖程度减弱，但由于科技投入也存在边际报酬递减的现象，粮食产量的提高绝不可能建立在耕地面积递减的状况下[20]。因此，由农地非农化与非粮化引起的农地边际化将对粮食供给造成一定影响。

表1-6 中国耕地面积年变化率和粮食产量年增长率及相关系数

单位：%

项目	1950~1957	1958~1960	1961~1968	1969~1977	1978~1985	1986~1995	1996~2005
耕地面积累年变化率	13.52	-6.31	-3.18	-2.29	-2.44	-1.92	-0.19
耕地面积年均变化率	1.69	-2.10	-0.40	-0.25	-0.31	-0.19	-0.25
粮食产量累年增长率	57.45	-28.50	39.33	31.84	31.25	21.61	-0.46
粮食产量年均增长率	7.18	-9.35	4.92	3.54	3.91	2.16	-2.06

根据陈江龙、曲福田的研究结果（见表1-7[21]）和程烨等对我国耕地资源对粮食安全的保障程度的测算结果（见表1-8[22]），可以看出农地非农化对粮食生产的影响是非常大的，当前保障18亿亩耕地的国策虽有充分依据，但仍需要严格控制农地的边际化。

表1-7 农地非农化对粮食安全影响的预测

年份	基数（万公顷）	倍数	年数	粮食播种比例	复种指数	单产（千克/公顷）	粮食产出损失A（万吨）	粮食需求量B（万吨）	A/B
2020	18.28	1.1	20	0.6	1.6	5200	2007.58	64500	0.0311
	18.28	1.2	20	0.6	1.6	5200	2190.09	64500	0.0340
	18.28	1.3	20	0.6	1.6	5200	2372.60	64500	0.0368
	18.28	1.5	20	0.6	1.6	5200	2737.61	64500	0.0424
2030	18.28	1.1	30	0.6	1.6	5700	3300.93	73400	0.0450
	18.28	1.2	30	0.6	1.6	5700	3601.01	73400	0.0491
	18.28	1.3	30	0.6	1.6	5700	3901.10	73400	0.0531
	18.28	1.5	30	0.6	1.6	5700	4501.27	73400	0.0613

注：表中数据以1997~2002年农地非农化导致的耕地减少量的平均值18.28万公顷为基数来计算；粮食产出损失=基数×倍数×年数×粮播比例×复种指数×单产。

表 1-8　对 2020 年粮食安全保障下的耕地需求预测

指　标	指标值	指　标	指标值
人口数量（亿人）	15	复种指数	160
粮食安全标准（公斤/年）	430	粮食完全自给的耕地需求（亿亩）	20.31
粮食总需求（亿吨）	6.45	粮食95%自给的耕地需求（亿亩）	19.30
粮食播种面积单产（公斤/亩）	315	粮食90%自给的耕地需求（亿亩）	18.33
粮食作物与经济作物比例（%）	63		

总体而言，在城乡生产要素自由流动的背景下，从事粮作经营的劳动力的机会成本在不断提高，农村劳动力要素向城市集中，农民家庭或放弃耕作农地造成抛荒，或由于缺乏务农劳动力而降低农地利用的集约度与农地复种指数。为了提高粮作经营的效率，近年来各地区都积极引导农地流转，出现了不同规模的种粮专业户。但在农业生产成本上涨的同时，经济作物等"非粮"农地流转规模逐步扩大，提升了农地流转价格，进一步挤占了种粮的利润。在这种情况下，出现了经济作物种植大户与种粮大户竞价争夺流转土地的现象[23]。尽管我国粮食生产呈现十一年连续丰产的景象，但在耕地资源趋紧、农地非粮化、劳动力机会成本上升、地租抬高等的趋势下出现的农地边际化，势必会影响粮食综合生产能力，对国家的粮食安全造成一定的威胁。

第二节　研究意义

农户是农地的直接支配者、经营者与收益者，其农地投入行为直接关系到农地资源的合理利用与保护，以及农业可持续发展与粮食安全大计。随着社会经济结构转型，农地的利用方式和利用程度均发生了很大变化，从南到北的农地利用集约度降低、农地弃耕撂荒等问题出现[18]，农地边际化的影响因素逐渐趋于多样化。在人多地少、农地非粮化与非农化趋向明显的情况下，如何坚守 18 亿亩耕地"红线"的基本国策，优化农地资源的利用与保护，充分发挥其对实现国家粮食安全目标的重大作用，是当下的攻坚课题。探求在遵循自然规律、市场规律与农村社会发展规律的基础上，尊重种粮农户利益诉求，优化设计农户农地投入的利益保障机制，不仅关乎国家的粮食安全，而且是民生所向的重大问题。为此，本书基于农地边际化视角，推演粮食主产区农户农地投入决策的机理与行为，设计确保粮食安全与粮农增收协同的利益机制，具有重要的理论与实践意义。

第三节　文献综述及研究切入点

一、农地边际化与粮食安全

（一）农地边际化

最早将边际分析方法引入土地利用研究的是一些土地经济学家，他们从经济学角度提出了土地利用的集约度、集约边际与边际土地等相关概念[24]~[26]。在李嘉图的地租理论中，土地资源集约利用被解释为一种高效的农业经营方式，即在既定的土地面积上，运用先进的管理方法与技术手段，使投入的物质资料与劳动量获得最大产出的一种生产经营模式。集约度的高低与单位面积土地上资本、技术和劳动投入量的多少相关[27]。理论上，在不同投入水平下，土地利用有三个阶段，这三个阶段的划分依据是粗放边际和集约边际的临界点，粗放边际的临界点处于其投入与生产收益相等的点；集约边际的临界点处于其边际效益与边际成本相等的点[28]。粗放边际临界点之前的阶段为粗放利用阶段，集约边际临界点之后的阶段为过度利用阶段，介于这两者之间的阶段为集约利用阶段[29]，这种集约利用土地的方式是较为合理的土地资源配置方式[30]，规避了粗放利用与过度利用给土地和生产经营者带来的损失。事实上，土地利用除了通常随面积变化或用途转移而发生变化外，还会随集约度变化而变化[31]。地租理论认为，土地利用的集约化表现为，在对土地产出品的需求持续增加的情况下，可以通过扩大生产该种产品的土地播种面积来提高单位土地面积上物质资本与活劳动的投入产出率；而土地的粗放利用则正好相反，对土地产出品的需求下降导致部分土地或被抛荒或被转作他用，单位面积土地上劳动和资本的投入减少。当农产品需求发生变化时，集约边际和粗放边际决定究竟是采取调整面积还是调整集约度的方式来加以应对[32]。可见，需要将农地边际化与农地面积变化、农地质量高低、农地集约边际与粗放边际的边界等概念结合起来理解。

由于农地边际化涉及的方面较多，对其含义见仁见智：有的认为它是经济生产能力处于边际化时的那种状况[33]；有的认为它是农地收益从多到少的变化过程[34]；有的认为它是一种受系统性因素综合作用的过程，一个在现有农地利用结构和社会经济条件下，农地失去生产能力及经济利用价值的过程[35]；还有的认为它是农地收益从多到少的变化过程，或者农地变得不再具有生产能力的过程[36]。尽管对农地边际化的理解不尽相同，但对其驱动因素的看法基本一致，认为农地边际化是区位、经济、社会、生态等因素共同作用所致[37]。

（二）农地边际化与粮食安全

粮食安全的概念几经修改，但基本含义没有改变。张晓山认为可以从三个层面去理解粮食安全：其一，在生产上能够产出数量充足的符合需求目的的食物；其二，在供给上能够保障食物的稳定供应；其三，在需求上能够保证食物需求者均能获得食物[38]。长期以来，我国形成了从宏观层面追求粮食产量增长的粮食安全观。要确保生产和供应足够的粮食，最根本的是要提高粮食生产能力。在推进工业化的进程中，在一些发展中国家，非农用地增加侵占了大量耕地，城市用水增加挤压了农业用水供给，以及粮食产能得以维系的农业自然生态资源基础遭到损害等，影响了其粮食产量的可持续增长[39]。傅伯杰等人在《环渤海地区土地利用变化及可持续利用研究》中利用马尔可夫过程模拟结果，发现耕地面积持续减少并稳定在某一状态上时，这一状态将给社会的粮食安全造成一定的影响[40]、[41]。刘成武的研究表明，农地利用的变化集中表现为农地集约度、农作物播种面积、农地的弃耕撂荒等的变化，这些变化同农地边际化密切相关。农地面积、耕地复种指数、粮食作物种植比例和粮食单产水平影响区域粮食总产量。其中，农地面积减少会对粮食总产量造成影响，在一定程度上可通过技术进步提升单产水平、增加复种指数、加大粮作种植比重等措施来缓解，但这有技术边界限制[19]。由此可见，农地边际化下粮作面积减少、耕地利用粗放化进而弃耕撂荒，不仅会影响到粮食总产出水平，而且会损害粮食生产潜力，更事关国家粮食安全大计[36]。

二、农地边际化下农户的农地投入行为

(一) 农户行为理论及农户的土地利用

农户是以姻缘和血缘关系为纽带的社会生活组织[42]，对农户经济行为的研究，最早来自亚当·斯密和卡尔·马克思，他们将小农经济当作商品经济欠发达时期的经济形式，认为小农经济将被资本主义规模经济所取代。然而，这一预言与现实并不符合。在资本主义社会经历了自由竞争资本主义及垄断资本主义后，小农经济以及以家庭劳动为主的家庭农场仍存在于世界的许多地方。小农经济的复杂性及顽强生命力被越来越多的学者认识到[43]。

最早对小农经济进行系统研究的是以 A. 恰亚诺夫为代表的组织－生产学派。该学派将边际理论的劳动－消费均衡论及家庭周期说作为理论基础，对农业经济结构和家庭农场的生产组织问题进行了重点分析。其研究表明：随着市场化进程的推进，小农行为目标区别于资本企业主经济行为目标，小农经济理性目标为家庭消费效用最大化，而非利益最大化。在农户家庭决策上，劳动者效能的发挥缘于其家庭消费需求，并受劳动力自身能力的限制，由此恰亚诺夫推定改造传统农业之路为引导小农走向合作[44]。后来恰亚诺夫理论的继承者在此基础上进行了小农经济的相关研究。卡尔·波兰尼 (Karl Polang) 等从哲学层面和制度维度来分析小农行为，认为应以适当方法与分析框架将小农户经济行为选择当作社会的"制度过程"，这是由于在资本主义市场萌芽前，小农户的经济行为在当时特定的社会关系之中有其存在的合理性[45]。美国经济学家斯科特 (Scott) 在此观点的基础上，指出小农经济追求生存理性，将"安全第一"作为首要原则[46]。

理性小农学派的美国经济学家舒尔茨 (Schultz) 并不认同组织－生产学派认为小农具有"生存理性"的观点，他指出，一个竞争的市场运行于小农经济中，与运行于资本主义经济并无不同。在传统农业经济中，小农与资本企业主的经济理性目标一致，追求利润最大化，能够在要素价格反应上做出理性选择，灵活应对市场变化。传统农业的封闭并非缘于小农"非理性"，而是缘于传统要素投入边际报酬递减规律，小农经济是"贫穷而有效率"的。改造传统农业需要现代技术要素的投入，并保证在现行要

15

素价格水平下实现其利润，农户则会追逐最大化的利润。据此，他提出应在现存的组织和市场中通过确保合理成本水平下的现代生产要素供应来改造传统农业[47]。理性小农学派考虑到小农农业生产的持续性，寄现代农业的希望于"小农农场"而非资本主义农场[43]。

与实体主义的组织 - 生产学派和形式主义的理性小农学派相比，现实主义的历史学派将农户的生产与消费统一起来。黄宗智为历史学派的代表性人物，他于1985年提出了"拐杖收入逻辑"，即小农家庭收入由农业家庭收入与非农用工收入构成，前者为主收入来源，后者为辅助收入来源。黄宗智通过梳理新中国成立前中国数个世纪的农业发展轨迹，总结出来中国农民既非完全恰亚诺夫意义上的生计生产者，也非舒尔茨所指的最大化利润追逐者；中国农业发展路径为"无发展增长"与"过密型商品化"。黄宗智进而提出，迫于家庭生计需要，小农将其劳动边际报酬压低至雇佣价之下，这虽不符合经济理性原则，但对处于温饱边缘线的小农消费者而言极具"边际效用"[48]。由此可见，分析小农行为动机，应将农户家庭农场作为集农业产出品生产者与消费者于一身的单位，将其置于企业行为理论与消费者行为理论组合框架下。

在上述经典农户经济行为理论的基础上，国内一些学者对农户理论做了创新性的演绎与拓展，如小农制度理性经济假说[49]、社会化小农的理论假说[50]，以及从社会学、历史学等视角对近现代史上中国农户经济行为的探索性研究[51]~[56]，它们均为分析农户经济行为的复杂性与差异性提供了理论借鉴。

（二）农户农地投入行为

农户的农地投入行为可被理解为在现行社会经济条件下，作为行为主体的农户所表现出来的农业生产性投资反应[57]。对于农户的农业投资，不同学者因研究视角不同而对其概念的内涵与外延的理解有一定的差别。有的学者将在农业生产领域中发生的现金流量作为投资，并将支付流动性费用的短期投资与购买固定资产的长期投资区分开来进行研究[58]、[59]；有的学者将农户投资理解为扩大农业规模、提高农业生产水平所投入的物质资本与人力资本等要素的过程[60]；有的学者则从土地视角将农户投资划分为两类：一类是指与土地相连的不可转移的投资，如打井、农田基建、种绿肥、施有机肥；一类是与土地不相连的投资，主要是指建造塑料大棚、仓库，购买拖拉机、收割机等农业机械[61]~[63]。事实上，关于农业的长短期投资，马克思在《资本论》中就提到过：只要是为改善农地基本设施条件而做的投入都可归（并）入长期投资，而当年就能够收回成本的投资都可理解为短期投资[64]，且马克思认为将农业投资加以划分有利于对其进行细化研究[65]。

农地作为农业发展的主要素，必然受到农地制度安排的影响。改革开放以来，农村实行了家庭联产承包责任制，同时也出现了土地使用权不稳定以及交易权不完整等的问题，这些问题集中表现为土地的频繁调整和农户间土地的非正式流转。有学者将土地调整形象地比喻为"随机税"，因为土地可能在不确定的时期被收走，且它一旦被收走，农户之前的资金投入就会受损，而这部分损失可被视为一种税收而被土地调整政策或措施"拿走"[66]。Yao 和 Wen 认为土地承包权的不确定性削弱了农户投资的积极性[67]、[68]。尤其在农地调整频度较高的地区，农户会降低"绿肥"的投入[69]。因而，降低农地调整频次、延长农地承包期，有利于农户对土地进行长期投资，进而有助于优化配置有机肥与化肥的用量结构[70]。有学者进一步实证证明，稳定的农地承包权与农户投资呈正向关系，相反，不稳定的农地租赁经营权与农户的投资呈反向关系[71]。姚洋还实证研究了农地制度与农业绩效的关系：农地产权的不清晰、不稳定不仅会影响农地投入要素的配置结构，而且也会影响农地的流转以及农地产出的效率[72]。何凌云、黄季焜运用广东省的数据也证实了，农地承包权、经营权等权属之间的转换及稳定性对农户农地的长期性投入与短期投入均有影响[62]、[73]。而朱民、尉安宁、刘守英的研究表明，农地经营权的稳定性并不直接对农业总投资产生显著影响，但当将农户的投资区分为长期投资与短期投资时，农地经营权的稳定性则会使农户对农地投资的偏好倾向于长期投资，且其对资源稀缺的农户有更大的激励作用[61]、[74]。当然，也有一些学者持不同的观点，他们认为农地产权的稳定性与农户对农地的投入的相关性并不是很明显[75]；农地的调整对农户短期性的生产性投资影响较小[76]，对涵养水源、培养地力、完善农田基础设施等长期性投资的影响也不显著，影响农户农地投入的重要因素是农户对农业生产经营预期的不确定[77]。许庆、章元以及 Kung 等学者的进一步实证也得出了类似的研究结果[78]、[79]。尽管很难对农地制度与农户农地投入之间的关系做出一致性的判断，但多数学者认同土地承包权的稳定能够使土地所有者增加土地的长期投资[80]。

（三）农地边际化下农户的农地投入行为

农地利用的变化对应农业的增长与衰退[32]。在与增长有关的农地利用假说中，马尔萨斯假说尽管因没有考虑人的能动性特别是农业技术的进步的因素而备受非议[81]，但在农地利用发展史上，有大量的例证支持马尔萨斯的假说[32]。后来，博斯鲁普（Boserup）通过对小农经营演进的考察表明，增加农地的产出量不仅需要提高技术水平，而且要增加单位土地面积上生产要素的投入，进而推理出：农业发展史就是土地集约边际被技术进步逐步提高的过程[32]。博斯鲁普的结论更倾向于市场参与程度更大的现代农业[82]。不同于马尔萨斯假说与博斯鲁普假说的吉尔茨假说强调土地利用系统集约度的弹性[83]。吉尔茨（Geetz）强调了两种极端的土地利用类型，发现集约度的弹性越大，其土地利用系统的潜力也越大，可通过使农地利用不断逼近集约边际的边界来满足更多人口的食物需求[84]。由此表明，在食物的刚性需求下，考虑到现有生产条件，理性的农民可能会选择种植集约度高的作物，而不是扩张农地面积[32]，这类似前述黄宗智的"过密化"小农的土地经营方式。与土地利用集约化假说相对应的是 Brookfield 的土地利用粗放化假说。Brookfield 的研究表明：当农村劳动力机会成本上升时，农地利用中就可能出现粗放经营或耕作面积减少的现象[85]，如日本以及中国台湾等地曾出现的劣质土地粗放化和边际化现象[86]。当然，随着市场环境的变化，退耕土地可能又开始被耕作，因而，农地边际化亦可能是短期现象，且呈现一个动态的过程[32]。

在农地边际化的动态演进中，农户类型结构也在不断变化，出现了纯农户、兼业户、非农户。关于农户分化对农地生产效率的影响究竟是积极的还是消极的，尚存在分歧。关于农地规模分化，一些学者认为超过适度范围的大规模经营没有明显地拉高产出效率[87]，甚至可能会导致农地产出效率降低[88]~[90]。另一些学者则认为农地产出效率是具有规模报酬递增效应的[91]。关于行业分化，大多学者认为农户兼业程度与农地产出效率之间存在负向关系，并且农户兼业导致了农业投资的分散，影响了农地的可持续利用[92]。当前，作为农户主体，兼业农户在一定程度对土地流转、土地适度规模经营以及国家粮食安全造成了影响[93]。日本经济学家速水佑次郎、美国经济学家弗农·拉坦将这一现象定义为"兼业化滞留"，并认为需要客观地对这一现象予以引导[94]。但也有一些学者持相反观点，认为兼业农户的农地产出效率也会高于专业农户[95]，兼业有利于提高农地经营效率，并推动农民组织化的演进，改变农户投资结构，促进小农经济效率的提高[96]、[97]。为了进一步分析农户分化对农户农地投入的影响，众多学者运用农户模型对其进行分析，如梁流涛等用计量模型估计了不同兼业类型农户的土地利用行为和土地利用效率的差异[98]。由于不同学者采用的方法与运用的数据不同，得出的结果仍有较大差异。

总体而言，关于农户农地投入行为问题，学者们大多从农地制度、农地规模、非农就业以及农业信贷等视角来研究，从农地边际化视角对其进行探索性研究是近年来的事情。当农地出现边际化时，农户为应对农地产出收益的下滑，采取了不同的策略：有的农户通过劳动力转移、提高非农劳动参与程度[34]、[35]等途径来同边际化现象抗争；有的农户则选择削减投入或暂时性的抛荒；有的农户会采取培育土壤肥力等方式来改良农地[37]；等等。与农地边际化密切关联的农户投入不足问题一度受到众多学者的关注。其中，较多学者认为稳定的土地承包权能够促进农户长期投入[47]，而一些学者认为地权稳定与农地长期投入之间的关系并不是那么简单，此关系的具体内容可能与所处的农业阶段等有关[35]。事实上，无论是长期投入，还是短期投入，农户都要考虑其风险，只有农地投入回报率大于时间偏好率时，农户才愿意投入[34]、[99]。影响农户农地投入回报的因素不仅有资产资本比、贴现率、投入品价格以及产出品价格，而且有政策等[100]。关于政策的"双刃剑"效应，众多学者的看法基本一致，认为欧美等国的与生产"脱钩"的直接支付政策和粮食专项补贴政策等有利于刺激农户投资，但也导致生产、贸易以及农业要素市场产生扭曲[101]。因而，对农地经营者，尤其是粮食种植者的补偿需要考虑其最优的投入水平，改变其资本约束状况[102]。

在借鉴国外农地边际化研究的基础上，近年来国内一些学者从经济地理学与资源环境经济学的角度对其进行了研究，进一步区分了真性农地边际化与假性农地边际化、低端农地边际化与高端农地边际化，并对如何诊断它们设置了相应的指标[18]，为后续研究提供了参考借鉴。在农地边际化下，农户农地投入的响应行为表现得极为理性，动态调节了农地的要素配置结构和土壤肥力以及合理调整了耕作品种[103]、[104]。在非农就业机会与产业间比较利益差异日益显现的背景下，农户会采取兼业经营模式，缩减单位农地面积的劳动力、资金投入，弱化对地力的培育，对农地进行短期性经营[105]。这种不利于农地可持续利用以及威胁国家粮食安全的行为需要通过相应的政策加以规制[106]。此外，农地保护的外部性与粮食安全的公共品属性决定了政府对农户投入进行补偿的客观必要性[107]。当前对种粮农户的补贴存在制度缺失、力度不足、范围广、方式不合理及政策落实机制不健全等问题，进而导致补贴效率偏低，对农民收入贡献甚微[108]~[110]。特别是直接补贴无效率的区域多集中在粮食主产区[111]的现象更值得深思。为此，保障粮食安全、增加农民收入和提高农地竞争力成为当下粮食补贴政策的调整方向与目标[112]、[113]。

三、研究切入点

梳理相关研究成果发现，对农户农地投入行为的研究成果较多，但罕有将其置于农地边际化背景下去研究的。事实上，单维度研究农户微观层面的投入行为和农地边际化的演进规律，不能较好地反映农地边际化对农户农地投入的传导性、结构性与系统性等的影响。构建兼顾宏微观目标的粮食主产区农户农地投入的利益补偿机制，迫切需要深度把握农户行为与其利益诉求的内在规律，厘清合理调控农户行为以保障国家粮食安全目标实现的机理。为此，本书基于农地边际化视角，将农户农地投入的微观行为，纳入国家宏观政策目标实现的框架中去考量，探索能够实现宏微观目标兼容、政策措施统筹、动态调节有度且符合国情国力的利益补偿机制，以期发现新的政策含义。

第四节　研究思路、方法与内容

一、研究思路

在规范分析的基础上，首先，本书总体考察农地边际化时空演进的规律及农地边际化下农户农地投入的行为；其次，基于农户多样化目标，分析农地边际化下粮食主产区农户粮作经营行为及其效应；再次，基于粮食安全战略目标，估计粮食主产区农户农地的合理投入与绩效；最后，对现行粮食补贴政策的宏微观绩效进行考察，并借鉴国际经验，构建粮食主产区农户农地投入的利益补偿机制，并提出确保粮食安全目标与营粮农户利润最大化目标相统一的对策建议。

二、研究方法

本书主要采用实地调查资料、全国固定跟踪观察户资料与相关统计资料进行定位、定性与定量研究，其主要方法有以下四种。第一，问卷调查法。对粮食主产省（主要是河南省）不同类型农户的农地流转、农地投入以及他们对现行粮食补贴政策的反应等做了分户调查。第二，理论演绎法。界定了农地边际化的内涵，并对农地边际化下农户农地投入主体行为决策做了判断。第三，统计分析法与计量分析法。利用实地调研获取的截面数据与加工整理的官方统计数据，以时、空二维视角观察和描述农地边际化的演进，总体分析粮食主产区农户农地投入行为，并从宏微观角度分别分析粮食主产区农户的粮作经营行为及粮食补贴政策的效应。第四，系统分析法。根据规范分析与实证研究的结果，借鉴国际经验，构建兼顾宏微观目标的农户粮作经营利益补偿长效机制。

三、研究内容

本书主要分为以下几个方面。

第一，引言。提出了本书的研究依据与意义，综述了相关研究文献，找到了研究的切入点，并提出了研究思路、方法，确定了研究内容。

第二，农地边际化及其对农地投入主体行为决策影响的判断。对农地边际化进行了界定，判定了农地边际化下不同主体农地投入行为的响应，并分析了农地边际化下政府与农户农地投入的博弈行为。

第三，农地边际化时空演进及其影响因素。首先，以三大粮食作物为例，分析了全国低端农地边际化与高端农地边际化的总体演进；其次，将粮食主产区按品种分类，分别分析了小麦、稻谷、玉米主产区的农地边际化进程；最后，对粮食主产区农地边际化的影响因素做了计量分析。

第四，农地边际化下粮食主产区农户农地投入行为。首先，从粮食作物与经济作物的比较角度总体分析了全国农户物质与服务投入、人工投入以及土地投入的差异；其次，分别对小麦、稻谷与玉米主产区农户的播种面积、生产性投入与土地投入进行了比较；最后，对农地边际化下粮食主产区农户农地投入行为进行了归纳总结。

第五，农地边际化下粮食主产区农户粮作经营行为及效应。首先，分析了农地边际化下农户的种粮意愿；其次，对农户粮食生产投入及其生产效率做了分析；最后，对农户的粮食储存与销售行为及其效应进行了分析。

第六，粮食安全战略下粮食主产区农户农地投入的合理估计及绩效。首先，基于粮食主产区农户的视角，分析了确保国家粮食安全微观基础的重要性；其次，分析了粮食主产区农户农地投入的力度及其粮食产能贡献；最后，对粮食主产区农户农地投入规模进行了估计。

第七，借鉴经验，构建粮食主产区农户农地投入的利益补偿机制。首先，从微观和宏观角度对现阶段粮食补贴政策的效果进行了评价；其次，梳理与分析了美国、欧盟、日本粮食补贴政策的经验与可资借鉴之处；最后，从定向机制、传导机制、调节机制和反馈机制方面分析了粮食主产区农户农地投入的利益补偿机制。

第八，合理调控农地边际化，确保粮食主产区农户收入增长与国家粮食安全的政策建议。根据上述分析，从创新农地制度，调控农地边际化；加大主产区建设的投入力度，优化农地资源的配置；完善粮食补贴政策设计，调节政策环节的各种关系；强化粮食补贴政策的主体依托，构建政策的长效机制等方面提出了相应的对策建议。

第五节　研究创新与不足

一、主要创新点

①研究视角创新。从农地边际化视角出发，将农户农地投入的微观行为纳入国家宏观政策目标实现的框架中考量，探索构建宏微观目标兼容、政策措施统筹的利益补偿机制，以期更好地把握农户行为与其利益诉求的内在规律，厘清合理调控农户行为以保障国家粮食安全目标实现的机理。

②实证研究创新。第一，在第三章中，在对全国农地低端与高端边际化进行总体判断的基础上，将粮食主产区划分为玉米、小麦与稻谷主产

区，并分别以黑龙江、河南与湖南为例对其农地边际化进程做了测度与分析；第二，在第四章中，首先对全国农户粮食、经济作物的物质与服务投入、人工投入及土地投入做了总体比较，而后分别对玉米、小麦与稻谷主产区农户农地的播种面积、生产性投入与土地投入做了时序与截面的比对，证实在农地边际化进程存在区域差异的情况下，农户农地投入也呈现区域分异特征；第三，在第五章中，基于农地边际化下农户多元化行为选择及响应，运用调查数据对粮食主产区农户的种粮意愿、粮食生产与销售行为进行了计量分析，表明现阶段粮食主产区农户粮作经营效率仍然偏低，谁来种粮问题不容忽视；第四，在第六章中，基于粮食安全战略，首先考察了粮食主产区农户粮作经营分化的状况，其次以农资为例分析了粮食主产区农户农地投入的力度及其对粮食产能的贡献，最后估计了粮食主产区农户农地投入的合理规模及其收益，在总体上证明农户农地投入的力度及规模对宏微观绩效有较大影响；第五，在第七章中，将调查数据与官方统计数据相结合，对现阶段粮食补贴政策的宏微观效果进行了评价，证实粮食补贴政策的低效率状况亟须改善。

③政策措施研究创新。突出调控农地边际化的重要性，围绕粮食安全突出的"政治经济"特性，指出应深化农村土地产权、劳动转移、金融投资、技术推广和组织创新等改革，掣肘农地边际化，实施粮食主产区农户农地投入合理化的行动规划与政策措施，是确保粮食安全目标与营粮农户利润最大化目标相统一，"稳粮、增收、强基础、重民生"政策目标落到实处的重要举措。现行粮食补贴政策的"普惠制"亟须向粮食种植规模户的"专惠制"转变，只有合理引导新型农业经营主体合理配置资源，强化科技对粮作生产的支撑作用等，才能真正拓展营粮农户的利润空间，解决谁来种地的问题，保障国家粮食安全。

二、存在的不足

在研究中发现有以下几方面的内容需要深化分析：①农地低端边际化与高端边际化对粮食安全影响的差异；②粮食主产区农地"非农化"、"非粮化"以及"撂荒"现象产生的根源及覆盖面；③在国家粮食安全目标下，粮食主产区农户农地投入要素的优化配置；④粮食主产区农户农地投入利益补偿政策措施的有机组合方案。

参考文献

［1］ 钱忠好：《制度变迁理论与中国农村土地所有制创新的理论探索》，《江海学刊》1999 年第 5 期。

［2］ 韩冰华：《农地资源合理配置的制度经济学分析》，博士学位论文，华中农业大学，2005。

［3］ 史敬棠等：《中国农业合作化运动史料》（下册），上海三联书店，1959。

［4］ 徐美银：《基于农民认知视角的中国农地制度变迁研究》，博士学位论文，南京农业大学，2010。

［5］ 张红宇：《中国农村的土地制度变迁》，中国农业出版社，2002。

［6］ 国家统计局编《伟大的十年》，人民出版社，1959。

［7］ 诸班师：《中国的土地改革》，当代中国出版社，1996。

［8］ 国家统计局：《1954 年我国农家收支调查报告》，统计出版社，1957。

［9］ 王琢、许滨：《中国农村土地产权制度论》，经济管理出版社，1996。

［10］ 苏星：《我国农业的社会主义道路》，中国农业出版社，1994。

［11］ 李德彬：《中华人民共和国经济史简编》，湖南人民出版社，1987。

［12］ 国家统计局国民经济综合统计司编《新中国 50 年统计资料汇编》，中国统计出版社，1999。

［13］ 陈云：《陈云文选（一九四九——一九五六）》，人民出版社，1984。

［14］ 国家统计局：《中国统计年鉴 1953 - 1965》，中国统计出版社，1984。

［15］ 陈玉舟：《我国土地的数量、质量及其承载力》，《乡镇经济》2002 年第 3 期。

［16］ 许月明：《土地家庭承包经营制度绩效与创新研究》，博士学位论文，华中农业大学，2006。

［17］ 刘成武、李秀彬：《农地边际化的表现特征及其诊断标准》，《地理科学进展》2005 年第 2 期。

［18］ 刘成武、李秀彬：《对中国农地边际化现象的诊断》，《地理研究》2006 年第 5 期。

［19］ 刘成武：《"农地边际化"不容忽视》，《今日中国论坛》2009 年第 10 期。

［20］ 王海鸿：《基于粮食安全与能源安全的农地利用理论研究》，博士学位论文，兰州大学，2009。

［21］ 陈江龙、曲福田：《农地非农化与粮食安全：理论与实证分析》，《南京农业大学学报》2006 年第 2 期。

［22］ 程烨、李飞：《我国耕地资源对粮食安全的保障程度》，《中国地产市场》2004 年第 2 期。

［23］ 李松、张兴军、陈晨等：《地租被"非粮"农地抬高种粮大户借高利贷种地》，《中国经济网》2013 年 10 月 28 日。

［24］ 林英彦：《土地经济学通论》，文笙书局，1999。

［25］〔美〕雷利·巴罗维：《土地资源经济学——不动产经济学》，谷树忠译，北京农业大学出版社，1989。

［26］ 张五常：《佃农理论——应用于亚洲的农业和台湾的土地改革》，易宪容译，商务印书馆，2002。

［27］〔英〕大卫·李嘉图：《政治经济学及赋税原理》，郭大力、王亚南译，商务印书馆，1972。

［28］ 李秀彬、朱会义、谈明洪等：《土地利用集约度的测度方法》，《地理科学进展》2008 年第 6 期。

［29］ 毕宝德：《土地经济学》（第五版），中国人民大学出版社，2006。

［30］ 邹金浪、杨子生：《不同城市化水平下中国粮食主产区耕地集约利用差异及其政策启示——以江西省和江苏省为例》，《资源科学》2013 年第 2 期。

［31］ 李秀彬：《土地利用变化的解释》，《地理科学进展》2002 年第 3 期。

［32］ 李秀彬：《农地利用变化假说与相关的环境效应命题》，《地球科学进展》2008 年第 11 期。

［33］ Commission of the European Communities, "Effects on the Environment of the Abandonment of Agricultural Land ," Luxembourg：Commission of the European Communities, 1980.

［34］ F. Bethe and E. Bolsius, *Marginalisation of Agricultural Land in the Netherlands, Denmark and Germany* (The Hague：National Spatial Planning Agency, 1995).

［35］ F. Brouwer and E. Berkum, *CAP and Environment in the European Union：Analysis of the Effects of the CAP on the Environment and Assessment of Exist in environmental Conditions in Policy* (Wageningen：Wageningen Pers, 1996).

［36］ 黄利民：《农地边际化及其效应研究》，博士学位论文，华中农业大学，2009。

［37］ F. Brouwer, D. Baldock and F. Godeschalk, et al, "Marginalisation of Agricultural Land in Europe," Lisird Naplio Conference Papers, 1999.

［38］ 张晓山：《中国的粮食安全问题域对策》，《经济与管理研究》2008 年第 8 期。

［39］ K. Leisinger, K. Schmit & R. Pandy-Lorch, *Six Million and CouWing* (The Johns Hopkins University Press, 2001).

［40］ 傅伯杰等：《环渤海地区土地利用变化及可持续利用研究》，科学出版社，2004。

［41］ 韦鸿：《农地利用的经济学分析》，中国农业出版社，2008。

［42］ 翁贞林：《农户理论与应用研究进展与述评》，《农业经济问题》2008 年第

8 期。

[43] 洪建国：《农户土地资本投入行为研究》，博士学位论文，华中农业大学，2010。

[44] 〔俄〕恰亚诺夫：《农民经济组织》，萧正洪译，中央编译出版社，1996。

[45] K. Polanyi, Conrad M. Arensberg and Harry W. Pearson, eds, *Trade and Market in the Early Empires：Economies in History and Theory* (Glencoe：Free Press, 1957).

[46] James C. Scott, *The Moral Economy of the Peasant：Rebellion and Subsistence in Southeast Asia* (Yale University Press, 1976).

[47] Theodore W. Schultz, *Transforming Traditional Agriculture* (New Haven：Yale University Press, 1964).

[48] 〔美〕黄宗智：《华北的小农经济与社会变迁》，中华书局，1986。

[49] 郑风田：《制度变迁与中国农民经济行为》，中国农业出版社，2000。

[50] 徐勇、邓大才：《社会化小农：解释当今农户的一种视角》，《学术月刊》2006 年第 7 期。

[51] 费孝通：《乡土中国》，上海三联书店，1985。

[52] 林毅夫：《小农与经济理性》，《农村经济与社会》1988 年第 3 期。

[53] 秦晖、苏文：《田园诗与狂想曲：关中模式与前近代社会的再认识》，中央编译出版社，1996。

[54] 郑杭生：《转型中的中国社会和中国社会的转型》，首都师范大学出版社，1996。

[55] 曹幸穗：《旧中国苏南农家经济研究》，中央编译出版社，1996。

[56] 陈春生：《中国农户的演化逻辑与分类》，《农业经济问题》2007 年第 11 期。

[57] 凌雪冰：《农户的农地投入行为研究综述》，《经济师》2008 年第 2 期。

[58] 郭敏、屈艳芳：《农户投资行为实证研究》，《经济研究》2002 年第 4 期。

[59] 陈铭恩、温思美：《我国农户农业投资行为的再研究》，《农业技术经济》2004 年第 2 期。

[60] 辛翔飞、秦富：《影响农户投资行为因素的实证分析》，《农业经济问题》2005 年第 10 期。

[61] 朱民、尉安宁、刘守英：《家庭责任制下的土地制度和土地投资》，《经济研究》1997 年第 10 期。

[62] 何凌云、黄季焜：《土地使用权的稳定性与肥料使用——广东省实证研究》，《中国农村观察》2001 年第 5 期。

[63] 俞海、黄季焜等：《地权稳定性、土地流转与农地资源持续利用》，《经济研究》2003 年第 9 期。

[64] 〔德〕马克思：《资本论》（第三卷），人民出版社，1975。

[65] 马磊、余振华：《农户投资研究文献综述》，《西安财经学院学报》2008 年第 6 期。

［66］姚洋：《中国农地制度：一个分析框架》，《中国社会科学》2000 年第 2 期。

［67］Yao Yang, Institutional Arrangements, Tenure Insecurity and Agricultural Productivity in Post Reform Rural China , Department of Agricultural Economics, University of Wisconsin-Madison, 1995.

［68］G. J. Wen, "The Land Tenure System and Its Saving and Investment Mechanism: the Case of Modern China," *Asian Economic Journal* 9 (1995).

［69］Loren Brandt, Jikun Huang, Guo Li and Scott Rozelle, "Land Rights in Rural China: Facts, Fictions and Issues," *The China Journal* 47 (2002).

［70］Li Guo, Scott Rozelle and Loren Brandt, "Tenure, Land Rights, and Farmer Investment Incentives in China ," *Agricultural Economics*, 19 (1998).

［71］Carte Michael and Yao Yang, Property Rights, Rental Markets, and Land in China, Department of Agricultural and Applied Economics, University of Wisconsin-Madison, 1998.

［72］姚洋：《农地制度与农业绩效的实证研究》，《中国农村观察》1998 年第 6 期。

［73］刘新卫：《中国土地资源集约利用研究》，地质出版社，2006。

［74］杨志武、钟甫宁：《农户生产决策研究综述》，《生产力研究》2011 年第 9 期。

［75］Gershon Feder, Lawrence J. Lau, Justin Lin and Xiaopeng Luo, "The Determinants of Farm Investment and Residential Construction in Post-reform China," *Economic Development and Cultural Change* 41 (1992).

［76］林毅夫：《制度、技术与中国农业发展》，上海三联书店、上海人民出版社，1994。

［77］贺振华：《外部机会、土地制度与长期投资》，《经济科学》2005 年第 3 期。

［78］许庆、章元：《土地调整、地权稳定性与农民长期投资激励》，《经济研究》2005 年第 2 期。

［79］J. K. Kung, "Equal Entitlement versus Tenure Security under a Regime of Collective Property Rights: Peasants' Performance for Institutions in Post-reform Chinese Agriculture," *Journal of Comparative Economics* 21 (1995).

［80］Armen A. Alchian, Harold Demsetz, The Property Rights Paradigm. *Journal of Economic History* 33 (1973).

［81］E. Boserup, *The Conditions of Agricultural Growth* (Chicago: Aldine, 1965).

［82］Glenn Davis Stone, "Theory of the Square Chicken: Advances in Agricultural Intensification Theory," *Asia Pacific Viewpoint* 42 (2003).

［83］H. C. Brookfield, "Intensification and Alternative Approaches to Agricultural Change," Asia Pacific Viewpoint 42 (2003).

［84］C. Geetz, *Agricultural Involution* (Berkeley: University of California Press, 1963).

27

［85］ H. C. Brookfield, "Intensification and Disintensification in Pacific Agriculture," *Pacific Viewpoint* 13 (1972).

［86］ 史正富:《农户经济规模的效果和动因——中国农村土地制度变革》,北京大学出版社,1993。

［87］ 任治君:《中国农业规模经营的制约》,《经济研究》1995年第6期。

［88］ S. Shigeto, L. Hubbard, "Farmland Abandonment Multifunctionality and Direct Payments: Lessons from Japan," Centre for Rural Economy Working Paper, University of Newcastle upon Tyne, 2004.

［89］ R. Heltberg, "Rural Market Imperfections and the Farm Size-Produetivity Relationship: Evidence from Pakistan ," *World Development* 10 (1998).

［90］ Juliano J. Assunção, Maitreesh Ghatak , "Can Unobserved Heterogeneity in Farmer A bility Explain the Inverse Relationship between Farm Size and Productivity," *Economics Letters* 80 (2003).

［91］ 张光辉:《农业规模经营与提高单产并行不悖——与任治君同志商榷》,《经济研究》1996年第1期。

［92］ 周飞、刘朝晖:《论农户兼业化与土地可持续利用》,《农村经济》2003年第2期。

［93］ 秦秀红:《兼业农户、现代农户与国家食物安全》,《中国农学通报》2010年第17期。

［94］〔日〕速水佑次郎、〔美〕弗农·拉坦著《农业发展的国际分析》,郭熙保、张进铭等译,中国社会科学出版社,1999。

［95］ 高强、赵贞:《我国农户兼业化八大特征》,《调研世界》2000年第4期。

［96］ 周民德:《兼业农户在农村发展中的作用——国家农业政策所面临的一种挑战》,《中国农村经济》1994年第7期。

［97］ 向国成、韩绍凤:《农户兼业化:基于分工视角的分析》,《中国农村经济》2005年第8期。

［98］ 梁流涛、曲福田、诸培新等:《不同兼业类型农户的土地利用行为和效率分析——基于经济发达地区的实证研究》,《资源科学》2005年第10期。

［99］ Martio Upton, *The Economics of Tropical Farming Systems* (Cambridge University Press, 1996).

［100］ Ezra Sadan, "The Investment Behavior of a Farm Firm Operating Under Risk," *American Journal of Agricultural Economics* 52 (1970).

［101］ Michael D. Boehlje, Kelley White, "A Production-Investment Decision Model of Farm Firm Growth," *American Journal of Agricultural Economics* 51 (1969).

［102］ Bruce Bjornson, "The Impacts of Business Cycles on Returns to Farmland Investments ," *American Journal of Agricultural Economics* 76 (1955).

［103］ 高强:《发达国家农户兼业化的经验及启示》,《中国农村经济》1999年第

9 期。

[104] 高帆：《中国粮食安全研究的新进展：一个文献综述》，《江海学刊》2005年第 5 期。

[105] 史清华：《农户家庭农地流转行为的变迁和形成根源——1986—2005 年长三角 15 村调查》，《华南农业大学学报》（社会科学版）2007 年第 3 期。

[106] 晋洪涛：《农户行为"四化"：粮食安全潜在危机与政策建议——基于河南24 县 455 户农民调查》，《经济问题探索》2010 年第 12 期。

[107] 马文杰：《粮食主产区利益补偿问题的博弈分析》，《湖北社会科学》2010年第 2 期。

[108] 肖海峰、李瑞峰、王姣：《农民对粮食直接补贴政策的评价与期望——基于河南、辽宁农户问卷调查的分析》，《中国农村经济》2005 年第 3 期。

[109] 钟甫宁、顾和军、纪月清：《农民角色分化与农业补贴政策的收入分配效应——江苏省农业税减免、粮食直补收入分配效应的实证研究》，《管理世界》2008 年第 5 期。

[110] 李然：《发达国家粮食补贴政策及其启示》，《经济研究导刊》2014 年第 36期。

[111] 叶慧、王雅鹏：《采用数据包络分析法的粮食直接补贴效率分析及政策启示》，《农业现代化研究》2006 年第 5 期。

[112] 翁贞林、万洁、王雅鹏等：《现阶段我国粮补政策的目标选择机制构建与政策建议》，《西北农林科技大学学报》（社会科学版）2007 年第 6 期。

[113] 钟钰：《美日韩粮食补贴政策变化对我国的启示》，《调研世界》2010 年第12 期。

第二章

农地边际化及其对农地投入主体
行为决策影响的判断

第一节　农地边际化的含义及判定

一、农地的界定及特性

农地，顾名思义就是用于农业生产的土地。根据 2007 年我国出台的《土地利用现状分类》（GB/T21010—2007）标准，农用地包括耕地、园地、林地、草地、交通用地（农村道路）、水域及水利设施用地（坑塘水面和沟渠）以及其他用地（设施农用地和田坎）[1]。但由于不同地区的农业生产条件与土地利用方式存在差异，农地的概念及其分类也存在一定差异。如日本将农地分为农用地和农用设施地（包括农舍、作物场地，灌、排水设施地，农路、耕作小路，防害设施地）；中国台湾将农地分为直接生产用地和间接生产用地。尽管农地的内涵存在地区差异，但耕地均被认为是农地的核心。结合中国农地分类系统，本书的农地特指耕地，且侧重于粮地。

农地作为劳动对象，在人类社会的不断发展中，一直是不可替代的生产资料。同时，经济社会的高速发展，不仅没有削弱人类对土地的依赖性，而且强化了二者之间的关系。这种强化关系体现在农地稀缺的特性上，而农地的稀缺性又表现在农地的数量和质量上。随着城乡建设用地、基础设施用地以及其他非农用地的增加，农地的数量呈现逐渐减少的趋势。1950～1980年，我国城市和城镇用地分别扩展了5130平方公里和3000平方公里，在改革开放后的1980～1995年，全国又新增加城市458个和小城镇13800个[2]，从而使农耕地面积逐年下降，1958～1986年全国累计减少耕地4067万公顷，1985～1995年我国年均减少耕地23.8万公顷[3]。1998～2010年，全国耕地面积从19.45亿亩减少到18.26亿亩，已逼近18亿亩耕地红线。在农地数量减少的同时，农地质量也没有较大提高，目前中低产农田比重超过2/3。国土资源部《中国耕地质量等级调查与评定》显示，全国耕地等别总体偏低，亩产1000公斤的耕地仅占全部耕地的6%，优等地的比重不足3%，高等地约占三成，中等地占到一半左右，低等地也不少[4]。对于大部分粮食主产区，其高等地与中等地占比较大。同时，农地数量减少、质量偏低的状况加重了农地的稀缺特性，这表明农地资源只有得以合理利用，才能增强农地的恢复和再生能力，农地永续利用才能实现。再者，也须防止对农地的掠夺式利用，否则其生产能力在短时间内难以恢复，即使恢复也要花费大量的时间和高额的投资。除了稀缺性外，伊利等在《土地经济学原理》中指出，农地还具有用途的广泛性和利用方式变更的困难性、农地投入报酬的递减性、农地利用后果的社会性及农地利用的外部性等特性[5]。

二、农地边际化的含义

农地边际化是将农地投入（利用）问题引入经济学的边际生产力理论加以分析而延伸出的一个新型概念。在经济学中，"边际"（Margin）即"额外""追加"的意思，指处在边缘上的"已经追加的最后一个单位"或"可能追加的下一个单位"。在考虑一个决策时，重要的是考虑边际量，这就使得边际分析法成为经济学的最基本研究方法。经济学研究经济规律也就是研究经济变量相互之间的关系。经济变量分为自变量与因变量，分析自变量变化一个单位时因变量的改变量就是边际分析法。在经济管理研究中，经常考虑的边际量有边际收益 MR、边际成本 MC、边际产量 MP、边际利润 MB 等。按照边际分析决策规则，当 $MR > MC$ 时，就应当增加投入要素；当 $MR < MC$ 时，就应当减少投入；当 $MR = MC$ 时，表示投入的要素量最佳，企业的盈利总额达到最大。

　　农地经营者经营农地的目的之一就是获取利润。农户为了提高农地的经营利润，可能会通过增加投入，改变农地的投入结构与种植结构等来进行集约经营；也可能会通过减少投入，降低成本等来进行粗放经营。集约经营与粗放经营是一个相对的概念，究竟是粗放经营还是集约经营并非由人的主观意志决定，而主要受农地的自然、社会与经济条件等的影响。在既定条件下，农地集约经营的总收益通常要高于粗放经营的总收益，但其纯收益不一定高于粗放经营的纯收益。农户作为集生产者与消费者于一体的农地经营主体，往往不仅需要增加总收益，而且需要增加纯收益，合理的农地经营需要综合考虑总收益和纯收益。因而，是选择集约经营还是选择粗放经营，农地经营者要在自然、社会、经济等综合条件下权衡。

　　集约经营是不是合理要视具体情况而定。在农业经营过程中，有些集约经营是合理的，有些粗放经营也是合理的，这就表明农业经营存在一个集约度的问题。同时，由于农地具有报酬递减的特性，因而，农地集约度并非可以无限增大，而是有一个合理阈值，即集约边际。在农业生产实践中，集约边际是不是停留在报酬递减法则开始作用的那一点，要视具体情况而定。如在土地相对充裕，而劳动力与资本相对短缺的地区，农户就会比较重视劳动和资本产出率，而轻视土地产出率，其集约边际就停留在 $MR = MC$ 那点上。如农户对劳动、资本、土地产出率都较为重视，则会由追求土地纯收益最高转变为追求土地总收益最高，其集约边际就停留在 $MR = 0$ 那点上。如农户只追求土地产出率，而不考虑劳动、资本产出率，其集约边际则停留在边际产量 $MP \leqslant 0$ 区域的某一点上。相对集约边际，土地利用的粗放边际被认为是无地租的边际，在这种情况下，生产要素最佳组合的土地产出也只能补偿生产成本[6]。显然，达到粗放边际点时农地的 MNR 等于 0。不论集约边际还是粗放边际，都是农地利用的一种边际，前者是从投资量方面来考察的，而后者则是从土地等级方面来考察的[7]。

　　农地边际化作为一个动态的概念，对其内涵的争论在第一章已经做过梳理，可谓见仁见智。尽管如此，农地边际化的核心在于农地生产能力的变化，得到了普遍的认同。结合已有对农地边际化的解释，本书认为农地边际化是在社会、经济、政策和自然环境等多因素交互作用下，当前用途农地收益下降或农地变得不再具有生产能力的动态过程。据此，农地边际化的首要表征是纯收益趋减。一旦经营农地的纯收益开始下降，农地经营者必然会对农地投入要素进行调整。结合第一章对集约边际与粗放边际的理解，假定农地经营者是理性的经济人，为了提高农地利用的收益，他会采取集约利用农地的方式。但由于农地具有报酬递减的特性，集约度并不是可以无限增大的，而是有一定边际的。据此，当农地出现边际化现象时，其边际化的动态性必然会呈现阶段性特征。根据黄利民等对农地边际化进程的判定，即根据单要素投入产出的纯收益、总收益、实物产量的变化将其划分为三个阶段：初始边际化阶段，在此阶段，农地纯收益开始下降但明显大于零，总收益和实物产量中有一项下降；中期边际化阶段，在此阶段，农地纯收益进一步下降或接近于零，总收益和实物产量均下降；完全边际化阶段，在此阶段，农地纯收益继续下降直至小于零[8]。

三、农地边际化的判定

根据上述对农地边际化的理解，农地边际化首要的表征是 $MNR \leq 0$。一旦农地经营的纯收益开始降低或小于、等于零，农地经营者必然会对农地投入要素进行调整，进而农地经营的集约度（I）和播种面积（S）会发生相应变化，甚至农地经营者弃耕撂荒。

在此，借用刘成武、李秀彬对农地边际化的诊断步骤[9]，即首先判断在当前用途下，农地纯收益逐年的变化情况，而后判断其集约度与播种面积。

NR 为农地利用所带来的纯收益，用 NR_i 表示第 i 年农地利用的纯收益；TR_i 表示第 i 年农地利用的总收入；TC_i 表示第 i 年农地利用的总支出，包含农地投入要素成本、农地的租金、农地利用变更的机会成本等生产与非生产成本，这样则有：

$$NR_i = TR_i - TC_i \qquad\qquad (2-1)$$

如果 $NR_i \leq 0$，就意味着当前用途下第 i 年农地利用的总收入已不能够补偿总支出，农地失去了经济生产能力。

在实际测算过程中，农地利用变更的机会成本难以确定，为此，将基于农地经营的不同作物种类来进行比较分析。因此，在成本计算中略去机会成本。

I 为农地利用的集约度。根据林英彦对集约度的理解，集约度指单位面积在一经营期间所消费的资本、工资与资本利息的货币额[9]。在农地失去经济生产能力的时候，理性的经营者会降低集约度，年际的集约度变化值将小于等于零，可表示为：

$$\triangle I_j = I_{j+1} - I_j \leq 0 \qquad\qquad (2-2)$$

其中，I_j 为第 j 年用途下农地利用的集约度，I_{j+1} 为第 $j+1$ 年用途下农业土地利用的集约度，$\triangle I_j$ 为农地利用的集约度从第 j 年到第 $j+1$ 年的年际变化值。

S 为农作物的播种面积。播种面积等于耕地面积与复种指数的乘积。

$$\triangle S_j = S_{j+1} - S_j \leq 0 \qquad\qquad (2-3)$$

其中，S_j 为第 j 年用途下农地的耕种面积，S_{j+1} 为第 $j+1$ 年用途下农地利用的耕种面积，$\triangle S_j$ 为农地的耕种面积从第 j 年到第 $j+1$ 年的年际变化值。

如果 $\triangle NR_i \leq 0$，而且随之出现 $\triangle I_j \leq 0$，$\triangle S_j \leq 0$ 的特征，则可以判定农地出现了边际化现象。再者，由于在实际测算农地收益时难以准确定量农地变更的机会成本，据此可将农地边际化做进一步划分：若在农地不可转换的条件下，只考虑某一类作物的实际纯收益、播种面积与集约度，且符合上述特征，称之为低端边际化；若在农地可转换条件下，将两类作物的实际纯收益、播种面积与集约度比较，相对变化符合上述特征，称之为高端边际化。本书所提到的低端与高端边际化有别于刘成武、李秀彬 (2005)[9] 对此概念的界定。农地高端边际化的发生有重要的前提条件，就是该农地的当前用途有可能被其他用途替代，从而产生更高的经济效益，比如城郊区的粮地有可能转换为园地或建设用地等，而较为偏僻山区的粮地则较少有这个可能。因而，农地高端边际化有一个地理区位等的约束。

第二节　农地边际化下不同主体农地投入行为响应

一、政府农地投入响应：基于粮食安全目标

在社会经济转型期，农地边际化现象不可避免。作为保障国家粮食安全的最重要资源，农地对于占世界 22% 的人口，却只有占世界 7% 的耕地

和8%的淡水资源的中国来说尤为关键。面对国家粮食安全的新目标——"谷物基本自给、口粮绝对安全"，政府必须要保护好耕地。虽然2013年公布的第二次全国土地调查结果显示，截至2009年底，全国耕地面积为13538.5万公顷，比根据第一次全国土地调查数据预估的2009年的耕地数据多出1358.7万公顷（约2亿亩），但此次土地面积的"变化"，主要是由调查标准、技术方法的改进和农村税费政策调整等因素造成的，并不意味着真的新增加了耕地[11]，因而并不能对表面数据感到乐观。同时，由于我国的工业化、城镇化还在加速推进，建设用地供需矛盾突出，耕地保护形势仍十分严峻。在农地边际化下，为了保障粮食安全，国家加大了农地整理、农技服务以及农地生产性补贴等措施的实施力度。

（一）农地整理

农地整理是对未利用土地、废弃地、中低产田、闲散地等进行田、水、路、林的综合整治，改造和完善农业配套基础设施，对用地结构进行优化配置和合理布局的一系列活动。农地整理能够有效提高农业综合生产能力，是保证粮食安全的基础工程。具体而言，农地整理可以达到以下目标。第一，增加耕地面积，提高农地利用效率。比如，开发未利用土地，增加耕地面积；将较小的耕作地块归并为较大的田块，将田间明渠改为暗渠或将地面灌溉改为喷灌，调整田间道路以减少田间道路占地面积等。第二，改善耕地质量，提高农地产出效率。如通过开挖渠道、建桥涵、配备喷灌、新打机井等水利工程增加灌溉面积，改善耕作条件，提高粮食单产水平和品质。第三，便于规模经营和现代农业技术推广。如农田间铺设机耕作业路，便于机械化的作业，同时田间地块的平整与归并等，不仅使规模化生产成为可能，而且有利于农业技术的推广。第四，农地整理还可以改善生态环境，提高粮食生产抵御自然灾害的能力。如农田防护林网的建设能够有效防御风害、干旱、霜冻和干热风等气象灾害[12]。

《国务院关于严格规范城乡建设用地增减挂钩试点切实做好农村土地整治工作的通知》（国发〔2010〕47号）明确提出了农田整治主要以开展基本农田建设、提高高产稳产基本农田为目标，重点是抓好基本农田建设和提高耕地质量。《全国高标准农田建设总体规划》提出要进一步提高农业水土资源利用效率，力争亩均粮食综合生产能力提高100公斤以上；规划到2020年，完成8亿亩高标准农田建设任务，其中以粮食主产区、非主产区产粮大县以及其他粮食增产潜力较大的县为重点。为此，政府投入了大量资金支持粮食生产，使平原地区粮食主产区的基础设施建设水平和抗灾能力得到了很大提高。如2014年河南省遭受了63年以来的严重旱灾，但高产田玉米并没减产。

（二）农技服务

近年来，政府对粮食高新技术支持农业生产给予高度重视。通过良种良法推广、高产创建以及采用测土配方施肥、土壤有机质提升、深耕深松、旱作节水、病虫害统防统治等一批稳产、高产防灾减灾实用技术，促进了粮食的连续多年稳产、高产。在"十一五"期间，国家主要对12个粮食主产省的251个县（市）（占全国粮食主产区680个产粮大县的36.9%）进行了水稻、小麦、玉米"三大作物"的科技攻关，建立的核心区、示范区、辐射区的面积达8.35亿亩，增产粮食4866万多吨，增产粮食量占全国同期粮食产量的17%以上；单产增加量是全国平均的2.7倍。同时，使核心区化肥利用率提高10%以上，农药用量减少25%以上，灾害损失降低15%以上；创造了长江中下游单季稻亩产超900公斤、双季稻亩产超1325公斤，黄淮海地区小麦亩产超750公斤、冬小麦/夏玉米一年两熟亩产超1700公斤的新纪录[13]，为实现粮食增产、保障国家粮食安全提供了强有力的技术支撑。为实现党中央、国务院提出的新增1000亿斤粮食的目标，"十二五"时期，国家粮食丰产科技工程扩大到13个粮食主产省（区）[13]，且收到较好的效果。2014年6月，对河北吴桥县建设的百亩攻关田的验收显示，小麦最高亩产量达到714.02公斤，刷新了河北省小麦亩产量纪录[14]。

伴随不间断的国家粮食丰产科技工程的实施，我国累计投入50多亿元，在水稻、小麦、玉米等农产品领域构建了现代农业产业技术体系。通过实施种子工程，加快选育推广高产、优质、多抗品种，农作物良种覆盖率达到了95%以上。2008~2012年，中央财政累计投入40多亿元，在全国建设了22406个粮食万亩高产创建示范片，并将基础条件好、增产潜力大的5个市（地）、50个县（市）、500个乡（镇）创建为高产示范点。2011年，全国950个小麦万亩示范片平均亩产535.5公斤，比所在县平均亩产高142.5公斤。为了更有效地推进科技兴粮战略，2012年，我国实现了"联地计补"向"联技计补"的跨越，出台了防灾减灾稳产增产关键技术良法补助政策，投入44.6亿元，推广冬小麦"一喷三防"、南方早稻集中育秧、东北水稻大棚育秧和玉米抗旱"坐水种"、西南西北玉米覆膜种植、油菜"一促四防"等重大关键技术，促进了粮食生产的稳定增长[15]。

（三）农地补贴

2004年以来，中央连续12年出台了一系列扶持粮食生产的惠农政策，并结束了农民种地缴纳"皇粮国税"的历史，建立了农民种粮补贴制度；粮食直补、良种补贴、农机具购置补贴、农资综合补贴等"四补贴"资金由2004年的145亿元，增加到2013年的1700.55亿元。同时，为鼓励产粮大县生产粮食的积极性，国家将对1000多个产粮大县的奖励资金由2005年的55亿元增加到2012年的280亿元。国家还对重点粮食品种实行最低收购价政策，并根据种植成本及市场情况不断提高最低收购价水平，白小麦、红小麦（混合麦）最低收购价格由2004年的每斤0.72元、0.69元提高到2014年的每斤1.18元、1.08元；早籼稻最低收购价格由每斤0.70元提高到每斤1.35元，中晚籼稻最低收购价格由每斤0.72元提高到每斤1.38元，粳稻最低收购价格由每斤0.75元提高到每斤1.55元[16]。

目前，已基本形成一个包括专项生产性补贴（良种补贴、农机具购置补贴）、收入性补贴（粮食直补、农资综合补贴）、流通性补贴（最低收购价政策）在内的综合性粮食补贴体系。为了更有效支持粮食生产，促进农民增收，粮食补贴力度逐年增加，并在每年年初就将资金予以预拨。2014年1月，中央财政向各省（区、市）预拨2014年种粮直补资金151亿元、农资综合补贴资金1071亿元。对于专项生产性补贴，2014年，农作物良种补贴政策对水稻，小麦，玉米，棉花，东北和内蒙古的大豆，长江流域10个省（市）和河南信阳、陕西汉中和安康地区的冬油菜，藏区青稞实行全覆盖，同时国家就马铃薯和花生补贴在主产区开展了试点；农机购置补贴范围继续覆盖全国所有农牧业县（场），一些地区的补贴金额有所提高，如新疆维吾尔自治区和新疆生产建设兵团的大型棉花采摘机单机补贴限额可被提高到40万元[17]。2015年，中央一号文件将农业经营的补贴金额做了较大的提高，这也是政府应对农地边际化的主要举措之一。

二、企业农地投入响应：基于利润最大化目标

家庭联产承包责任制的推行促使了土地所有权和使用权的分离，调动

了农民生产的积极性，解决了 13 亿人的吃饭问题。然而按人口平均土地的制度安排在一定程度上阻碍了现代农业技术与生产方式的推广与实施，降低了农业劳动生产效率，导致农地出现边际化现象。鉴于此，在家庭承包经营制框架下进行的农地流转成为突破小农经营局限性的关键。农地流转一开始发生于小农户之间，而后逐步扩展到专业大户、合作社以及涉农企业等之间。2013 年，中央一号文件提出，要"探索建立严格的工商企业租赁农户承包耕地准入和监管制度""鼓励和引导城市工商资本到农村发展适合企业化经营的种养业"。这一政策鼓励工商资本进入农业，但现实是一些企业借"下乡投资"为名行"圈地运动"之实，改变农地用途大搞"非农化"和"非粮化"，不仅使农民利益受损，而且更重要的是对国家粮食安全造成威胁。当前，工商企业直接租赁农户承包地的比例还不高，但流转面积增长的速度比较快，2012 年流转入企业的土地面积比 2011 年增长了 34%，2013 年又比 2012 年增长了 40%。[18] 在企业获得流转土地后，不时有一些"炒作土地"的现象发生，而这些现象引起了政府的关注。2014 年中央一号文件提出，要"探索建立工商企业流转农业用地风险保障金制度，严禁农用地非农化"。

允许企业获得流转农地和限制企业进行"非农化"和"非粮化"经营在当前是较难协调的一对矛盾。因为企业是追求利润最大化的，如果将流转的农地用于农业项目或者是种粮，企业难以获得期望的利润。比如河南省很多地方一亩流转地的租金就在 1000 元左右，再加上雇工费、机械作业费以及种子、农药、化肥等费用，因此将流转地用于种粮就很不合算。2013 年初，农业部发布信息：截至 2012 年 12 月底，全国家庭承包经营耕地流转面积达到 2.7 亿亩，其中流入工商企业的耕地面积为 2800 万亩，租地种粮食的工商企业的比重只有 6%[19]。因此，目前为保障国家粮食安全，应提高企业获得流转农地的门槛，明确农业项目的经营范围，防止打农业的"擦边球"。同时，也应通过其他补贴渠道鼓励涉农企业规模化经营粮食作物，满足其利润最大化与粮食生产效率最大化的协同性。

三、农户农地投入响应：基于农户多元化目标

在农地利用过程中，农户会基于不同的目标对农地边际化现象做出不同响应。

（一）农户收入最大化目标

目前，农户收入主要包括家庭经营性收入、外出务工收入及其他转移性收入等，其中外出务工收入逐渐成为农户收入的主要来源。在农业经营性收入份额逐渐降低的情况下，农户对农地利用的结构、方式与规模做出了调整。

在农户家庭劳动力务农机会成本上升的背景下，农户农地利用结构的调整实际上就是生产资源的重新组合与配置，体现了生产者对经济利益目标的追求和期望。当农地发生边际化现象时，原来种植的作物沦为边际作物，此时农户的反应就是要么变更农作物的类型，要么减少对农地的投入，从而出现农户种植结构的调整与国家粮食安全战略的调整相冲突的问题。笔者在调查中发现，有的地方出现"良田种树"，有的地方"双季稻改单季稻"，有的地方干脆种植"懒汉庄稼"（就是一种一收，减少中间劳作环节），农户的这些决策行为必然导致边际作物与非边际作物播种面积的此消彼长，长远来看会影响到粮食产能的稳定性。

除了上述情况外，目前还存在一些以农业经营收入为主的农户，这类农户大多处于自然经济条件欠佳的地区，农地分布零散，单个地块面积小，农业机械化水平不高，进而导致农地边际化现象的发生。农户为了提高其收入水平，往往会通过代耕、租种等途径扩大自己的生产规模，也有一部分农户通过共同投资购买生产效率更高的农业机械，以取代传统的畜力、人力，从而达到降低生产成本、提高种田效益的目的，以期将农地边际化的影响降低到最低程度。因此，该类农户应成为惠农政策倾斜的对象。

（二）农户风险最小化目标

大量研究表明，发展中国家农户家庭的风险规避程度较高。农户在追求收入最大化的同时，还要兼顾应对收入风险的冲击。在农地边际化下，农户为了规避风险，往往选择边际产品价值高于边际成本的生产决策，这虽然满足了农户效用最大化的要求，但由于资源没有得到充分利用，从而使得利润最大化难以实现[20]，在一定程度上造成农产品产量的波动。同时，风险偏好程度对其投入选择有显著影响[21]。当农地出现边际化现象时，农户的风险厌恶程度会加重，对农作物新品种推广和新技术应用的需求降低，多数农户更愿意选择风险低但收益也低的技术和作物品种。当然，他们也可能会减少耕种的面积，其中那些土壤肥力差、道路遥远、分布零散的小块地可能最先成为农户减少耕种的对象。另外，当农户家庭劳动力出现转移后，一些流转不畅的农地还可能被暂时性或长期撂荒。

诚然，为了分散风险，农户会调整种植结构，增加外出务工时间，兼业化经营土地，使得农地资源的合理流转、农业生产经营规模化难以实现。但事实上，农户对待风险的态度也不是一成不变的。当农户的收入增长时，农户承受风险的能力会提高，致使他会做出更有风险的决策。高风险高回报，高收入农户的"马太效应"显现。随着收入的累积，高收入农户能够获得更多信贷机会，其生产更有效率，他更倾向于专业化生产。风险是创新的障碍，在农地边际化下，农户风险最小化的理性决策应是分业分流，优化配置资源，而这能够有效规避农户之间出现不平等以及不平等可能性的扩大。

第三节 农地边际化下政府与农户农地投入行为的博弈

农地边际化的核心是农地收益在降低，当然既可能是绝对收益的降低，也可能是相对收益的降低。中央政府、地方政府与农户为了追求各自利益的最大化，相互之间进行博弈。中央政府根据国内、国际形势制定总体的粮食安全战略，而后部署粮食主产区、平衡区、主销区根据各地区社会经济发展战略分担国家粮食安全的责任，其中主产区承担的责任最大。地方政府理应接受中央政府的安排，但由于种粮比较利益偏低，一些地区会有保留地执行中央政府的安排。在资源既定的条件下，地方政府为了推进地区经济建设，会打政策的擦边球。大批青壮年劳动力外流，种粮劳动力年龄偏大、文化素质偏低，导致粮作经营的有效投资不足、先进的技术接纳滞后、耕地抛荒或利用不足现象时有发生。在地方政府与中央政府的博弈中，地方政府认为，在不松懈粮食生产的同时，更加重视经济建设的最糟结果是未达到预定的粮食产能，如果真的出现了粮食短缺等问题，中央政府出于对全局的考虑，必然要尽全力来解决粮食危机，进而使其利益受损，地方政府则由于重视经济建设而受益。对于农户而言，当种粮资本收益率低于社会平均利润率时，农户家庭主要劳动力、资金等要素可能会转向非粮产业，以提高家庭收入水平，增加家庭的购买力。同时，为了尽可能保障家庭的口粮需求,农户会留外出机会成本较小的劳动力从事粮食生产,以双重保险来确保家庭的粮食安全。在政府不能有效提高农户种粮收益的情形下,势必会出现农户家庭粮食安全与国家粮食安全的不一致。因此,在粮作经营资本的收益率不高于社会平均利润率的情况下,无论政府给予任何政策,农户种粮积极性也难以提高,国家粮食安全就存在隐患。显然,当且仅当粮作经营资本的收益率不低于且逐步高于社会平均利润率时,国家粮食安全目标与农户种粮增产增收目标才会统一,进而形成稳定的纳什均衡[22]。

参考文献

[1] 中国国家标准化管理委员会:《土地利用现状分类》,2007 年 8 月 10 日。

[2] 王万茂、王群、李俊梅:《资源利用的合理规划研究》,《资源科学》2002 年第 2 期。

[3] 谢小立、周敬明、刘新平:《粮食安全:我国农业现代化的任务与标志》,《中国人口·资源与环境》2001 年第 3 期。

[4] 中国耕地质量现状调查:《土壤基础地力不断下降》,《环球网》2010 年 9 月 19 日。

[5] 伊利等:《土地经济学原理》,商务印书馆,1982。

[6] 〔美〕雷利·巴洛维:《土地资源经济学——不动产经济学》,谷树忠译,北京农业大学出版社,1989。

[7] 林英彦:《土地经济学通论》,台北:文笙书局,1999。

[8] 黄利民、张安录、刘成武:《农地边际化进程理论和实证研究》,《生态经济》2008 年第 8 期。

[9] 刘成武、李秀彬:《农地边际化的表现特征及其诊断标准》,《地理科学进展》2005 年第 2 期。

[10] 林英彦:《土地经济学通论》,台北:文笙书局,1999。

[11] 叶兴庆:《国家粮食安全战略的新变化及其实现路径》,中国经济新闻网,http://www.cet.com.cn/wzsy/gysd/1266972.shtml,2014 年 8 月 1 日。

[12] 李文学:《土地整理与粮食安全》,《理论与当代》2008 年第 10 期。

[13] 科技部:《"十二五"国家粮食丰产科技工程启动会在京召开》,科技部官网,http://www.most.gov.cn/ztzl/gjlsfcgc/lsfcttxw/201107/t20110712_88202.htm,2011 年 7 月 12 日。

[14] 赵耀光:《沧州小麦攻关田创出河北省新纪录亩产达 714.02 公斤》,河北新

闻网, http: //hebei. hebnews. cn/2014 - 06/10/content_ 3981793. htm, 2014 年 6 月 10 日。

[15] 农业部新闻办公室:《我国粮食生产不断迈上新台阶》, 农业部官网, http: // www. moa. gov. cn/ztzl/nyfzhjsn/nyhy/201209/t20120906_ 2922969. htm, 2012 年 9 月 6 日。

[16] 汪洋、崔海涛、乔耀东:《粮食"九连增"背后的机遇与挑战》,《中国农资》2013 年第 4 期。

[17] 《今年大型棉花采摘机单机补贴限额将提高》, 中国棉纺织信息网, http: // www. tteb. com/newscenter/detail - I00000 - 2014030300064. shtml, 2014 年 3 月 03 日。

[18] 《官员称确有一些地方存炒作土地等现象》, 中国新闻网, http: //www. chinanews. com/gn/2014/01 - 22/5766734. shtml, 2014 年 1 月 22 日。

[19] 顾仲阳:《农业部: 全国土地流转面积 2.7 亿亩》人民网, http: // lianghui. people. com. cn/2013cppcc/n/2013/0305/c357111 - 20674812. html, 2013 年 3 月 5 日。

[20] 王广深、谭莹:《我国粮食安全主体的博弈分析及政策选择》,《经济体制改革》2008 年第 6 期。

[21] 侯麟科、仇焕广、白军飞、徐志刚:《农户风险偏好对农业生产要素投入的影响——以农户玉米品种选择为例》,《农业技术经济》2014 年第 5 期。

[22] 周婷婷、关土苏:《农户风险规避中的生产决策行为分析》,《武汉电力职业技术学院学报》2008 年第 3 期。

第三章

农地边际化时空演进及其影响因素

工业化和城市化的快速推进，必然引起农地经营要素的重新配置及利润空间的变化，进而诱发农地边际化。从时空演进角度分析农地边际化现象，能够发现农地利用的规律。

第一节 农地边际化：总体判断

农地的利用和保护不仅对粮食安全有着直接影响，而且关系到我国经济和社会的可持续发展。近年来，随着我国工业化、城镇化、农业现代化的推进，农地利用悄然发生着改变，尤其是农地流转中的"非粮化"现象由点到面扩散。2013 年，农业部发布信息：截至 2012 年底，我国家庭承包经营农地流转面积达到 1800 万公顷，其中流入工商企业的农地面积为 186.67 万公顷，租地种粮食的工商企业的比重只有 6%[1]。2013 年，西北农林科技大学"粮食主产区土地流转的现状及机制构建"课题组选取河南、山东、河北、安徽 4 省 14 个县进行的万分之一大样本农户抽样调查发现：4 省农户共流转土地 451.81 公顷，农地流转"非粮化率"高达 61.1%[2]。2014 年 6 月，河南省统计局公布的《河南省农村土地流转情况调查报告》显示：在抽样调查的 600 个农户流转的 132.87 公顷土地中，有四成耕地用于经营"非粮"农业，甚至用于建厂或办企业；而那些拥有流转农地超过 7 公顷的大户在耕地中经营"非粮"的比例高达六成[3]。事实上，粮地被侵蚀不仅仅发生在农地流转中，随着农村劳动力机会成本的上升，大批农村青壮年劳动力常年外出务工，劳动力资源的流失使得一些农地出现了粗放经营，甚至弃耕撂荒的现象。正在发生的这些变化表明我国农地利用中的土地、劳动力、资金等生产要素资源在不断流失，这势必影响到农地的可持续利用和国家的粮食安全。许多发达国家的农地利用历史表明，工业化与城市化往往伴随着农地利用的边际化。那么，我国的农地利用是否也会发生这种"边际化规律"呢？基于此，下面以粮食作物经营作为本书所界定的农地经营的主要范畴，对我国农地利用过程中三大粮食作物生产经营的纯收益、集约度与播种面积的变化总体分析，探索农地边际化现象的特征与根源。

根据第二章对农地边际化的界定，无论是低端边际化还是高端边际化，判定的主要指标有农地纯收益、集约度与播种面积。农地纯收益是指单位面积上三大粮食作物的平均纯收益。集约度的计算分为单项集约度和综合集约度。单项集约度是指单位面积上物质与服务费用和人工成本的投入强度，其中：物质与服务费用包括种子费、化肥费、农家肥费、租赁作业费、燃料动力费、技术服务费、工具材料费、修理维护费等直接费用，和固定资产折旧费、税金、保险费、管理费、财务费、销售费等间接费用；人工成本包括家庭用工折价和雇工费用。综合集约度即是指单位粮地面积上物质与服务费用与人工成本的总和。播种面积是指三大粮食作物播种面积的总和。测算上述指标的数据取自历年的《全国农产品成本收益资料汇编》与《中国统计年鉴》。

一、低端边际化：基于三大粮食作物的时序变化

我国粮食作物包括稻谷、小麦、玉米、高粱、谷子和薯类等。其中，稻谷、小麦和玉米的产量一直占据高位，故以三大粮食作物为例，截取1990～2012年粮食作物的纯收益、集约度与播种面积的变化来动态反映农地低端边际化的演进。

（一）纯收益

纯收益可以从土地要素和成本要素的角度分别进行计算。从土地要素的角度来看，1990～2012年三大粮食作物单位播种面积的平均纯收益经历了四次较大的波动变化（图3-1）。1991年农地利用的纯收益较1990年

明显下降，但此次下降持续时间较短，在随后的 1992～1995 年，农地利用的纯收益有较大回升，农地利用出现边际化迹象，但特征不明显。在 1995 年农地利用的纯收益由 1991 年的 548.99 元/公顷上升至 2603.6 元/公顷后，1996～2000 年的纯收益年增量出现负的逆转，农地利用的纯收益下滑幅度较大，2000 年甚至出现负收益，农地利用出现了明显的边际化特征。2001～2004 年，农地利用的纯收益呈波动上升态势，但 2002 年的波谷与 2004 年的波峰相差幅度较大，达到 2259.58 元/公顷，2002 年的农地利用出现了边际化迹象，但次年随即消失。2005～2011 年，农地利用的纯收益在小幅波动中平稳上升，在 2011 年达到 3449.88 元/公顷，这一年是 20 世纪 90 年代以来农地利用的纯收益最高的年份。之后，2012 年的农地利用纯收益急速下滑，较 2011 年下降了 1344.35 元/公顷，再次出现农地利用的边际化迹象。从成本要素来看，农地利用纯收益的变化趋势与成本要素下的农地利用纯收益的变化趋势几乎完全相同（图 3-2），这表明不论从哪个要素的角度去分析农地利用纯收益的变化，都不会影响农地利用边际化现象的表征。

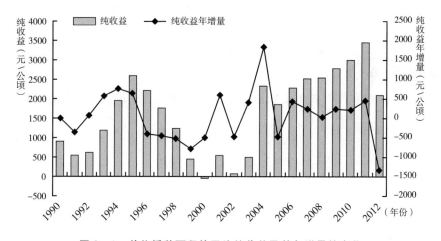

图 3-1　单位播种面积的平均纯收益及其年增量的变化

可见，20 世纪 90 年代以来，我国农地利用的纯收益在 4 个时期出现了下降，分别是 1991 年、1995～2000 年、2002 年、2012 年。其中，1991 年农地利用纯收益的下降幅度较小，随后几年农地利用纯收益稳步回升，农地边际化特征不明显；此后三次农地利用纯收益下降的幅度都较大，尤

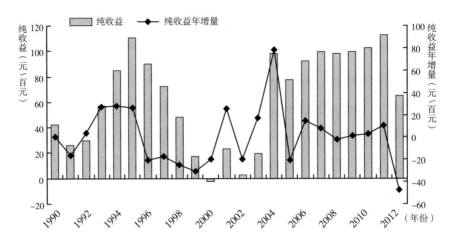

图 3－2　单位成本的平均纯收益及其年增量的变化

其是在 1995～2000 年，农地利用纯收益持续下降，出现了较为明显的农地边际化特征。

（二）集约度

根据三大粮食作物平均纯收益的变化特征可初步判定：20 世纪 90 年代以来，我国农地利用过程中出现了一次边际化迹象，三次较为明显的边际化现象。那么，这种边际化现象是否如前述分析的那样会影响其农地的集约度呢？

从三大粮食作物农地上投入的总生产成本来看，20 世纪 90 年代以来，

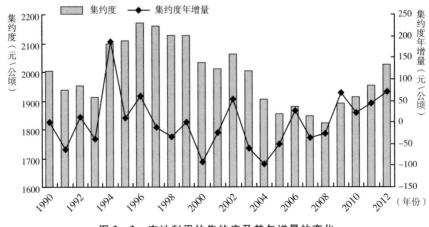

图 3－3　农地利用的集约度及其年增量的变化

我国农地利用的集约度出现先减后增再减再增的趋势（见图3-3），且与其纯收益的变化有一定的对应性。在1991年农地纯收益小幅减少，次年后纯收益连续增长的情况下，农地利用的集约度在1991年减少并在随后的几年一直波动增长，1996年达到最高，为2169.95元/公顷。在1995～2000年农地纯收益下降期间，农地利用的集约度在1996年后出现波动下降，直到2001年。在2001年农地纯收益回升后，2002年农地利用的集约度也有所提高。在2002年农地纯收益急速下滑后，2003～2005年，农地利用的集约度持续下降。之后，随着2005～2011年农地纯收益的稳步增长，2008～2012年，农地利用的集约度在提高。可见，农地的纯收益与集约度的对应关系存在一定的时滞，滞后周期一般为1～3年。

（三）播种面积

伴随农地平均纯收益的下降，集约度滞后1～3年降低，那么其播种面积是否也会随之减少呢？从三种粮食作物的播种面积来看（见图3-4）：1990～1991年基本稳定；1992～1994年下降幅度较大；1995～1998年逆转上升，1999年相对平稳；2000～2003年急速下降，2003年达到20世纪90年代以来的最低点，为0.73万公顷；之后，2004～2012年持续上升。将图3-4与图3-1进行比对，可以发现三大粮食作物的播种面积与农地利用的纯收益之间也有一定的对应关系。1992～1994年、2000～2003年播种面积下降与1991年、1995～2000年单位播种面积的纯收益下降显著相关；1995～1998

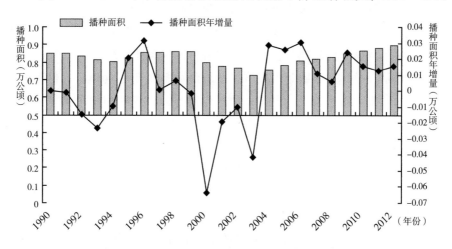

图3-4 三大粮食作物播种面积及其年增量的变化

年、2004～2012 年播种面积增加与 1992～1995 年、2003～2011 年单位播种面积的纯收益上升相响应。农地纯收益的升降对播种面积的增减效应也存在一定的时滞性，但播种面积的敏感性较集约度的敏感性弱。可能的原因是，在农地要素市场化配置下，当其收益发生变化时，农户首先调整要素的投入量，而后才考虑是否增减播种面积，因为土地有自然生产能力。

根据上述对农地纯收益、集约度与播种面积的时序变化及其相关关系的分析，可以判定：1990 年以来，1991 年和 2002 年前后，农地出现两次边际化迹象，但持续时间较短，对农地集约度与播种面积的影响较弱；1995～2000 年，农地出现了明显的边际化现象，且持续时间较长，对农地集约度与播种面积产生了较大的影响。

二、高端边际化：基于粮食和经济作物的时序比较

根据前述高端边际化的含义，在此，对粮食作物与经济作物的农地纯收益、集约度与播种面积进行比较分析。其中，粮食作物还是上述三大作物，经济作物主要指两种油料作物（花生、油菜）、纤维作物（棉花）以及蔬菜。

（一）粮食和经济作物纯收益比较

经济作物在收益上的比较优势理论上会引致理性农地经营者对农地种植结构与投入要素结构进行调整。前述 1990～2012 年农地利用的纯收益出现了四次下滑，其间经济作物的收益变化如何呢？

此处以三大粮食作物单位播种面积纯收益为基数分别计算油料、棉花、蔬菜单位播种面积纯收益与其的差值与比值，计算结果见表 3-1。比较结果显示：总体上多数年份经济作物的纯收益高于粮食作物，但不同经济作物的纯收益差距较大。其中，油料作物与三大粮食作物单位播种面积纯收益之间差距的年度波动较大，尤其是在 1992～2005 年，油料作物的纯收益优势基本丧失，其纯收益甚至在部分年份显著低于三大粮食作物纯收益，直至 2006 年，油料作物的相对收益优势才得以持续表现。棉花与三大粮食作物单位播种面积纯收益之间的差值在大多数年份为正值，波动变化趋势明显，尤其在 2008～2012 年，二者纯收益差值有三个年份（2008 年、2011 年、2012 年）为负值，二者纯收益比值最小降为 0.09，可见棉花的收益稳定性较差。蔬菜作物与三大粮食作物单位播种面积纯收益之间的差

距较大，尤其在 2005～2012 年，两类作物单位播种面积纯收益之比维持在 10 倍以上，总体呈现稳中趋升态势。相比较，蔬菜的比较收益较高，其用地与粮食作物用地形成了较强的竞争，在市场完善的条件下，蔬菜与粮食争地现象不可避免，农地高端边际化显现。

表 3 - 1　单位播种面积粮食作物与经济作物的纯收益比较

年份	纯收益差值（元/公顷）			纯收益比值		
	油料	棉花	蔬菜	油料	棉花	蔬菜
1990	379.20	3255.00	–	1.45	4.86	–
1991	348.15	2813.70	–	1.68	6.46	–
1992	-25.65	-18.15	–	0.96	0.97	–
1993	40.20	562.00	–	1.03	1.41	–
1994	-92.85	2372.70	–	0.97	1.83	–
1995	-2037.90	2916.60	–	0.39	1.87	–
1996	-1036.50	1604.85	–	0.56	1.69	–
1997	-10.50	2956.80	–	0.99	2.87	–
1998	-652.80	1722.90	15876.00	0.45	2.45	14.35
1999	60.15	-854.10	18861.30	1.16	-1.23	50.16
2000	222.45	3261.90	16729.65	-3.61	-66.53	-345.37
2001	-566.10	182.40	20102.40	0.04	1.31	34.99
2002	537.30	3096.75	17644.95	8.37	43.48	243.04
2003	665.25	6406.05	19600.20	2.30	13.48	39.20
2004	72.45	398.25	20496.15	1.02	1.14	7.95
2005	-316.50	3131.70	22261.80	0.83	2.70	13.11
2006	491.25	2711.40	20324.70	1.21	2.17	9.74
2007	3234.30	3041.10	30624.15	2.16	2.09	12.03
2008	1437.75	-3046.50	25429.50	1.51	-0.09	10.10
2009	1529.25	1743.60	28432.20	1.53	1.60	10.85
2010	386.85	11352.00	38245.80	1.11	4.33	12.22
2011	1818.60	-724.05	34603.65	1.48	0.81	10.20
2012	1921.20	-2147.10	34299.00	1.76	0.15	14.58

（二）粮食与经济作物用地集约度比较

作为理性人，当种粮收益持续下降时，农地经营者就有可能改变农地的用途。从上述粮食与经济作物收益的比对中可以看出，不同类经济作物与粮食作物的比较收益差序格局明显，这是否会引致其投入强度的差序呢？

　　此处以三大粮食作物农地利用的集约度为基数，分别计算油料、棉花、蔬菜农地利用集约度及与其的差值与比值，计算结果见表 3 - 2。对于油料作物，除个别年份外，其农地利用集约度总体低于粮食作物，但二者的差距并不大，倍数基本维持在 0.90～1.00。油料作物农地利用集度较粮食作物农地利用集约度低是囿于油料作物农地比较收益偏低。棉花作物农地利用集约度高于粮食作物农地利用集约度，二者比值的年均值为 1.97，其间经历了先升后降再升的小幅波动，相对于粮食作物，棉花种植的高投入格局得以强化。但由于棉花收益的稳定性较差，1990～2012 年其农地利用集约度的变化幅度较低（见图 3 - 5）。蔬菜作物农地利用集约度不仅显著高于粮食作物农地利用集约度，而且远高于油料与棉花农地利用集约度，与粮食作物集约度的年均比值达到 4.31。蔬菜作物农地利用集约度的提高，固然与其高投入、高产出的作物特性有关，但从其时序变化中可以看出，它呈现波动增加的趋势是不争的事实。粮食与经济作物农地利用集约度的相对变化与其纯收益的相对变化呈现出同格局、同趋势态势，这在一定程度上表明，粮食作物农地利用的高端边际化现象已经出现。

表 3 - 2　粮食作物与经济作物农地利用的集约度比较

年份	集约度差值(元/公顷)			集约度比值		
	油料	棉花	蔬菜	油料	棉花	蔬菜
1990	18.00	1732.50	－	1.01	1.87	－
1991	133.05	2360.85	－	1.06	2.10	－
1992	－90.90	2306.40	－	0.96	2.01	－
1993	37.65	2473.05	－	1.02	2.00	－
1994	－65.40	3189.45	－	0.98	1.97	－
1995	288.75	4257.60	－	1.07	1.96	－
1996	－588.00	4989.90	－	0.89	1.94	－
1997	－139.20	4810.35	－	0.97	1.90	－
1998	－147.90	4727.40	13132.05	0.97	1.95	3.64
1999	－500.40	3550.05	14884.20	0.90	1.74	4.09
2000	－219.45	3753.30	13795.35	0.95	1.81	3.97
2001	－157.05	3993.30	13983.90	0.97	1.86	4.03
2002	－479.55	4152.30	13543.95	0.90	1.87	3.83
2003	－339.45	4046.70	14001.90	0.93	1.83	3.88
2004	－231.90	4668.00	19649.40	0.95	1.91	4.84

续表

年份	集约度差值（元/公顷）			集约度比值		
	油料	棉花	蔬菜	油料	棉花	蔬菜
2005	−413.25	4948.80	19003.20	0.92	1.91	4.49
2006	−326.70	5834.85	21274.20	0.94	2.03	4.77
2007	−146.55	6562.05	22943.55	0.98	2.10	4.83
2008	−178.20	7015.05	23425.80	0.97	2.01	4.37
2009	−335.85	7140.45	23988.75	0.95	1.98	4.29
2010	−70.65	9131.25	28920.00	0.99	2.13	4.57
2011	157.65	11083.95	31305.00	1.02	2.15	4.25
2012	653.10	14130.45	43534.20	1.06	2.22	4.77

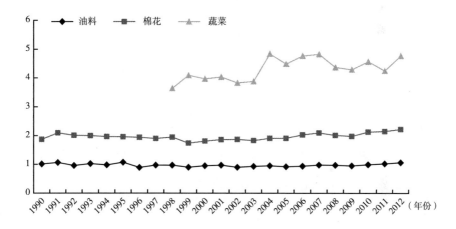

图 3 - 5 油料、棉花和蔬菜农地利用集约度与经济作物
农地利用集约度的比值变化

再进一步从物质与服务费用以及人工成本的角度来看，1990～2012
年，单位播种面积上粮食作物的物质与服务费用与人工成本的差异持续增
大，二者呈"剪刀形"变化趋势（见图 3 - 6）。以 1990 年的不变价格计
算，粮食作物的物质与服务费用由 1990 年的 1250.25 元/公顷增加到 2012
年的 1745.84 元/公顷，而人工成本则由 1990 年的 752.55 元/公顷降低到
2012 年的 279.71 元/公顷。相比粮食作物资本投入集约度上升而劳动投入
集约度下降的趋势，经济作物农地利用的单项集约度则表现出不同的变化
情况。

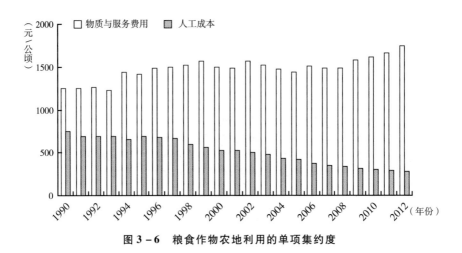

图 3-6 粮食作物农地利用的单项集约度

从图 3-7 反映的粮食与经济作物单位播种面积物质与服务费用的比值中可以看出：油料作物的资金投入强度持续低于粮食作物的资金投入强度，二者比值的年度平均值仅为 0.83；棉花与粮食作物的资金投入比值维持在 1.3～1.6，并保持相对稳定，二者比值的年度平均值为 1.46；蔬菜与粮食作物的资金投入比值在波动中增长，由 1998 年的 3.65 提高到 2012 年的 4.24，可见蔬菜的资金投入强度显著高于粮食作物的资金投入强度。

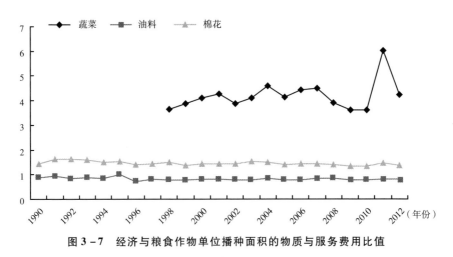

图 3-7 经济与粮食作物单位播种面积的物质与服务费用比值

从图 3-8 反映的经济与粮食作物单位播种面积人工成本的比值来看，油料作物劳动投入的集约度持续高于粮食作物劳动投入的集约度，二者比值保持相对稳定，其年度平均值为 1.18；棉花与粮食作物单位播种面积的人工投入比值波动趋升，2007 年以来维持在 3 以上，年度平均值达到 2.71；蔬菜与粮食作物单位播种面积人工成本比值的阶段递增态势较为明显，由 1998 年的 3.63 提高到 2012 年的 5.33，相对于粮食作物、油料和棉花而言，其农地利用的劳动投入集约度明显偏高。可见，无论是物质与服务费用，还是人工成本，单位播种面积上蔬菜农地利用的集约度都较高，尤其是在务农劳动力机会成本逐年提高的背景下，单位播种面积上蔬菜的人工成本呈逐年提高态势。这说明粮食与经济作物经营中要素投入集约度变化格局对应其纯收益相对变化格局，要素配置积极响应收益变动。总体上，粮食与经济作物经营中劳动要素投入的集约度对其纯收益变化的响应程度更高，呈现粮食作物物质资本投入集约度相对弱化、劳动力投入集约度绝对弱化与相对弱化并存的格局，而此变化格局有持续强化走势，由此出现了以劳动要素投入弱化为主要特征的农地边际化迹象。

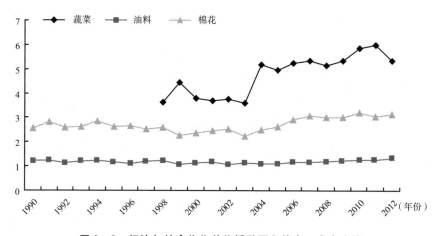

图 3－8　经济与粮食作物单位播种面积的人工成本比值

（三）粮食与经济作物播种面积比较

农作物播种面积的结构变化是农地利用转换的直接反映。1990～2012 年，农作物总播种面积呈现波动渐次增加态势，由 14836.23 万公顷增加到 16342.00 万公顷，年均增长 0.44%。随着农作物播种面积的增加，粮食作物、油料、棉花、蔬菜作物的播种面积之间呈现较大的不平衡增长特性，表现为其播种面积环比增长时正时负，波动较大。1990～2012 年，三大粮食作物的播种面积年均增长 0.22%，远低于油料与蔬菜的播种面积年均增长 1.66% 与 5.45% 的水平，"粮减经扩"的相对格局得以强化（见表 3-3）。这一相对性表现在粮食、油料、棉花与蔬菜作物播种面积在农作物播种面积中占比的变化上，它们的占比分别由 1990 年的 57.44%、5.67%、3.77%、4.27% 波动变化到 2012 年的 54.73%、7.39%、2.87%、12.45%，年均增长率分别为 -0.22%、1.21%、-1.23%、4.98%（见表 3-4）。

表 3-3　粮食、油料、棉花及蔬菜作物的播种面积情况

年份	播种面积（万公顷）					环比增长（%）				
	农作物	粮食	油料	棉花	蔬菜	农作物	粮食	油料	棉花	蔬菜
1990	14836.23	8521.91	841.05	558.81	633.80	1.23	2.80	5.94	7.40	0.76
1991	14958.58	8511.21	901.33	653.85	654.60	0.82	-0.13	7.17	17.01	3.28
1992	14900.71	8362.95	895.17	683.50	703.10	-0.39	-1.74	-0.68	4.54	7.41
1993	14774.07	8128.39	867.97	498.54	808.40	-0.85	-2.80	-3.04	-27.06	14.98
1994	14824.06	8030.41	955.89	552.80	892.10	0.34	-1.21	10.13	10.88	10.35
1995	14987.93	8238.00	1071.66	542.16	951.50	1.11	2.59	12.11	-1.92	6.66
1996	15238.06	8551.43	1034.92	472.22	1049.10	1.67	3.80	-3.43	-12.90	10.26
1997	15396.92	8559.67	1019.67	449.14	1128.80	1.04	0.10	-1.47	-4.89	7.60
1998	15570.57	8622.67	1056.62	445.94	1229.30	1.13	0.74	3.62	-0.71	8.90
1999	15637.28	8604.23	1116.70	372.56	1334.69	0.43	-0.21	5.69	-16.46	8.57
2000	15630.00	7967.10	1234.97	404.12	1523.73	-0.05	-7.40	10.59	8.47	14.16
2001	15570.79	7775.82	1208.59	480.98	1640.25	-0.38	-2.40	-2.14	19.02	7.65
2002	15463.55	7674.36	1206.40	418.42	1735.29	-0.69	-1.30	-0.18	-13.01	5.79
2003	15241.50	7257.29	1227.77	511.05	1795.38	-1.44	-5.43	1.77	22.14	3.46
2004	15355.26	7545.04	1201.65	569.29	1756.04	0.75	3.97	-2.13	11.39	-2.19
2005	15548.77	7799.81	1194.07	506.18	1772.07	1.26	3.38	-0.63	-11.09	0.91
2006	15214.90	8101.39	994.38	581.57	1663.91	-2.15	3.87	-16.72	14.89	-6.10
2007	15346.39	8211.69	958.71	592.61	1732.86	0.86	1.36	-3.59	1.90	4.14
2008	15626.57	8272.20	1083.95	575.41	1787.59	1.83	0.74	13.06	-2.90	3.16
2009	15861.36	8510.03	1165.45	494.87	1838.98	1.50	2.88	7.52	-14.00	2.87
2010	16067.48	8663.00	1189.70	484.87	1899.99	1.30	1.80	2.08	-2.02	3.32
2011	16228.32	8786.91	1192.88	503.78	1963.92	1.00	1.43	0.27	3.90	3.36
2012	16342.00	8943.50	1207.10	468.80	2035.00	0.70	1.78	1.19	-6.94	3.62

注：粮食指三大粮食作物，表 3-4 中类同。

表3-4 粮食、油料、棉花及蔬菜的播种面积在农作物播种面积中的占比

单位：%

年份	粮食	油料	棉花	蔬菜	年份	粮食	油料	棉花	蔬菜
1990	57.44	5.67	3.77	4.27	2002	49.63	7.80	2.71	11.22
1991	56.90	6.03	4.37	4.38	2003	47.62	8.06	3.35	11.78
1992	56.12	6.01	4.59	4.72	2004	49.14	7.83	3.71	11.44
1993	55.02	5.87	3.37	5.47	2005	50.16	7.68	3.26	11.40
1994	54.17	6.45	3.73	6.02	2006	53.25	6.54	3.82	10.94
1995	54.96	7.15	3.62	6.35	2007	53.51	6.25	3.86	11.29
1996	56.12	6.79	3.10	6.88	2008	52.94	6.94	3.68	11.44
1997	55.59	6.62	2.92	7.33	2009	53.65	7.35	3.12	11.59
1998	55.38	6.79	2.86	7.90	2010	53.92	7.40	3.02	11.83
1999	55.02	7.14	2.38	8.54	2011	54.15	7.35	3.10	12.10
2000	50.97	7.90	2.59	9.75	2012	54.73	7.39	2.87	12.45
2001	49.94	7.76	3.09	10.53	年均增长率	-0.22	1.21	-1.23	4.98

再从图3-9中可看出，三大粮食作物播种面积经历了两次较为明显的减少，其间，油料、棉花、蔬菜作物的播种面积却在增长。其中，由于收益波动较大，棉花的单位面积纯收益在一些年份低于粮食作物的单位面积纯收益，其播种面积的波动幅度较大，总体有下滑的趋势；油料作物的单位面积纯收益虽较粮食作物的单位面积纯收益高一些，但二者的差距较小，因此油料作物播种面积增加的幅度较小；而蔬菜作物由于具有较高的

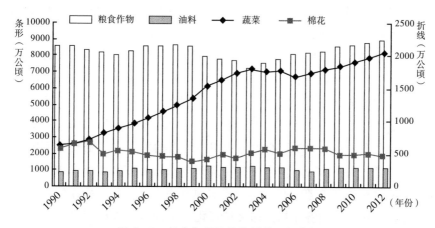

图3-9 粮食与经济作物播种面积变化

比较收益,其播种面积的增幅较大,尤其在2006年后呈现持续增长的趋势。由此,总体上可以判定出经济作物与粮食作物播种面积相对逆反的趋势。

粮食与经济作物播种面积的互竞关系,可以进一步通过两类作物播种面积间的Pearson相关系数来检验。粮食作物与油料、棉花、蔬菜的Pearson相关系数值分别为-0.772、-0.078、-0.742。由此可知,经济作物与粮食作物播种面积之间存在负相关关系,其中粮食作物与油料、蔬菜作物播种面积存在较为显著的互竞关系,而与棉花作物播种面积之间的互竞关系极其微弱。粮食与经济作物播种面积调整是对其纯收益变化的响应,这也再次证实农地已经出现高端边际化现象。

三、结论

我国农地利用中土地、劳动力、资金等生产要素资源的流失引致了农地边际化现象的发生。1990~2012年,三大粮食作物农地利用的平均纯收益出现了两次短暂的下降(1991年和2002年前后)和一次持续的下降(1995~2000年),随后其农地利用集约度与播种面积也相应出现了不同幅度的减少,并且在时间上与纯收益变化存在一定的滞后响应关系。粮食作物的平均纯收益、农地利用集约度与播种面积的时滞响应变化关系显示出,1991年和2002年前后,农地出现两次边际化迹象,但持续时间较短,对农地利用集约度与播种面积的影响较弱;1995~2000年,农地利用出现了明显的边际化现象,且持续时间较长,对农地利用集约度与播种面积产生了较大的影响。

在资源要素有限且用途可转换的条件下,粮食作物农地利用的低端边际化,加速了农地利用由粮食作物用途向经济作物用途的边际转换。在1995~2000年农地发生较为明显的边际化现象后,油料、棉花、蔬菜的农地投入强度在不同阶段都有较大的增加,其中蔬菜农地利用的集约度总体呈现稳定上升趋势。经济作物农地利用集约度的提高在一定程度上压制了粮食作物投入强度的增加,同时在经济利益的驱使下,经济作物单位播种面积上纯收益的"势差"优势,使得农地利用出现分化,粮作经营相对缩减化与粗放化,而经济作物则相对扩张化与集约化,进而对投向粮食作物经营的土地、资金、劳动要素造成了不同程度的竞争性替代,粮食作物农地的高端边际化显现。总体上，我国形成了农地低端边际化与高端边际化并行演化的格局。

第二节 粮食主产区农地边际化：进程差异

粮食主产区是商品粮生产的核心区域，对确保国家粮食安全发挥着重要的作用。从粮食生产格局变迁的角度看，我国粮食生产区域逐步由南方持续向北方转移，由东西部逐渐向中部推进，并向东北地区和黄淮海地区集聚[4]。针对粮食主产区空间格局的演变，财政部于2003年12月印发的《关于改革和完善农业综合开发若干政策措施的意见》将河北、内蒙古、辽宁、吉林、黑龙江、江苏、河南、山东、湖北、湖南、江西、安徽、四川等13个省份确定为我国的粮食主产区，分属东北地区、黄淮海地区和长江中下游地区[5]。由于不同粮食主产区内部耕作制度与种植结构不同，其小麦、稻谷、玉米三大粮食的产量呈现区域差异（见表3-5、表3-6和表3-7）。

对于小麦，其优势生产区一直分布在河南、山东、河北、江苏、安徽等省份。从图3-10可以看出，1978~2012年，除1991~1996年外，河南省小麦产量均位居首位；即使它在1991~1996年低于山东省小麦产量，但二者差距非常小，最大是于1991年相差335.1万吨，最小是于1993年相差13.9万吨。基于此，以河南代表小麦主产区来分析其农地边际化进程。

对于稻谷，13个粮食主产区均有生产，但各主产区的产量差异较大。1978年，稻谷生产主要分布在湖南、江苏、安徽、湖北、江西和四川，其中湖南产量最高。2004年新一轮惠农政策的出台，不仅激发了稻谷主产区产量的提高，而且使湖南稻谷生产在小幅波动后呈现快速上升趋势（如图3-11所示）。2012年，湖南的稻谷产量仍居首位，黑龙江次之，而后依次是江西、江苏、湖北、四川、安徽等。基于湖南稻谷生产的优势，以湖南代表稻谷主产区分析其农地边际化的进程。

玉米主产区的玉米产量总体上呈现波动变化态势。2012年，玉米产量由高到低的玉米主产区依次为黑龙江、吉林、内蒙古、山东、河南、河北、辽宁等；而在1978年，玉米产量排在前五位的省份分别是山东、黑龙

表3-5 粮食主产区小麦产量变化

单位：万吨

年份	内蒙古	吉林	黑龙江	辽宁	江苏	河北	安徽	山东	湖北	江西	河南	湖南	四川
1978	88.0	24.5	280.0	9.4	388.6	641.5	279.2	803.5	228.0	10.0	868.2	38.0	368.6
1979	108.5	17.5	333.5	8.5	534.5	634.0	390.0	957.0	283.5	14.0	969.0	35.0	440.1
1980	82.7	16.5	394.6	5.5	564.0	384.0	340.5	766.0	266.5	9.0	890.5	24.6	520.5
1981	100.0	15.5	314.1	5.7	526.0	417.5	435.5	870.0	248.5	9.5	1083.5	26.7	514.0
1982	126.7	15.5	268.2	4.9	709.5	447.6	554.2	824.0	358.0	11.5	1220.1	32.5	641.0
1983	121.0	14.5	451.0	4.4	761.0	694.7	572.5	1200.0	335.5	7.5	1455.8	30.5	724.0
1984	144.2	15.5	382.5	2.5	904.0	716.1	646.5	1278.5	378.0	10.0	1653.0	33.5	703.0
1985	148.5	10.3	376.8	2.8	829.4	744.3	605.9	1496.1	345.4	10.4	1528.2	29.2	625.6
1986	130.8	6.7	355.9	4.0	938.3	826.8	656.6	1562.4	381.5	9.2	1567.9	29.7	650.1
1987	125.7	6.3	299.8	5.7	899.5	723.6	717.9	1474.1	421.1	7.6	1626.0	28.4	658.4
1988	163.4	4.9	250.4	8.3	894.6	792.2	677.5	1390.8	408.1	7.9	1521.0	29.3	568.7
1989	189.2	8.4	367.3	15.3	840.7	855.5	602.7	1487.5	375.6	8.4	1695.1	24.4	619.7
1990	261.7	12.8	474.8	45.0	929.8	927.7	598.0	1612.1	391.1	8.1	1639.9	28.9	685.3
1991	280.2	14.5	381.1	49.8	847.5	900.4	315.4	1889.4	388.7	7.5	1554.3	35.1	714.0
1992	330.3	22.1	424.8	65.5	1006.1	917.9	614.0	1878.3	372.3	8.4	1650.7	30.1	718.3
1993	298.5	30.8	340.0	66.5	941.9	902.1	716.9	1936.0	386.7	9.5	1922.1	27.8	701.6
1994	234.8	22.0	275.3	49.5	877.4	921.7	716.5	1936.6	383.3	9.1	1798.4	28.6	704.3

续表

年份	内蒙古	吉林	黑龙江	辽宁	江苏	河北	安徽	山东	湖北	江西	河南	湖南	四川
1995	262.2	19.1	293.4	63.3	892.6	1060.3	757.5	2060.7	363.6	7.5	1754.2	31.0	730.9
1996	318.9	20.6	329.5	59.4	1014.3	1139.1	748.3	2052.7	378.8	9.7	2026.8	30.4	720.3
1997	307.9	13.0	328.4	56.5	1064.7	1330.7	941.2	2241.3	446.8	10.7	2372.4	32.1	611.1
1998	282.7	10.6	285.2	61.4	759.7	1253.6	599.1	2024.5	409.3	9.2	2073.5	28.3	601.1
1999	273.1	16.1	284.2	59.2	1070.8	1280.5	852.5	2117.7	304.7	9.6	2291.5	25.2	543.0
2000	181.8	16.3	95.8	35.8	796.4	1208.0	730.3	1860.0	233.7	7.9	2236.0	23.3	532.1
2001	127.1	11.6	93.8	15.7	703.9	1122.7	741.9	1655.2	213.0	5.9	2299.7	21.4	448.7
2002	121.5	7.9	89.4	11.5	644.5	1099.5	683.7	1547.1	151.2	4.3	2248.4	18.3	459.1
2003	79.0	6.0	39.7	6.2	608.7	1018.8	642.8	1584.5	165.4	2.9	2292.5	16.5	426.2
2004	110.5	3.4	83.0	6.9	687.7	1053.2	793.2	1584.6	176.3	2.9	2480.9	14.6	415.7
2005	143.6	2.7	97.0	8.9	728.5	1150.3	808.1	1800.5	208.9	2.7	2577.7	13.4	427.4
2006	172.2	0.3	93.0	3.1	901.6	1189.7	1039.0	2013.0	311.1	2.0	2936.5	2.9	443.6
2007	175.9	1.6	77.0	5.3	973.8	1193.7	1111.3	1995.6	353.2	2.0	2980.2	3.2	451.7
2008	154.0	1.8	89.5	4.9	998.2	1221.9	1167.9	2034.2	329.2	1.9	3051.0	3.2	426.8
2009	171.2	1.0	116.3	4.5	1004.4	1229.8	1177.2	2047.3	331.7	1.9	3056.0	6.4	423.3
2010	165.2	1.2	92.5	3.7	1008.1	1230.6	1206.7	2058.6	345.1	2.1	3082.2	9.9	427.7
2011	170.9	1.3	103.8	3.7	1023.2	1276.1	1215.7	2103.9	344.8	2.2	3123.0	10.2	436.0
2012	188.4		70.0	3.2	1048.8	1337.7	1294.0	2179.5	370.8	2.3	3177.4	8.6	437.0

数据来源：1979～2013 年《中国统计年鉴》。

表 3 - 6 粮食主产区稻谷产量变化

单位：万吨

年份	内蒙古	吉林	黑龙江	辽宁	江苏	河北	安徽	山东	湖北	江西	河南	湖南	四川
1978	3.6	122.0	74.5	207.5	1282.0	54.5	856.7	60.0	1208.0	1079.5	195.0	1875.7	1086.4
1979	3.5	102.0	72.0	212.0	1301.5	63.0	889.5	65.5	1264.5	1235.0	161.0	2000.5	1093.7
1980	4.1	107.5	79.5	235.5	1228.5	83.1	773.0	74.0	1038.0	1188.0	178.0	1972.5	1549.0
1981	4.0	112.5	56.0	249.0	1306.5	71.0	945.0	65.0	1200.0	1216.5	204.5	2002.1	1639.0
1982	4.7	144.5	71.0	253.5	1437.5	76.0	1043.7	50.5	1353.5	1346.5	175.0	2180.0	1806.5
1983	4.2	151.5	91.5	290.5	1605.0	82.5	960.0	59.5	1370.5	1408.0	218.0	2458.1	1939.0
1984	6.0	191.0	124.0	331.0	1749.5	75.0	1136.2	57.5	1567.0	1493.0	239.1	2416.6	2034.0
1985	7.8	184.1	162.9	263.0	1638.5	78.0	1162.9	62.5	1571.8	1475.8	226.3	2338.8	1926.1
1986	8.3	175.1	220.8	320.7	1702.7	75.6	1222.3	63.0	1623.6	1406.9	206.3	2464.3	2003.2
1987	7.7	223.0	225.7	337.2	1674.8	77.1	1200.8	57.4	1595.0	1521.9	197.7	2414.2	1979.7
1988	12.0	215.7	238.0	348.1	1639.0	81.1	1170.2	15.1	1588.2	1456.0	162.2	2366.6	1966.5
1989	19.2	182.4	227.1	277.0	1773.9	89.5	1290.8	60.7	1697.5	1494.7	232.8	2492.2	2079.7
1990	31.4	289.4	314.4	369.2	1708.5	91.6	1340.1	90.6	1789.6	1587.7	270.0	2517.3	2197.4
1991	35.2	306.3	316.2	390.9	1632.8	89.1	1058.0	111.5	1553.9	1552.3	242.9	2473.3	2105.6
1992	41.4	303.0	376.6	412.2	1728.2	95.5	1228.8	78.1	1746.5	1473.6	278.7	2423.1	2140.6
1993	33.0	289.0	388.3	376.5	1680.0	86.6	1248.6	75.3	1621.5	1410.6	288.0	2343.5	2008.3
1994	30.5	292.7	410.4	316.2	1600.7	88.3	1187.9	81.6	1690.2	1493.8	268.8	2430.0	1931.7

续表

年份	内蒙古	吉林	黑龙江	辽宁	江苏	河北	安徽	山东	湖北	江西	河南	湖南	四川
1995	39.6	296.9	469.9	261.8	1798.6	90.3	1296.1	91.2	1730.7	1486.5	295.8	2515.3	2097.9
1996	51.0	347.4	636.0	338.9	1870.2	92.2	1329.3	113.6	1721.8	1641.8	314.8	2559.0	2182.3
1997	70.6	376.2	860.9	389.4	1931.2	102.4	1290.2	112.1	1818.5	1636.0	342.9	2668.2	1664.6
1998	60.3	385.5	925.8	378.9	2089.2	99.2	1390.2	138.9	1633.2	1425.6	369.7	2516.3	1643.7
1999	68.8	405.9	944.3	415.8	1937.3	93.1	1300.6	131.3	1685.6	1619.3	333.0	2549.1	1687.8
2000	72.2	374.8	1042.2	377.1	1801.3	65.8	1195.1	110.8	1497.3	1491.9	318.8	2528.1	1634.3
2001	56.7	371.2	1016.3	341.2	1693.2	47.2	1176.8	110.1	1451.9	1491.4	202.7	2328.9	1452.5
2002	56.0	370.0	921.0	406.2	1709.9	55.7	1327.5	109.4	1469.8	1451.6	336.5	2119.2	1503.7
2003	45.0	318.2	842.8	351.4	1404.6	41.1	963.7	77.9	1341.3	1360.5	240.2	2070.2	1519.7
2004	54.5	437.6	1130.0	401.5	1673.2	47.3	1292.1	90.6	1501.7	1579.4	358.2	2441.7	1525.4
2005	62.2	473.3	1121.5	416.5	1706.7	51.6	1317.3	95.8	1535.3	1667.2	359.8	2485.0	1526.9
2006	65.6	493.0	1360.0	427.6	1792.7	51.2	1333.1	106.6	1437.9	1808.8	404.6	2414.5	1336.7
2007	81.4	500.0	1417.9	505.0	1761.1	57.6	1356.4	110.2	1485.9	1806.4	436.5	2425.7	1419.7
2008	70.5	579.0	1518.0	505.6	1771.9	55.6	1383.5	110.4	1533.7	1862.1	443.1	2528.0	1497.6
2009	64.8	505.0	1574.5	506.0	1802.9	57.5	1405.6	112.0	1591.9	1905.9	451.0	2578.6	1520.2
2010	74.8	568.5	1843.9	457.6	1807.9	54.2	1383.4	106.4	1557.8	1858.3	471.2	2506.0	1512.1
2011	77.9	623.5	2062.1	505.1	1864.2	60.2	1387.1	104.0	1616.9	1950.1	474.5	2575.4	1527.1
2012	73.3	532.0	2171.2	507.8	1900.1	49.8	1393.5	103.4	1651.4	1976.0	492.6	2631.6	1536.1

数据来源：1979～2013 年《中国统计年鉴》。

表 3 - 7　粮食主产区玉米产量变化

单位：万吨

年份	内蒙古	吉林	黑龙江	辽宁	江苏	河北	安徽	山东	湖北	江西	河南	湖南	四川
1978	173.5	581.0	602.0	560.0	123.0	516.6	38.1	612.0	103.0	1.0	469.0	22.1	360.6
1979	168.5	533.5	581.0	628.5	133.0	628.0	45.6	730.0	110.0	1.5	478.5	27.2	391.6
1980	139.2	507.0	520.5	653.6	139.0	663.2	38.5	827.0	86.3	1.0	533.2	21.5	612.0
1981	142.6	527.5	455.0	582.0	173.5	647.7	39.6	794.0	102.5	1.0	480.5	21.0	594.0
1982	106.0	589.5	352.6	558.2	194.5	725.0	27.5	848.0	108.5	1.0	436.5	19.0	639.0
1983	143.0	941.0	463.5	737.0	190.5	690.5	35.0	822.0	110.5	1.0	630.0	20.2	589.0
1984	148.5	1104.0	642.0	715.5	208.0	640.0	49.0	993.5	128.5	1.0	523.2	24.0	625.0
1985	159.8	793.1	386.8	448.1	221.6	678.9	65.7	937.7	115.3	1.0	537.3	20.2	578.0
1986	192.7	1016.4	632.0	607.3	241.7	686.2	79.0	1016.5	115.7	1.0	437.1	20.9	578.5
1987	273.3	1244.8	646.1	671.5	241.1	716.2	100.2	1170.2	117.9	1.1	677.0	22.1	521.1
1988	305.5	1239.5	700.6	691.0	240.4	735.1	62.3	1067.2	93.3	1.1	600.3	19.2	582.5
1989	285.1	981.5	615.2	496.7	276.5	773.3	136.6	1033.3	109.3	1.7	809.6	23.6	632.0
1990	393.1	1529.6	1008.3	812.3	230.2	829.2	146.9	1110.9	122.2	2.3	960.5	24.5	715.0
1991	413.7	1400.1	1007.5	848.6	208.7	906.1	158.7	1353.2	120.3	7.3	849.1	27.4	734.1
1992	435.4	1326.6	1042.8	864.5	219.4	834.3	166.9	1150.8	130.1	8.8	806.6	32.3	632.0
1993	454.0	1344.6	956.6	989.1	260.0	965.1	234.1	1302.3	116.4	6.0	947.1	31.5	621.9
1994	482.3	1439.4	1146.4	613.9	217.2	1065.3	130.3	1345.3	133.7	4.3	754.3	37.2	572.6

续表

年份	内蒙古	吉林	黑龙江	辽宁	江苏	河北	安徽	山东	湖北	江西	河南	湖南	四川
1995	518.4	1478.5	1219.1	804.5	270.8	1183.4	265.5	1543.0	150.2	8.9	957.8	38.9	629.6
1996	751.5	1753.4	1445.0	1047.3	259.9	1168.4	264.1	1603.4	165.8	9.0	1038.3	47.7	716.9
1997	677.9	1260.3	1165.9	674.7	243.7	1009.5	229.1	1106.0	161.0	8.4	807.7	76.5	580.7
1998	839.8	1924.7	1199.7	1205.3	286.2	1187.2	226.5	1553.6	186.7	8.7	1096.3	82.1	623.1
1999	771.4	1692.6	1228.4	988.3	264.8	1088.0	213.3	1551.4	204.1	7.5	1156.6	126.8	640.0
2000	629.2	993.2	790.8	551.1	236.8	994.5	247.3	1467.5	216.7	8.5	1075.0	125.1	547.4
2001	757.0	1328.4	819.5	833.7	259.9	1059.5	279.9	1532.4	194.9	6.2	1151.4	115.1	452.3
2002	821.5	1540.0	1070.5	889.4	261.7	1035.0	356.8	1316.0	187.4	5.5	1189.8	119.2	525.1
2003	888.7	1615.3	830.9	930.5	197.3	1073.6	260.6	1411.0	167.5	6.3	766.3	128.6	517.3
2004	948.0	1810.0	1050.0	1352.1	216.6	1157.6	320.8	1499.2	179.1	4.8	1050.0	128.9	557.4
2005	1066.2	1800.7	1379.5	1340.3	174.8	1193.8	235.0	1735.4	194.9	6.3	1298.0	134.0	580.8
2006	1134.6	2037.1	1453.5	1211.5	197.2	1348.8	267.7	1761.3	203.8	6.1	1541.8	146.5	553.1
2007	1161.4	1800.0	1568.5	1167.8	197.3	1421.8	250.0	1816.5	205.1	6.4	1582.5	116.3	602.8
2008	1410.7	2083.0	1822.0	1189.0	203.0	1442.2	286.7	1887.4	226.4	6.6	1615.0	129.6	637.0
2009	1341.3	1810.0	1920.2	963.1	216.2	1465.2	304.7	1921.5	244.1	7.3	1634.0	159.9	643.0
2010	1465.7	2004.0	2324.4	1150.5	218.5	1508.7	312.8	1932.1	261.0	8.4	1634.8	168.1	669.0
2011	1632.1	2339.0	2675.8	1360.3	226.2	1639.6	362.6	1978.7	276.2	10.5	1696.5	188.5	701.6
2012	1784.4	2578.8	2887.5	1423.5	230.2	1649.5	427.5	1994.5	282.6	12.6	1747.8	197.3	701.3

数据来源：1979～2013 年《中国统计年鉴》。

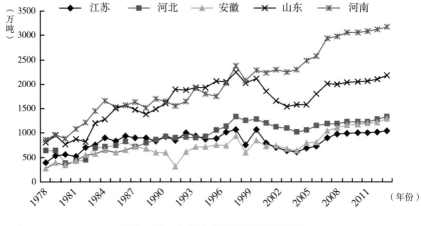

图 3 - 10　小麦主产区小麦产量变化

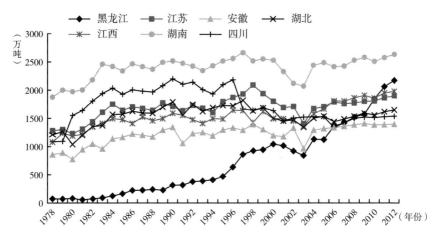

图 3 - 11　稻谷主产区稻谷产量变化

江、吉林、辽宁、河南。从图 3 - 12 可以直观看出，1982～2009 年，吉林的玉米产量一直居于首位，2009 年之后，黑龙江的玉米产量直线上升，并开始居于首位。在此，以黑龙江代表玉米主产区来分析其农地边际化进程。

一、小麦主产区：河南

河南省位于中国中东部、黄河中下游。1950 年和 2015 年的《中国农村统计年鉴》显示：作为农业大省和粮食生产大省，河南省的粮食产

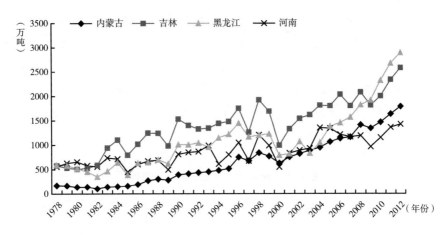

图 3-12 玉米主产区玉米产量变化

量已由新中国成立初的 724.5 万吨增至 2014 年的 5772.3 万吨，目前其粮食产量位居至全国第二；目前在全国 31 个省份中，其粮食总产量及播种面积仅次于黑龙江省，在我国粮食生产和商品粮供应中具有举足轻重的地位。特别是在 2008 年国务院颁布《国家粮食安全中长期规划纲要（2008～2020 年）》、2009 年发改委颁发《全国新增 1000 亿斤粮食生产能力规划（2009～2020 年）》，以及河南省粮食生产核心区和中原经济区建设规划已获国家批准的背景下，河南作为粮食生产大省与农业大省的核心地位更加凸显。

保持农地数量是保证粮食产能的基础条件。在河南省快速推进城市化与农业现代化的背景下，合理利用及保护农地资源的压力加大，现有耕地粮食产能增长的约束性增强。基于此，把握小麦主产区河南省的农地数量与质量状况，动态捕捉其农地经营变化，综合分析其农地边际化趋势，能够为优化利用耕地提供决策依据。

（一）土地利用结构

河南省地势基本上是西高东低，中东部为黄淮海冲积平原，西南部为南阳盆地。在全省面积中，山地丘陵面积为 7.4 万平方公里，占全省总面积的 44.3%；平原和盆地面积为 9.3 万平方公里，占总面积的 55.7%。复杂多样的土地类型为农、林、牧、渔业的综合发展和多种经营提供了十分有利的条件。河南省国土资源厅关于土地变更调查的结果显示（见表 3 - 8），2008 年，河南省全省土地总面积为 1655.36 万公顷，农用地面积为 1228.14 万公顷，占比为 74.19%，远高于建设用地、未利用土地及其他土地所占份额（分别为 13.23%、9.18%、3.43%）。从农用地组成来看，耕地、园地、林地、牧草地及其他农地分别为 792.64 万公顷、31.39 万公顷、301.85 万公顷、1.44 万公顷、100.82 万公顷，其中耕地占比较高。

表 3 - 8   2008 年河南省土地利用结构

单位：万公顷，%

类型	面积	在土地总面积中的占比
农用地	1228.14	74.19
耕地	792.64	47.88
园地	31.39	1.90
林地	301.85	18.23
牧草地	1.44	0.09
其他农用地	100.82	6.09
建设用地	218.66	13.21
居民点及独立工矿用地	188.28	11.37
交通运输用地	12.17	0.74
水利设施用地	18.21	1.10
未利用土地	151.83	9.17
其他土地	56.73	3.43

数据来源：《河南省国土资源公报（2008 年度）》[6]。

（二）农地数量与质量

在严格的耕地保护制度下，河南省耕地面积波动不大。从表 3 - 9 中看出，近年来，河南省耕地总资源小幅下降，2008 年比 2003 年净减少 0.96 万公顷。与此同时，年底常用耕地面积有所增加，表明耕地总资源的开发利用程度在提升；2000～2008 年，年底常用耕地面积净增 32.70 万公顷，增幅为 4.76%。在耕地占补平衡政策下，年底耕地总资源净减少的格局有所改观，至 2008 年，当年增加常用耕地面积高于当年减少常用耕地面积。其中，在当年增加常用耕地面积构成中，新开荒地面积为主要构成；在当年减少常用耕地面积构成中，国家基建占地面积逐步成为主要构成，退耕还林还草占地面积的占比由 2002～2003 年的 60% 以上，下降为 2007～

2008 年的不足 1%。上述耕地面积变化趋势表明，河南省耕地增加的后备潜力有限，而建设用地占用耕地的压力却在增加，保持现有耕地面积不减少仍然面临诸多挑战。

表 3 - 9　河南省常用耕地面积变动趋势

单位：万公顷，%

年份	年底耕地总资源	年底常用耕地面积	当年增加常用耕地面积	占增加常用耕地面积比重		当年减少常用耕地面积	占减少常用耕地面积比重			
				新开荒地	园地改为耕地		国家基建占地	其他基建占地	退耕还林还草占地	耕地改为园地
2000	–	687.53	9.39	5.80	–	4.46	28.20	–	–	–
2001	–	690.73	6.56	14.48	–	3.36	35.95	–	–	–
2002	–	726.28	1.29	60.47	10.08	7.96	8.54	5.28	77.51	5.65
2003	793.60	718.72	2.66	45.86	8.27	10.22	13.41	8.02	63.50	12.04
2004	792.63	717.75	1.53	46.70	5.36	2.50	31.25	26.86	23.58	4.48
2005	792.63	720.12	1.61	36.56	13.75	1.72	56.46	18.57	10.30	3.49
2006	792.66	720.24	1.94	43.81	13.40	1.82	86.81	3.85	6.04	3.30
2007	792.61	720.19	1.39	58.99	0.72	1.44	88.19	9.72	0.69	1.39
2008	792.64	720.22	1.04	67.31	0.96	1.01	97.03	—	0.99	0.01

数据来源：2001~2009 年《河南省统计年鉴》。

灌溉及水利设施条件是影响耕地质量的重要因素。从表 3 - 10 中看出，河南省常用耕地中水田及水浇地面积的绝对量及其在年底常用耕地面积中的占比均有所增加。其中，2000~2008 年，在年底常用耕地面积净增加的情形下，水田面积增加 19.82 万公顷，增幅为 43.01%；而水浇地面积增加 13.00 万公顷，增幅为 4.17%。

在水田及水浇地面积有所增加的同时，农田灌排水条件也有明显改善（见表 3 - 11）。首先是农田有效灌溉面积显著增加，机电与节水装备化程度得到了显著改善，机电灌溉面积在 2000~2012 年增加 25.60 万公顷，增幅为 6.71%，节水灌溉面积在 2004~2010 年增加 29.27 万公顷，增幅为 23.53%。其次是排水状况也得到了改善，易涝面积略有缩减，除涝面积则有较大增加，由 2000 年的 184.81 万公顷增加为 2012 年的 198.03 万公顷，增幅为 7.15%。基于灌排水条件的显著改善，农田旱涝保收面积稳步增加，

表 3 – 10   河南省常用耕地中水田及水浇地构成及变化趋势

单位：万公顷，%

年份	年底常用耕地面积	水田		水浇地	
		面积	占年底常用耕地面积比重	面积	占年底常用耕地面积比重
2000	687.53	46.08	6.70	–	–
2001	690.73	46.33	6.70	–	–
2002	726.28	65.66	9.00	311.19	42.80
2003	718.72	64.93	9.00	309.78	43.10
2004	717.75	61.76	8.60	310.37	43.20
2005	720.12	64.58	9.00	309.26	42.90
2006	720.24	64.52	9.00	309.00	42.90
2007	720.19	64.45	8.90	308.73	42.90
2008	720.22	65.90	8.95	324.18	45.01

数据来源：2001～2009 年《河南省统计年鉴》。

表 3 – 11   河南省农田灌排水条件及变化趋势

单位：万公顷

年份	农田有效灌溉面积	机电灌溉面积	节水灌溉面积	易涝面积	除涝面积	农田旱涝保收面积
2000	472.53	381.50	–	210.83	184.81	369.28
2001	476.60	382.03	–	210.80	185.37	374.90
2002	480.24	388.30	–	209.92	184.73	380.59
2003	479.22	386.00	–	209.92	186.42	384.05
2004	482.91	389.90	124.39	209.89	188.90	384.05
2005	486.41	391.70	130.91	209.89	190.37	388.23
2006	491.88	379.50	136.38	210.02	191.41	379.53
2007	495.58	394.60	140.29	210.02	190.25	396.24
2008	498.92	399.10	141.22	210.02	190.82	399.25
2009	503.30	404.40	146.72	210.02	193.60	405.12
2010	508.10	408.80	153.66	210.06	195.90	404.80
2011	515.04	407.90	–	210.17	197.33	409.99
2012	520.56	407.10	–	–	198.03	416.00

数据来源：2001～2013 年《河南省统计年鉴》。

于 2000~2012 年净增加 46.72 万公顷，增幅高达 12.65%，由此它在农田有效灌溉面积中的占比也得以提升。

合理利用与保护农地的党纲国策是耕地数量稳定与质量提升的制度保证。河南省耕地数量与质量的诸多积极变化，为其粮食高产创建奠定了坚实基础。

（三）农作物种植结构

河南省地处暖温带和北亚热带地区，气候过渡性明显，温暖适中，利于多种作物生长，积温能满足作物一年两熟或喜温作物两年三熟的要求。全省种植业形成了以粮食作物、经济作物、蔬菜瓜果类作物以及其他作物组成的多元种植结构。粮食作物主要包括小麦、玉米、稻谷，其中小麦产量最高；经济作物主要有棉花、油料、烟叶、麻类等；蔬菜及瓜果类作物主要有萝卜、白菜、芹菜、韭菜、蒜、葱、胡萝卜、菜瓜、莲花菜、菊芋、刀豆、芫荽、莴笋、黄花、辣椒、黄瓜、西红柿等蔬菜作物，以及西瓜、甜瓜、草莓等瓜果类作物；其他作物主要有青饲料、花卉等。

从农作物总播种面积及其结构变化趋势来看，随着河南省耕地面积的增加，农作物总播种面积呈现较大幅度的上涨，复种指数也得以提升（见表 3-12），2000~2008 年，复种指数由 191.08% 提升为 196.91%。各类作物播种面积在农作物总播种面积中的占比有所分化，其中粮食作物播种面积先减后增，2012 年较 2000 年增加 95.56 万公顷，增幅为 10.58%；经济作物播种面积有所减少，减少额度为 43.16 万公顷，减幅为 17.12%；蔬菜瓜果类作物播种面积则稳步增长，增长 56.59 万公顷，增幅高达 37.85%；其他农作物播种面积净增加额度不大，仅为 3.49 万公顷，但由于基数较小，增幅超蔬菜瓜果类作物播种面积增幅，高达 37.93%。各类作物播种面积变化使得其在农作物总播种面积中的占比发生了相对变化，粮食作物、蔬菜瓜果类作物及其他农作物的占比上升，分别由 2000 年的 68.73%、11.38%、0.70% 增加为 2012 年的 70.01%、14.45%、0.89%，而经济作物占比渐次下降，由 2000 年的 19.19% 下降为 2012 年的 14.65%。处于加速转型期的河南，政策激励与市场导向均可能为其农作物播种面积及其结构变化的关键性影响因素。

表 3-12　农作物总播种面积及其结构变化趋势

单位：万公里，%

年份	农作物总播种面积	复种指数（%）	粮食作物		经济作物		蔬菜瓜果类作物		其他农作物	
			播种面积	占比	播种面积	占比	播种面积	占比	播种面积	占比
2000	1313.69	191.08	902.90	68.73	252.10	19.19	149.50	11.38	9.20	0.7
2001	1312.77	190.06	882.31	67.21	258.09	19.66	161.34	12.29	10.90	0.83
2002	1335.98	183.95	897.51	67.18	259.85	19.45	169.54	12.69	9.22	0.69
2003	1368.44	190.40	892.36	65.21	279.98	20.46	183.78	13.43	12.32	0.9
2004	1380.57	192.35	896.96	64.97	281.77	20.41	188.86	13.68	12.84	0.93
2005	1392.26	193.34	915.27	65.74	271.21	19.48	192.97	13.86	12.81	0.92
2006	1399.54	194.32	945.53	67.56	244.36	17.46	190.20	13.59	19.45	1.39
2007	1408.78	195.61	946.84	67.21	241.47	17.14	201.46	14.3	19.02	1.35
2008	1418.17	196.91	959.96	67.69	236.27	16.66	202.94	14.31	19.00	1.34
2009	1419.66	—	968.35	68.21	233.53	16.45	202.59	14.27	15.19	1.07
2010	1424.87	—	974.04	68.36	228.69	16.05	204.61	14.36	17.53	1.23
2011	1425.86	—	985.98	69.15	223.58	15.68	204.90	14.37	11.41	0.8
2012	1426.22		998.49	70.01	208.94	14.65	206.09	14.45	12.69	0.89

数据来源：2001～2013 年《河南省统计年鉴》。

从粮食作物内部来看，其播种面积及其结构也发生了变化（见表 3 -13）。粮食作物播种面积先减后增，经历了 2001 ~ 2004 年的低谷期后，再度恢复增长至 900 万公顷以上，之后渐次提升，至 2012 年达到 998.52 万公顷。其间，夏收与秋收粮食作物播种面积均有所增加，增幅分别为 7.38%、14.56%，两类作物播种面积的非均衡增长使得其在粮食作物播种面积中的占比发生了此消彼长变化。2012 年，夏收与秋收粮食作物播种面积占比分别为 53.75%、46.25%，二者的占比变化值分别为 - 1.60% 和 1.60%。其中，在夏粮作物中，小麦是代表，其播种面积同样是先减后增，2012 年为 533.98 万公顷，较 2000 年增加 41.73 万公顷，增幅为 8.48%，由此使其播种面积在夏粮作物播种面积中的占比由 2000 年的 98.49% 上升为 2012 年的 99.50%。而在秋粮作物中，玉米是代表，其播种面积近乎直线上升，2000 ~ 2012 年增加 89.87 万公顷，增幅高达 40.82%，因而其播种面积在秋粮作物播种面积中的占比由 54.60% 攀升至 67.12%。由此可见，近年来针对粮食主产区广泛实施的诸多惠农政策，在一定程度上强化了河南省以小麦、玉米为夏粮、秋粮主要作物品种的种植结构。

表 3 - 13 河南省粮食作物播种面积及其结构变化趋势

单位：万公顷,%

年份	粮食作物播种面积	夏收粮食		秋收粮食		小麦		玉米	
		播种面积	占比	播种面积	占比	播种面积	在夏收粮播种面积中的占比	播种面积	在秋收粮播种面积中的占比
2000	902.96	499.80	55.35	403.16	44.65	492.25	98.49	220.13	54.60
2001	882.28	488.24	55.34	394.04	44.66	480.18	98.35	219.99	55.83
2002	897.51	494.78	55.13	402.73	44.87	485.58	98.14	231.97	57.60
2003	892.33	489.67	54.88	402.66	45.12	480.46	98.12	238.66	59.27
2004	897.01	493.87	55.06	403.14	44.94	485.62	98.33	242.00	60.03
2005	915.34	502.73	54.92	412.61	45.08	496.25	98.71	250.82	60.79
2006	945.58	524.27	55.44	421.31	44.56	520.86	99.35	275.16	65.31
2007	946.80	524.67	55.41	422.14	44.59	521.31	99.36	277.93	65.84
2008	960.00	528.67	55.07	431.33	44.93	526.02	99.50	282.01	65.38
2009	968.36	529.00	54.63	439.36	45.37	526.36	99.50	289.54	65.90
2010	974.02	530.67	54.48	443.35	45.52	528.01	99.50	294.61	66.45
2011	985.99	535.33	54.29	450.65	45.71	532.34	99.44	302.48	67.12
2012	998.52	536.67	53.75	461.85	46.25	533.98	99.50	309.99	67.12

数据来源：2001 ~ 2013 年《河南省统计年鉴》。

（四）农地边际化进程

处于黄河中下游的河南省，大部分地区适合种植小麦与夏玉米，因而，小麦、玉米轮作成为河南省农地耕作制度的重要特征。基于此，本部分分别将小麦、玉米作为夏粮及秋粮作物代表，根据第二章说明的判定农地边际化进程的方法，对其农地边际化程度值进行测算及趋势分析。

根据2002～2013年《全国农产品成本收益资料汇编》取得2001～2012年河南省小麦和玉米单位面积上的纯收益、总收益与实物产量的数据，其中纯收益和总收益分别按照2001年的商品零售价格总指数、小麦和玉米的生产价格指数进行折算，折算结果见表3-14。

2001～2012年，小麦单位面积的纯收益与总收益的起伏波动较其单位面积的实物产量的波动大，且尚未形成稳定增长格局。尤为显著的是，小麦单位面积的纯收益于2003年、2005年、2012年多次创阶段性低点，分别仅为1096.20元/公顷、1721.55元/公顷和-105.15元/公顷，同时其总收益在2003年与2012年也出现阶段性低点，且伴有单位面积实物产量处于平稳的低迷状态。除这三个低点外，2008～2010年，小麦单位面积的纯

表3-14　河南省粮食作物农地利用收益

单位：元/公顷，公斤/公顷

年份	夏粮作物——小麦			秋粮作物——玉米		
	纯收益	总收益	实物产量	纯收益	总收益	实物产量
2001	2640.90	4491.30	4789.95	1644.75	4655.25	5233.95
2002	2608.35	5788.05	4630.05	2013.30	6632.70	5128.95
2003	1096.20	2769.00	4771.95	1263.45	4639.50	3211.05
2004	3171.30	4960.05	5109.00	2063.25	4163.85	4339.05
2005	1721.55	5874.60	5194.00	2409.00	6160.80	5175.00
2006	2977.20	6838.05	5638.05	3278.40	6936.15	5602.95
2007	2719.95	6450.60	5716.95	3804.75	6616.65	5694.00
2008	2840.10	6661.20	5800.05	2369.85	5850.45	5727.00
2009	2253.90	6170.85	5806.00	2554.80	6624.00	5643.00
2010	2073.15	6036.45	5838.00	2531.10	6408.15	5549.25
2011	2596.65	7088.40	5866.95	3079.65	7302.45	5608.35
2012	-105.15	6124.65	5950.05	2500.95	7917.60	5638.05

收益也呈现小幅下降态势，而其单位面积的总收益也表现出同样趋势，但其单位面积的实物产量基本维持不变。结合图 3 - 13 显示的变化趋势，根据上述农地边际化阶段性的指标特征可知，当季小麦田经历了四次较为明显的边际化：2003 年呈现中期边际化；2005 年、2009 ~ 2010 年呈现初始边际化；2012 年则发生了完全边际化。其他年份如 2007 年也出现了纯收益低迷状况，但还未出现边际化现象，至多是出现了一种边际化的迹象。可见，作为小麦主产区的河南省，其小麦田出现的农地边际化迹象及现象，应当引起重视。

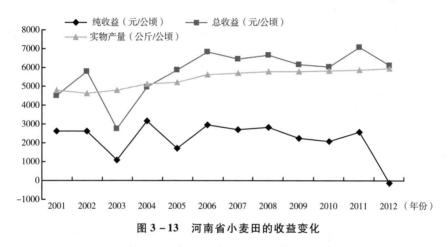

图 3 - 13　河南省小麦田的收益变化

与小麦相比，玉米作为高产作物在河南省并没有表现出明显的优势，其中 2007 ~ 2012 年玉米单位面积产量低于小麦单位面积产量。但从其单位面积纯收益及总收益的角度来看，无论是增长幅度还是稳定性，它都好于小麦。从图 3 - 14 中可以看出，2001 ~ 2012 年，玉米单位面积纯收益在波动变化中出现了 2003 年、2008 年和 2012 年的三个相对低点，分别仅为 1263.45 元/公顷、2369.85 元/公顷和 2500.95 元/公顷，除此之外，2009 ~ 2010 年玉米的单位面积纯收益一直处于低迷状态。单位面积玉米田的纯收益与总收益的变化趋势在 2004 年和 2012 年呈相反状态，但在其他年份，这二者的变化趋势一致。而单位面积玉米田的实物产量在 2001 ~ 2012 年经历了先减后增再缓慢回落的变化过程，且在 2003 年，它同单位面积玉米田的纯收益与总收益一样都有所下降。根据农地边际化阶段性的指标特征可知，玉米在 2003 年呈现中期边际化，在 2008 年和 2012 年呈现初始边际化，在 2009 ~ 2010 年表现出边际化迹象。可见，当季玉米田的边际化程度总体弱于小麦。

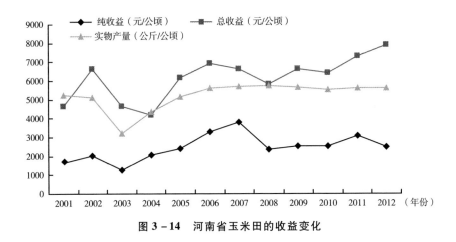

图 3 - 14　河南省玉米田的收益变化

　　上述分别测算了当季小麦田与玉米田的农地边际化进程，观察到不同作物农地边际化间的差异，进而为调节种植结构提供了依据。但对于耕作制度是一年两熟制的河南省而言，总体考察其农地边际化的进程更为关键。为了测算出一年中小麦与玉米双季作物的综合农地边际化进程，必须先分别计算出小麦田与玉米田的边际化程度值，而后分别赋以权重再计算出总体的农地边际化程度值。农地边际化程度的高低与农地的收益与产量直接相关，故对其测算采用加权指数法。首先，根据表3 - 14 中以不变价格计算的小麦与玉米单位面积上的纯收益、总收益及实物产量，计算出 2001～2012 年小麦与玉米单位面积上纯收益、总收益及实物产量的平均值，然后依次将每一年小麦和玉米单位面积上的纯收益、总收益及实物产量与其对应的平均值相除，即可得到每一年小麦田与玉米田的利用指数值（见表 3 - 15）。其次，对各指数值赋以权重并计算出小麦田与玉米田的边际化程度值。根据农地边际化的含义，纯收益的影响程度较大，故分别将单位面积农地的纯收益、总收益、实物产量指数的权重取 0.50、0.25、0.25，将它们与各自的指数值相乘后加总就得到了农地的边际化程度值。最后，依据小麦田与玉米田的边际化程度值，分别取小麦和玉米播种面积占农作物总播种面积的比重为权重，将二者的权重和农地边际化程度值相乘后加总即得到总的农地边际化程度值。

表 3 – 15　河南省小麦田与玉米田的利用指数与边际化程度值

年份	小麦田				玉米田				总边际化程度值
	利用指数			边际化程度值	利用指数			边际化程度值	
	纯收益	总收益	实物产量		纯收益	总收益	实物产量		
2001	1.19	0.78	0.88	1.01	0.67	0.76	1.00	0.77	0.90
2002	1.18	1.00	0.85	1.05	0.82	1.08	0.98	0.92	0.99
2003	0.49	0.48	0.88	0.59	0.51	0.75	0.62	0.60	0.59
2004	1.43	0.86	0.94	1.17	0.84	0.68	0.83	0.80	1.00
2005	0.78	1.02	0.96	0.88	0.98	1.00	0.99	0.99	0.93
2006	1.34	1.18	1.04	1.23	1.33	1.13	1.07	1.22	1.22
2007	1.23	1.12	1.05	1.16	1.55	1.07	1.09	1.32	1.23
2008	1.28	1.15	1.07	1.20	0.96	0.95	1.10	0.99	1.11
2009	1.02	1.07	1.07	1.04	1.04	1.08	1.08	1.06	1.05
2010	0.94	1.05	1.08	1.00	1.03	1.04	1.06	1.04	1.02
2011	1.17	1.23	1.08	1.16	1.25	1.19	1.08	1.19	1.18
2012	– 0.05	1.06	1.10	0.52	1.02	1.29	1.08	1.10	0.78

　　注：根据 2001～2012 年小麦与玉米播种面积占农作物总播种面积的比重，小麦与玉米的边际化程度值的权重在 2001～2009 年分别取 0.55 和 0.45，在 2010～2012 年则分别为 0.54 和 0.46。

　　从表 3 – 15 中可以看出，单位面积农地的纯收益、总收益及实物产量越小，农地的边际化程度值也越小。根据小麦与玉米的农地边际化程度值，结合前述由单位面积农地的纯收益、总收益及实物产量变化趋势推定的小麦田与玉米田的边际化进程，将农地边际化程度标准划分为：农地边际化程度值大于 0.9，表明未发生农地边际化，此时的农地为正常农地；农地边际化程度值为 0.8～0.9，表明发生初始农地边际化；农地边际化程度值为 0.5～0.8，表明发生中期农地边际化；农地边际化程度值为小于 0.5，表明发生完全农地边际化。由此，根据表 3 – 15 的计算结果可以推定：受小麦田、玉米田边际化的共同影响，河南省农地经历了三次边际化。第一次是 2001 年发生的初始农地边际化，第二次是 2003 年发生的中期农地边际化，第三次是 2012 年发生的中期农地边际化。小麦、玉米收益的低迷在一定程度上诱发了 2012 年农地边际化现象的发生。

　　上述分析表明：在新时期，粮食大省河南省出现了程度不同的农地边际化现象。

第一，从当季作物来看，以耕作小麦为主的夏粮田在2003年、2005年和2012年分别发生了中期、初始与中期的边际化；以耕作玉米为主的秋粮田在2004年发生了初期边际化，而在2001年、2003年发生了中期边际化。显然，耕作小麦的农地发生边际化的程度高于耕作玉米的农地，这也是近年来在小麦主产区的河南省，玉米播种面积与产量的增幅高于小麦的一个缘由。在当前玉米收储政策变动而引致其价格下行的背景下，需要抓住农业供给侧结构性改革的契机，适时调整农作物种植结构，提升当季作物收益，抑制农地边际化现象发生。

第二，受夏粮田和秋粮田边际化的交互影响，年际间农地边际化程度明显减弱，表现为2003年与2012年的中期边际化和2001年的初始边际化。可见，提高农地集约度和复种指数，合理轮作，遏制农地撂荒，是缓解农地边际化的关键。在工业化、城市化快速推进下，务农机会成本拉高，需要对一些地区出现"双季稻改单季稻"的"顺边际化"现象给予足够的重视。当前，粮食大省亟须探寻提高粮农收益的突破口，瞄准"谁种粮、谁受益"的原则，完善粮食补贴政策，从培育农业新型经营主体、有序推进农地流转、适度扩大规模等方面实施"逆边际化"策略。

第三，农地边际化的阶段演进并非遵循正常农地→初始边际化农地→中期边际化农地→完全边际化农地的顺序，这主要在于影响农地边际化的因素众多，既有地区经济制度、社会发展状况以及农业科技水平等宏观层面的诱因，也有微观层面农户资源禀赋的原因。粮食大省肩负着国家粮食安全的责任，对其农地边际化的演进必须适时把控，针对影响农地边际化的因素更多的是"粮外"及"农外"因素等状况，需要从农村制度环境、经济环境以及技术环境上降低农地经营成本，使粮作经营资本的收益率不低于且逐步高于社会平均利润率，如此方能从根本上遏制农地边际化，"稳粮、增收、强基础、重民生"的政策目标才能落到实处。

二、稻谷主产区：湖南

湖南省是一个农业大省，农产品种类十分丰富，早在明清时期就有"湖广熟、天下足"之说，享有"九州粮仓""鱼米之乡"的美誉，地形以中、低山与丘陵为主。其中，2009 年湖南省山地面积为 1085.9 万公顷，占其总面积的 51.22%；丘陵面积为 326.28 万公顷，占 15.40%；岗地面积为 293.8 万公顷，占 13.87%；平原面积为 277.9 万公顷，占 13.12%；水域面积为 135.33 万公顷，占 6.39%[7]。湖南省国土资源厅、统计局发布的湖南省第二次土地调查主要数据（2009 年）显示：湖南耕地质量并不高，在按坡度划分的耕地中，2 度以下耕地有 148.17 万公顷，占 35.83%；2～6 度耕地有 108.30 万公顷，占 26.19%；6～25 度及以上耕地有 157.03 万公顷，占 37.98%[7]。湖南省气候为大陆性亚热带季风湿润气候，它的光、热、水资源丰富，境内适宜种植稻谷，其稻谷产量居全国首位。

（一）土地利用结构

湖南省国土资源厅关于第一次土地变更调查的结果显示，2005 年，湖南省全省土地总面积为 2118.55 万公顷，农用地面积为 1793.17 万公顷，占比为 84.64%，远高于建设用地、未利用地等的占比水平；从农用地组成来看，林地所占份额是耕地所占份额的 3 倍多，耕地仅占 18.01%，园地与牧草地等的份额则更小。在建设用地中，居民点及独立工矿的比例高达 76.26%（见表 3-16）。

表 3-16 2005 年湖南省土地利用结构

地 类		面积（万公顷）	占一级地类比例（%）	占全省土地比例（%）
农用地	小计	1793.17	100.00	84.64
	耕地	381.60	21.28	18.01
	园地	49.76	2.77	2.35
	林地	1189.18	66.32	56.13
	牧草地	10.46	0.58	0.49
	其他农用地	162.17	9.05	7.66
建设用地	小计	133.87	100.00	6.32
	居民点及独立工矿	102.09	76.26	4.82
	交通运输用地	9.16	6.84	0.43
	水利设施用地	19.34	14.45	0.92
	其他建设用地	3.28	2.45	0.15

地 类		面积（万公顷）	占一级地类比例（%）	占全省土地比例（%）
未利用地	小计	191.51	100.00	9.04
	未利用土地	106.94	55.84	5.05
	其他土地	84.57	44.16	3.99
合 计		2118.55	–	100.00

数据来源：《湖南省土地利用总体规划（2006~2020 年）》[18]。

湖南省国土资源厅、统计局发布的湖南省第二次土地调查结果显示，以 2009 年 12 月 31 日为标准时点统计，湖南省各类土地资源分别为：农用地面积为 1829.27 万公顷，建设用地面积为 149.58 万公顷，未利用地面积为 139.50 万公顷，而在农用地中耕地有 413.50 万公顷、园地有 68.71 万公顷、林地有 1229.65 万公顷、草地有 49.03 万公顷、其他农用地有 68.38 万公顷[9]。对于农业大省来讲，耕地最为重要，在 413.50 万公顷耕地中，水田和水浇地面积为 330.6 万公顷，占全省耕地总面积的 79.95%，全省人均耕地 0.06 公顷，仅为全国人均耕地面积的 59.2%，不到世界人均耕地面积的 1/5[9]。

（二）农地数量与质量

湖南省耕地中水田较多，因而成为全国第一稻谷生产大省。改革开放以来，湖南省实际拥有的耕地面积在逐年下降，由 1978 年的 344.5 万公顷下降到 1993 年的 327.3 万公顷，其中旱田与水田的结构变化较小，其间二者面积之比基本维持在 1:4 左右的水平（见表 3-17）。

表 3-17　1978~1993 年湖南省耕地面积变动情况

年份	年末实有耕地（万公顷）	其中（%）		年份	年末实有耕地（万公顷）	其中（%）	
		旱田	水田			旱田	水田
1978	344.5	21.78	78.22	1986	333.1	21.08	78.92
1979	344.0	21.82	78.18	1987	331.8	20.98	79.02
1980	342.5	22.15	77.84	1988	332.6	20.71	79.29
1981	342.1	22.17	77.83	1989	331.9	20.66	79.34
1982	341.7	21.98	78.02	1990	331.2	20.54	79.46
1983	340.0	21.81	78.19	1991	331.0	20.52	79.48
1984	337.1	21.36	78.64	1992	329.6	20.78	79.22
1985	334.2	21.07	78.93	1993	327.3	21.02	79.16

数据来源：1979~1994 年《湖南省统计年鉴》。

20 世纪 90 年代，湖南通过开荒、围垦以及开发利用废弃地等途径来增加耕地面积，其中开荒增加的耕地面积较围垦与废弃地的开发利用增加的耕地面积大。尽管历年均有新增耕地，但与此同时的基础设施建设、农业结构调整占用耕地和灾害毁坏耕地的现象也在不断发生，总体上年内减少耕地多于年内增加耕地。在年内减少耕地面积中：国家基础设施建设占地面积在不断增加，远高于乡村集体建设占地面积和农民建房占地面积；农业结构调整占地面积呈现下滑趋势，其中，耕地改为牧草地的比例最低，耕地改为园地和林地的比例较大；灾害毁地的面积虽也呈现下滑态势，但其所占年内减少耕地的比重并不低（见表 3 - 18）。在 20 世纪 90 年代，水田与旱田的结构比例基本维持在承包经营责任制实施前后的水平，其中旱地中的水浇地的面积在波动中呈现上升趋势，由 1993 年的 8.41 万公顷增加到 1999 年的 8.84 万公顷（见表 3 - 18），可见灌溉条件在逐渐改善。

2000 年以来，湖南省耕地面积逐年减少的趋势并没有得到有效控制，年末耕地面积由 2000 年的 392.16 万公顷减少到 2009 年的 379.07 万公顷，年均下降 0.38%，下降幅度逐渐降低。2007～2009 年，年内增加耕地的面积超过了年内减少耕地的面积，其中新开荒地面积在波动中增加，与此同时基础设施建设占地面积呈现减少趋势（见表 3 - 19）。

表 3 - 18　1993～1999 年湖南省耕地面积变动情况

单位：万公顷

指　标　＼　年　份	1993	1994	1995	1996	1997	1998	1999
年初实有耕地面积	329.59	327.31	325.84	324.97	323.94	323.01	321.87
年内增加耕地面积	0.52	0.93	0.96	0.83	0.73	0.50	0.75
开荒	0.30	0.59	0.33	0.41	0.33	0.33	0.41
围垦	0.01	0.03	0.02	0.02	0.01	0.01	0.01
废弃地利用	0.08	0.13	0.08	0.12	0.14	0.07	0.15
其他	0.13	0.19	0.53	0.29	0.25	0.10	0.19
年内减少耕地面积	2.81	2.40	1.83	1.86	1.66	1.64	1.30
国家建设占地	0.40	0.40	0.35	0.37	0.33	0.41	0.56
乡村集体建设占地	0.19	0.15	0.12	0.18	0.12	0.09	0.12
农民建房占地	0.07	0.11	0.08	0.11	0.11	0.07	0.09
农业结构调整占地	1.74	1.16	0.52	0.47	0.52	0.27	0.29
改园地	0.65	0.41	0.18	0.23	0.29	0.09	0.08
改林地	0.38	0.23	0.06	0.10	0.05	0.08	0.10

续表

指标＼年份	1993	1994	1995	1996	1997	1998	1999
改牧草地	0.00	0.03	–	0.00	0.02	0.00	0.00
改鱼塘	0.67	0.44	0.14	0.06	0.05	0.07	0.07
灾害毁地	0.40	0.57	0.57	0.51	0.16	0.66	0.16
年末实有耕地面积	327.31	325.84	324.97	323.94	323.01	321.87	321.32
水田	259.10	257.03	256.29	252.86	254.48	253.27	253.22
旱地	68.22	68.81	68.68	71.08	68.53	68.60	68.10
水浇地	8.41	8.85	7.18	7.70	9.05	9.58	8.84

数据来源：1994～2000 年《湖南省统计年鉴》。

表 3－19　2000～2009 年湖南省耕地面积变动情况

单位：万公顷

指标＼年份	2000	2001	2002	2003	2004
年初实有耕地总资源	392.65	392.16	391.26	389.10	383.37
年内增加耕地总资源	0.69	0.82	0.64	0.73	0.88
新开荒	0.44	0.50	0.40	0.32	0.49
年内减少耕地总资源	1.18	1.73	2.80	6.46	2.60
国家建设占地	0.46	0.58	0.15	0.35	0.43
其他基建占地	0.23	0.24	0.19	0.05	0.22
年末实有耕地总资源	392.16	391.26	389.10	383.37	381.65
水田	296.28	295.99	295.14	293.67	293.15
常用耕地	341.81	341.79	340.82	339.07	337.44
水田	266.16	265.96	265.22	264.43	264.18
临时性耕地	50.35	49.47	48.28	44.30	44.21
指标＼年份	2005	2006	2007	2008	2009
年初实有耕地总资源	381.65	381.60	378.76	378.90	378.94
年内增加耕地总资源	0.65	1.05	0.75	0.65	0.88
新开荒	0.36	0.63	0.56	0.51	0.53
年内减少耕地总资源	0.70	3.88	0.61	0.61	0.75
国家建设占地	0.42	0.63	0.21	0.36	0.42
其他基建占地	0.24	0.33	0.09	0.23	0.14
年末实有耕地总资源	381.60	378.76	378.90	378.94	379.07
水田	292.99	291.77	291.61	291.36	290.97
常用耕地	337.30	334.46	334.60	334.67	334.81
水田	263.05	262.96	262.81	262.59	262.20
临时性耕地	44.30	44.30	44.30	44.27	44.26

数据来源：2001～2010 年《湖南省统计年鉴》。

湖南省作为稻谷生产大省，灌溉条件在不断改善。2000～2011年，湖南省农田有效灌溉面积、机电灌溉面积一直处于较为稳定的状况，但2012年，农田有效灌溉面积由2011年的276.24万公顷极速增加到307.09万公顷，这可能与重视农田基础设施建设有关。在此期间，节水灌溉面积呈现增长态势，易涝农田面积趋于下降，旱涝保收田也在小幅波动中呈现增长趋势（见表3-20）。在"十一五"期间，湖南省对病险水库进行了除险加固建设，还启动了21处大型和42处中型灌区续建配套与节水改造工程建设[10]，全省灌溉条件得到一定改善。进入"十二五"时期，农田水利建设得到进一步加强。针对2013年湖南省夏季遭遇近十年来的严重旱灾，湖南省以冬修水利为契机，大力推进小塘坝、小泵站、小水渠、小水池、小水窖等"五小水利"工程建设，集中力量进行了小型农田水利工程建设。

在湖南省，农田灌溉水受污染的状况不容乐观。"六十年代淘米洗菜，七十年代引水灌溉，八十年代水质变坏，九十年代鱼虾绝代，到了今天，癌症灾害。"这则顺口溜形象反映了水源及农地灌溉水的污染演进史。据湖南省委农村工作部及湖南省政府农村办统计，当前湖南省农村化学需氧量排放量占到全省化学需氧量排放总量的一半，氨、氮的主要污染源在农村，大部分土壤已遭到污染。

表3-20 湖南省农田灌排面积变化趋势

单位：万公顷

年份	有效灌溉	机电灌溉	节水灌溉	易涝	除涝	旱涝保收
2000	267.75	116.33	–	52.61	45.50	219.10
2001	267.64	–	–	52.61	45.65	220.54
2002	267.56	118.12	–	52.64	45.69	220.62
2003	268.33	118.12	–	52.64	46.47	221.39
2004	268.33	117.34	25.20	53.33	46.63	221.95
2005	269.04	116.86	26.42	53.33	47.12	223.30
2006	269.69	117.07	27.20	53.33	47.56	221.35
2007	270.29	117.07	28.18	53.33	47.97	221.35
2008	270.92	115.93	31.61	53.33	44.13	219.62
2009	272.07	118.21	30.13	–	48.44	222.85
2010	276.92	118.89	31.27	55.61	48.63	224.39
2011	276.24	118.78	33.47	51.42	44.88	226.55
2012	307.09	–	–	–	41.22	–

数据来源：2001～2013年《湖南省统计年鉴》。

（三）农作物种植结构

湖南省农业实行一年两熟或一年三熟的耕作制度。改革开放以来，湖南省农作物复种指数的变化趋势与粮食作物复种指数的变化趋势呈现一致性（见图3-15）。1978～1999年，农作物与粮食作物复种指数的变化幅度不大，分别维持在220%～224%、150%～160%的水平；2000年，这两个复种指数急转下降，农作物与粮食作物的复种指数分别由1999年的247.82%、158.52%下降到2000年的202.43%、127.24%，且在之后三年仍维持在较低水平。2004年，在新一轮惠农政策的激励作用下，这两个复种指数有所回升，但总体仍低于20世纪90年代的水平。

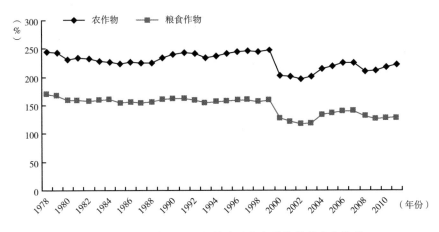

图3-15 湖南省农作物与粮食作物复种指数的变化趋势

与河南省相比，湖南省粮食作物播种面积的占比较小，并总体呈现下滑趋势。从表3-21中看出，湖南省粮食作物播种面积的变化呈现阶段性特征。1978～1990年，粮食作物播种面积占农作物播种面积的比重较高，维持在70%左右。之后该比重一直波动降低，在2002～2003年经过短暂的降低后由2003年的58.59%增加到2004年的62.06%。但粮食作物播种面积占比增加的趋势维持到2008年后就开始出现逆转，2012年该占比下滑到57.66%。在粮食作物中，稻谷的播种面积在波动中呈现上升趋势，小麦与玉米则呈现一减一增的趋势，分别由1978年的5.28%、2.50%降和升到2012年的0.72%、6.97%，其他如大豆、高粱与薯类等作物的播种面积也都发生了阶段性的变化，但由于总体种植面积较小，对粮食作物在农作物中占比的影响也较小。

表 3 – 21　湖南粮食作物播种面积及其占比的变化趋势和复种指数

年份	播种面积（万公顷）		复种指数（%）		占比（%）						
	农作物	粮食	农作物	粮食	粮食*	稻谷	小麦	玉米	大豆	高粱	薯类
1978	844.58	582.94	245.13	169.19	69.02	77.61	5.28	2.50	2.11	0.49	7.23
1979	833.50	570.42	242.27	165.80	68.44	79.01	4.68	2.74	2.31	0.27	6.98
1980	790.95	545.13	230.95	159.17	68.92	80.94	4.07	2.71	2.39	0.20	6.83
1981	800.94	542.01	234.10	158.42	67.67	81.48	4.05	2.44	2.57	0.19	6.35
1982	797.00	540.34	233.22	158.11	67.80	81.25	4.00	2.22	3.04	0.19	5.94
1983	774.62	542.32	227.84	159.51	70.01	81.48	3.89	2.13	2.95	0.19	5.76
1984	763.93	539.09	226.59	159.90	70.57	81.64	3.86	2.16	2.98	0.21	5.48
1985	747.71	516.14	223.75	154.45	69.03	82.27	3.60	1.97	3.19	0.19	5.62
1986	753.65	521.04	226.29	156.44	69.14	83.06	3.40	1.99	3.33	0.17	5.63
1987	747.50	515.10	225.28	155.24	68.91	82.61	3.39	2.19	3.44	0.16	5.92
1988	749.62	519.63	225.35	156.21	69.32	82.63	3.39	2.15	3.31	0.14	6.01
1989	774.90	533.05	233.50	160.62	68.79	81.68	3.75	2.17	3.41	0.15	6.16
1990	795.20	536.57	240.07	161.99	67.48	81.45	3.75	2.27	3.39	0.15	6.38
1991	804.02	536.52	242.89	162.08	66.73	80.11	4.15	2.59	3.45	0.15	6.76
1992	796.10	524.36	241.54	159.09	65.87	79.87	4.10	2.68	3.38	0.17	6.89
1993	765.40	505.05	233.85	154.30	65.99	79.71	3.50	2.51	3.97	0.18	7.17
1994	773.10	507.74	237.26	155.82	65.68	79.58	3.51	2.61	4.22	0.13	7.30
1995	784.04	511.56	241.27	157.42	65.25	79.83	3.30	2.70	4.21	0.18	7.30
1996	792.74	513.39	244.72	158.48	64.76	79.16	3.32	3.18	4.03	0.19	7.53
1997	800.90	515.53	246.45	158.64	64.37	79.06	3.16	3.33	3.98	0.21	7.63
1998	793.63	507.48	244.22	156.16	63.94	78.36	2.85	4.37	3.96	0.21	7.78
1999	802.80	513.52	247.82	158.52	63.97	77.59	2.53	5.45	4.02	0.25	7.75
2000	800.21	502.99	202.43	127.24	62.86	77.46	2.36	5.54	4.09	0.24	7.85
2001	793.17	480.28	200.65	121.50	60.55	76.86	2.29	5.62	4.24	0.25	8.16
2002	778.99	465.26	197.06	117.70	59.73	76.12	2.15	5.87	4.26	0.27	8.53
2003	773.12	452.98	201.67	118.16	58.59	75.28	1.91	6.40	4.38	0.27	8.84
2004	818.87	508.22	214.56	133.16	62.06	73.13	1.50	5.44	3.70	0.22	7.09
2005	833.64	521.52	218.46	136.67	62.56	72.77	1.26	5.41	3.59	0.21	7.35
2006	853.19	529.58	225.26	139.82	62.07	74.24	0.25	3.70	1.39	0.11	4.26

年份	播种面积（万公顷）		复种指数（%）		占比（%）						
	农作物	粮食	农作物	粮食	粮食*	稻谷	小麦	玉米	大豆	高粱	薯类
2007	853.64	529.59	225.29	139.77	62.04	73.59	0.26	4.16	1.64	0.07	4.17
2008	793.95	494.94	209.52	130.61	62.34	79.44	0.27	4.88	1.78	0.07	4.48
2009	801.93	479.91	211.55	126.60	59.84	84.33	0.59	5.88	1.86	0.07	5.26
2010	821.61	480.91	216.82	126.91	58.53	83.82	0.82	6.09	1.87	0.06	5.29
2011	840.20	487.96	221.72	128.77	58.08	83.33	0.83	6.70	1.89	0.06	5.19
2012	851.19	490.80	–	–	57.66	83.44	0.72	6.97	1.84	0.06	5.02

注："粮食占比"为粮食播种面积占农作物总播种面积的比重；"稻谷等粮食作物占比"指其占粮食作物播种面积的比重；"其他占比"指其他粮食作物占粮食作物播种面积的比重。

数据来源：1979～2013年《湖南省统计年鉴》。

与粮食作物相对应的是经济作物及其他作物。从表3-22中看出，在经济作物中，湖南省蔬菜种植面积变化最大，其占农作物种植面积的比重由1978年的2.22%波动增加到2012年的14.56%，其次是油料，其占比由1978年的3.42%波动增加到2012年的15.53%；相比之下，棉花、麻类、甘蔗、烤烟烟叶、药材等作物的变化则较小。

表3-22　湖南省经济作物等播种面积及其占比变化趋势

年份	播种面积（万公顷）	占农作物播种面积比重（%）							
	农作物	油料	棉花	麻类	甘蔗	烤烟烟叶	药材	蔬菜	其他
1978	844.58	3.42	2.16	0.17	0.17	0.67	0.18	2.22	21.99
1979	833.50	4.45	1.93	0.22	0.17	0.63	0.17	2.18	21.80
1980	790.95	3.95	2.27	0.25	0.18	0.47	0.13	2.44	21.40
1981	800.94	5.32	2.14	0.29	0.21	0.70	0.08	3.19	20.40
1982	797.00	5.59	2.11	0.29	0.24	0.99	0.09	3.26	19.64
1983	774.62	5.18	1.70	0.24	0.26	0.67	0.12	3.49	18.33
1984	763.93	4.93	1.74	0.33	0.26	0.82	0.11	3.71	17.53
1985	747.71	5.40	1.36	1.08	0.34	1.31	0.13	3.94	17.41
1986	753.65	6.33	1.14	1.08	0.38	0.98	0.10	4.07	16.77
1987	747.50	6.57	0.86	2.61	0.30	1.00	0.08	4.17	15.50
1988	749.62	7.14	1.22	1.08	0.30	1.34	0.09	4.69	14.82

续表

年份	播种面积（万公顷）	占农作物播种面积比重（%）							
	农作物	油料	棉花	麻类	甘蔗	烤烟烟叶	药材	蔬菜	其他
1989	774.90	7.80	1.22	0.62	0.34	1.62	0.08	4.71	14.82
1990	795.20	8.87	1.49	0.32	0.31	1.25	0.08	4.67	15.53
1991	804.02	9.97	1.66	0.19	0.34	1.31	0.12	4.71	14.98
1992	796.10	9.96	2.11	0.21	0.37	1.78	0.17	4.97	14.56
1993	765.40	9.15	2.25	0.22	0.43	1.75	0.37	5.57	14.27
1994	773.10	9.92	2.70	0.38	0.38	1.12	0.41	5.69	13.72
1995	784.04	11.36	2.36	0.43	0.37	0.79	0.45	5.75	13.23
1996	792.74	11.90	2.20	0.38	0.35	1.27	0.28	6.21	12.66
1997	800.90	11.94	2.20	0.32	0.37	1.73	0.34	6.56	12.17
1998	793.63	11.50	2.50	0.28	0.44	1.13	0.39	7.37	12.44
1999	802.80	11.65	1.97	0.28	0.41	0.95	0.43	7.91	12.43
2000	800.21	11.68	1.82	0.44	0.31	1.11	0.53	9.00	12.24
2001	793.17	11.51	1.88	0.61	0.38	1.08	0.71	10.45	12.83
2002	778.99	11.48	1.66	0.73	0.42	1.20	0.83	11.55	12.41
2003	773.12	11.35	1.80	0.74	0.37	1.22	1.05	12.47	12.42
2004	818.87	10.72	2.05	0.65	0.26	1.08	1.02	11.76	10.41
2005	833.64	10.78	1.81	0.64	0.24	1.20	1.02	11.96	9.79
2006	853.19	10.76	1.86	0.66	0.14	0.92	0.43	9.92	13.24
2007	853.64	8.13	2.01	0.66	0.15	0.92	0.43	11.52	14.14
2008	793.95	11.70	2.30	0.53	0.18	1.12	0.63	12.63	8.55
2009	801.93	14.08	1.90	0.39	0.19	1.20	0.67	13.26	8.45
2010	821.61	14.74	2.13	0.32	0.19	1.17	0.76	13.79	8.37
2011	840.20	15.42	2.29	0.21	0.17	1.25	0.73	14.21	7.64
2012	851.19	15.53	2.02	0.12	0.17	1.31	0.74	14.56	7.89

数据来源：1979～2013年《湖南省统计年鉴》。

（四）农地边际化进程

湖南省的稻作制度多为单季稻三熟或单季稻两熟制，双季稻面积大，在稻作面积中的占比高达80%～90%。稻谷品种主要有早籼稻、中籼稻、晚籼稻。同河南省的农地边际化进程的测算方法，以早籼稻、中籼稻、晚籼稻为代表对湖南省农地边际化程度值进行测算及趋势分析。

根据 2002～2013 年《全国农产品成本收益资料汇编》取得 2001～2012 年湖南省早籼稻、中籼稻、晚籼稻单位面积上的纯收益、总收益与实物产量的数据，其中纯收益和总收益分别按照 2001 年的商品零售价格总指数、稻谷生产价格指数进行折算，折算结果见表 3－23。

表 3－23　湖南省粮食作物农地利用收益（可比价）

单位：元/公顷，公斤/公顷

年份	早籼稻			中籼稻			晚籼稻		
	纯收益	总收益	实物产量	纯收益	总收益	实物产量	纯收益	总收益	实物产量
2001	2690.10	5182.80	5929.50	－	－	－	4886.40	7277.70	6501.00
2002	2124.00	4534.20	4767.00	4521.30	6911.25	7021.50	3180.15	5495.25	5772.00
2003	2811.15	4783.95	5212.50	4902.75	6771.00	6879.00	4653.00	6586.20	5770.50
2004	2369.40	5575.50	5905.50	6055.35	8221.95	8206.50	3964.50	6597.00	6358.50
2005	1158.15	5218.35	5590.50	3223.35	7108.95	7420.50	1599.15	5493.60	5674.50
2006	1397.40	5606.40	5904.00	2449.05	6567.00	6544.50	2834.40	6593.40	6406.50
2007	1822.50	5594.70	6105.00	3860.10	7009.65	7219.50	2764.35	6142.50	6030.00
2008	1887.45	6534.60	6148.50	3539.40	8157.45	7281.00	3044.25	7348.05	6529.50
2009	1471.65	6286.80	6005.40	2443.50	7527.15	6748.65	2545.35	7166.10	6498.45
2010	721.50	5659.35	5335.20	3739.65	8674.95	7037.25	3555.00	7857.00	6067.50
2011	2385.45	6499.20	6009.45	4875.15	9004.35	7402.35	3196.35	7242.30	5935.35
2012	2097.60	6797.40	6028.20	3822.15	8914.50	7534.95	2905.20	7592.85	6658.65

注：2001 年无中籼稻的官方统计资料。

从表 3－23 中看出，以单位面积纯收益、总收益、实物产量指标为代表所反映的湖南省稻作农地收益各有不同。从图 3－16 中看到，早籼稻单位面积总收益波动趋增，基本走势接近于单位面积实物产量变化趋势。与此对应，早籼稻单位面积纯收益波动徘徊，在 2005～2010 年处于低谷区，特别是在 2010 年，每公顷的纯收益仅为 721.50 元，农地利用的边际化迹象显现。至 2012 年，其单位面积纯收益虽有所回升，但仍比 2001 年的每公顷 2690.10 元低 592.50 元。

从图 3－17 看出，中籼稻单位面积总收益波动有增，每公顷总收益从 2002 年的 6911.25 元增长为 2012 年的 8914.50 元，增幅达 28.99%，走势

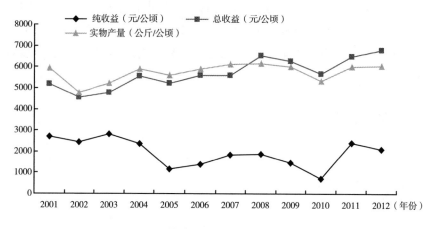

图 3-16 湖南省早籼稻农地利用收益的变化

渐趋同于其单位面积实物产量变化趋势。与此同时,中籼稻单位面积纯收益的波动变化幅度较大,其值在 2004 年达到高点后开始滑落,在 2006 年与 2009 年跌入两个阶段性低谷,分别仅为 2449.05 元、2443.50 元,近年来虽有所回升,但仍然未恢复至期初水平。

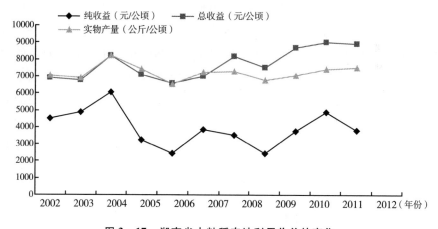

图 3-17 湖南省中籼稻农地利用收益的变化

从图 3-18 中看出,晚籼稻单位面积总收益波动有增,而晚籼稻单位面积实物产量变化趋势与其走势响应,但波动变化幅度较小。单位面积纯收益波动趋减,于 2005 年滑落至 1599.15 元的低点,农地边际化迹象显

现。之后，单位面积纯收益虽有小幅回升，仍徘徊于较低水平，至 2012
年，其值比 2001 年的 4886.40 元低 1981.20 元，减少幅度高达 40.55%。
在稻作经营中，农作物纯收益业已成为影响相应农地利用边际化的关键性
因素。

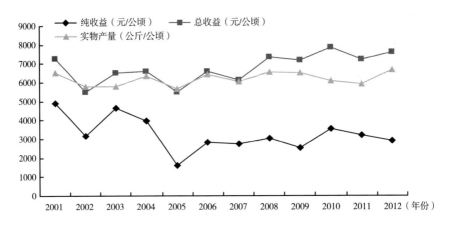

图 3 - 18　湖南省晚籼稻农地利用收益的变化

从上述分析中看出，早籼稻、中籼稻、晚籼稻等稻谷作物的农地利用
收益变化呈"W"形，2001～2012 年先后出现了程度不等的农地边际化现
象。其中，早籼稻在 2001～2002 年、2008～2009 年发生了农地利用的初
始边际化，于 2005 年以及 2010 年演变为中期边际化，并自 2011 年以来未
发生农地边际化；中籼稻在 2005 年、2007～2008 年发生了农地利用的初
始边际化，而在 2006 年以及 2009 年沦为中期边际化，并自 2010 年以来未
发生农地边际化；晚籼稻在 2001～2002 年、2007～2008 年发生了农地利
用的初始边际化，而在 2006 年以及 2009 年沦为中期边际化，且自 2010 年
以来未发生农地边际化。

上述分别测算了早籼稻、中籼稻、晚籼稻的农地边际化进程，观察到
不同作物农地边际化间的差异，进而为调节种植结构提供了依据。为了测
算湖南省农地综合农地边际化进程，必须先按照计算出的早籼稻、中籼稻
和晚籼稻田的边际化程度值，而后分别赋以权重再计算出总体的农地边际
化程度值。农地边际化程度的高低与农地的收益与产量直接相关，故对其
测算采用加权指数法。首先，根据表 3 - 23 中以不变价格计算的早籼稻、

中籼稻、晚籼稻单位面积上的纯收益、总收益及实物产量，计算出 2001～2012 年早籼稻、中籼稻、晚籼稻相应的平均值，然后将每一年的早籼稻、中籼稻、晚籼稻的纯收益、总收益及实物产物与对应的平均值相除，即可得到早籼稻、中籼稻、晚籼稻的农地利用指数值（见表 3-24）。

表 3-24 湖南省不同类型粮食作物农地利用指数

年份	早籼稻			中籼稻			晚籼稻		
	纯收益	总收益	实物产量	纯收益	总收益	实物产量	纯收益	总收益	实物产量
2001	1.41	0.91	1.03	–	–	–	1.50	1.07	1.05
2002	1.11	0.80	0.83	1.15	0.90	0.97	0.98	0.81	0.93
2003	1.47	0.84	0.91	1.24	0.88	0.95	1.43	0.97	0.93
2004	1.24	0.98	1.03	1.53	1.07	1.14	1.22	0.97	1.03
2005	0.61	0.92	0.97	0.82	0.92	1.03	0.49	0.81	0.92
2006	0.73	0.99	1.03	0.62	0.85	0.91	0.87	0.97	1.04
2007	0.95	0.98	1.06	0.98	0.91	1.00	0.85	0.91	0.98
2008	0.99	1.15	1.07	0.90	1.06	1.01	0.93	1.08	1.06
2009	0.77	1.10	1.05	0.62	0.98	0.94	0.78	1.06	1.05
2010	0.38	0.99	0.93	0.95	1.12	0.98	1.09	1.16	0.98
2011	1.25	1.14	1.05	1.23	1.17	1.03	0.98	1.07	0.96
2012	1.10	1.19	1.05	0.97	1.16	1.05	0.89	1.12	1.08

其次，对各指数值赋以权重并计算出早籼稻、中籼稻、晚籼稻的农田边际化程度值。根据农地边际化的含义，纯收益的影响程度较大，故分别将单位面积农地纯收益、总收益、实物产量指数的权重取 0.50、0.25、0.25，将它们与各自的指数值相乘后加总就得到了各稻作农地利用的边际化程度值。最后，依据早籼稻、中籼稻、晚籼稻的农地边际化程度值，分别取其各自播种面积占稻谷总播种面积的比重为权重，将三者的权重和农地边际化程度值相乘后加总即得到总的农地边际化程度值（见表 3-25）。结合表 3-23 中的数据和表 3-24 中的计算结果可以看出，单位面积农地利用的纯收益、总收益及实物产量越小，农地的边际化程度值也越小。由此根据早籼稻、中籼稻、晚籼稻的农地边际化程度值，结合前述由单位面积纯收益、总收益及实物产量变化趋势推定的早籼稻、中籼稻、晚籼稻的农地边际化进程，将农地边际化程度标准划分为：农地边际化程度值大于1，表明未发生农地边际化，此时的农地为正常农地；农地边际化程度值

为 0.8 ~ 1，表明发生初始农地边际化；农地边际化程度值为 0.5 ~ 0.8，表明发生中期农地边际化；农地边际化程度值为小于 0.5，表明发生完全农地边际化。

表 3 - 25　湖南省农地边际化程度值

年份	早籼稻		中籼稻		晚籼稻		农地边际化程度值
	农地边际化程度值	播种面积比例（%）	农地边际化程度值	播种面积比例（%）	农地边际化程度值	播种面积比例（%）	
2000	–	38.91	–	16.22	–	44.87	–
2001	1.18	36.87	–	19.16	1.28	43.97	–
2002	0.96	34.58	1.04	22.94	0.92	42.48	0.96
2003	1.17	34.41	1.07	24.47	1.19	41.12	1.16
2004	1.12	36.23	1.31	21.39	1.11	42.38	1.16
2005	0.77	37.70	0.89	21.62	0.67	40.68	0.76
2006	0.87	37.70	0.75	21.62	0.93	40.68	0.87
2007	0.98	37.74	0.96	22.27	0.89	39.99	0.94
2008	1.05	38.13	0.97	20.41	1.00	41.46	1.01
2009	0.93	39.57	0.79	23.92	0.92	36.51	0.89
2010	0.67	33.76	1.01	30.46	1.09	35.77	0.92
2011	1.18	34.31	1.17	29.93	1.00	35.76	1.11
2012	1.12	34.80	1.04	28.89	1.00	36.31	1.05

受三种稻谷农地利用边际化的综合影响，湖南省经历了四次较为明显的农地边际化，分别于 2002 年、2006 ~ 2007 年、2009 ~ 2010 年发生了农地利用的初始边际化现象，于 2005 年发生了中期农地边际化现象，并且，在 2003 ~ 2004 年、2008 年和 2011 年以来，农地回归为正常农地。

三、玉米主产区：黑龙江

黑龙江省位于中国东北部，土地资源丰富，土地面积占全国土地总面积的 4.9%，位居全国第 6 位。黑龙江省不仅土地面积大，而且土地质量等级较高，后备可开发的土地资源也较充足，占全国后备土地资源的 10%以上。作为三大粮食核心区，黑龙江省不仅玉米产量逐年攀升，而且稻谷与小麦的产量也均保持在一定的高度。

（一）土地利用结构

黑龙江省主要由山地、台地、平原和水面构成。2008 年黑龙江省土地利用结构数据显示（见表 3 – 26），土地总面积为 4526.45 万公顷，其中农用地面积为 3792.26 万公顷，建设用地面积为 149.24 万公顷，未利用地面积为 584.84 万公顷，分别占土地总面积的 83.78%、3.30%、12.92%，农用地所占比例超过 4/5。而在农用地结构中，耕地（1183.01 万公顷）和林地（2288.31 万公顷）比例较多，尤其是林地，其面积几乎达到该省总面积的一半。

表 3 – 26　2008 年黑龙江省土地利用结构

单位：万公顷，%

类型	面积	比例
农用地	3792.36	83.78
耕地	1183.01	26.14
园地	6.02	0.13
林地	2288.31	50.55
牧草地	220.75	4.88
其他农用地	94.27	2.08
建设用地	149.24	3.30
居民点及独立工矿用地	116.14	2.57
交通运输用地	11.95	0.26
水利设施用地	21.15	0.47
未利用地及其他	584.85	12.92
未利用土地	413.76	9.14
其他土地	171.09	3.78

数据来源：《黑龙江省国土资源公报（2008 年度）》[11]。

（二）农地数量与质量

黑龙江省是我国重要商品粮生产基地，耕地资源丰富。改革开放后，黑龙江省实际拥有的耕地面积在逐年增加，由 1978 年的 845.8 万公顷增加到 2004 年的 990.5 万公顷，其中水田面积增加的幅度较大，由 1978 年的 22.9 万公顷增加到 2004 年的 175.2 万公顷，年均增加 5.86 万公顷。其间，年内减少的耕地主要集中在国家基础设施建设用地上；1980～1990 年，国家基建占用耕地的面积较大，这与改革开放后加强基础设施建设有关，之后国家基础设施建设用地面积逐渐降低,由 1991 年的 5951 公顷波动降低到 2004 年的 577 公顷。在国家基础设施建设用地面积减少的同时,乡村集体基础设施占地和农民个人建房占地的面积在迅速减少,分别由 1986 年的 2722 公顷和 1350 公顷减少到 2004 年的 9 公顷和 30 公顷。虽然国家基建、乡村集体基建和农民个人建房会占用一部分耕地,但与此同时,可通过复垦等途径增加一部分耕地。1988 ~ 2000 年,年内增加耕地面积的增长幅度要高于年内减少耕地面积的增长幅度,尤其在 1995 ~ 1999 年,每年新增耕地面积达到 208410 公顷,1995 年净增的耕地面积高达 184917 公顷。

表 3 – 27　1978 ~ 2004 年黑龙江省耕地面积变动情况

年份	年末实有耕地（万公顷）	其中		年内减少耕地（公顷）	其中（公顷）			年内增加耕地（公顷）
		水田（万公顷）	旱田（万公顷）		国家基建占地	乡村集体基建占地	农民个人建房占地	
1978	845.8	22.9	822.9	–	–	–	–	–
1979	866.3	22.0	844.3	–	–	–	–	–
1980	872.6	21.5	851.1	61733	12067	–	–	–
1981	875.5	22.9	852.6	157133	8467	–	–	–
1982	872.0	24.5	847.4	139733	5600	–	–	–
1983	875.1	25.5	849.6	117400	5600	–	–	–
1984	890.9	28.7	862.2	458133	6467	–	–	–
1985	893.1	39.4	853.7	189400	11133	–	–	–
1986	886.9	51.1	835.9	162612	10951	2722	1350	–
1987	885.9	57.8	828.1	111950	9831	2271	795	–
1988	883.4	56.4	827.0	87933	5000	–	–	47867
1989	882.7	60.9	821.7	55041	10169	2569	454	56133
1990	883.3	68.1	815.0	51623	7367	2960	310	61300
1991	884.7	75.6	809.1	40130	5951	2462	334	77500
1992	890.0	79.1	810.9	25213	4429	3766	401	77500
1993	890.8	78.1	812.7	19138	3118	3237	276	27700
1994	890.9	77.0	813.9	28838	3704	3514	328	29900
1995	899.5	86.9	812.6	23439	5158	8914	478	208410
1996	917.5	114.1	803.4	29129	4158	2141	772	208410
1997	922.4	139.9	782.5	72697	4736	2900	716	208410
1998	924.0	156.3	767.7	65303	728	1864	52	208410

续表

年份	年末实有耕地（万公顷）	其中		年内减少耕地（公顷）	其中（公顷）			年内增加耕地（公顷）
		水田（万公顷）	旱田（万公顷）		国家基建占地	乡村集体基建占地	农民个人建房占地	
1999	926.5	161.5	765.1	60775	5784	1455	187	208410
2000	961.7	164.7	797.0	48494	4823	2311	28	52090
2001	960.1	159.8	800.3	41557	3670	287	43	–
2002	951.2	159.1	792.1	94051	7521	195	51	–
2003	969.0	131.5	837.5	94571	3282	41	70	–
2004	990.5	175.2	815.3	67938	577	9	30	–

数据来源：1979~2005 年《黑龙江省统计年鉴》。

测定耕地面积的指标在 2005 年之后增加了年内增减耕地的项目。从表 3-28 来看，总体上，2005~2011 年，年内增加耕地面积小于年内减少耕地面积；年内耕地增加面积呈现逐年减少趋势，其中，通过农业结构调整增加的耕地面积最大，而通过土地开发、土地整理以及土地复垦增加的耕地面积依次位居第二、第三和第四；年内耕地减少面积也在下降并维持在一定的水平，其中，2008~2011 年，建设占地面积与农业结构调整占地面积一直保持 5036.93 公顷与 9922.19 公顷的水平，而生态退耕面积与灾毁耕地面积则基本上没有大的增减。

表 3-28　2005~2011 年黑龙江省耕地面积变动情况

单位：公顷

项目＼年份	2005	2006	2007	2008	2009	2010	2011
年内增加耕地	11660.6	166720.6	12562.9	6734.8	6734.8	6734.8	6734.8
复垦	1024.50	873.39	–	524.55	524.55	–	–
开发	3140.40	55624.93	–	3702.88	3702.88	–	–
整理	1739.47	5145.95	–	1631.43	1631.43	–	–
结构调整	5756.23	105076.31	9525.17	875.96	875.96	875.96	875.96
年内减少耕地	32986.0	5775.8	–	14978.9	14978.9	14978.9	14978.9
建设占用	1949.83	2873.07	–	5036.93	5036.93	5036.93	5036.93
生态退耕	4599.99	835.87	–	1.23	1.23	1.23	1.23
灾毁耕地	424.89	1785.06	–	18.53	18.53	–	–
结构调整	312.84	281.83	–	9922.19	9922.19	9922.19	9922.19

数据来源：2006~2012 年《黑龙江省统计年鉴》。

　　1990~2008 年，黑龙江省户均耕地面积为 30~40 亩，人均经营的耕地面积在逐年攀升，由 1990 年的 7.46 亩增加到 2012 年的 13.56 亩，年均增长 2.75%；相比耕地，人均山地与园地面积都较小，且呈下降趋势；随着农地流转政策的完善与实施，耕地流转也在悄然发生变化，人均年内增加耕地的面积高于年内减少耕地的面积（见表 3-29）。

表 3-29　1990~2012 年黑龙江省户均与人均家庭经营耕地面积

项目 \ 年份		1990	1995	1996	1997	1998	1999	2000	2001	2002	2003
户均耕地（亩/户）		34.5	35.0	33.5	33.7	33.3	32.7	33.2	32.0	34.8	34.6
经营耕地（亩/人）	耕地	7.46	8.09	8.24	8.21	8.32	8.44	8.57	9.01	9.16	9.43
	自留地	0.55	0.40	0.41	0.33	0.16	0.16	0.2	0.14	0.17	0.09
	山地	0.03	0.01	0.03	0.06	0.01	0.01	0.05	0.07	0.03	–
	园地	–	–	–	–	–	–	–	–	0.02	0.01
耕地流转（亩/人）	年初耕地							7.38	8.28	8.41	8.2
	年内增地							0.89	1.15	1.12	1.67
	年内减地							0.28	0.37	0.39	0.44
	年末耕地							8.20	9.07	9.14	9.43

项目 \ 年份		2004	2005	2006	2007	2008	2009	2010	2011	2012	
户均耕地（亩/户）		35.3	36.2	38.5	38.2	40.4	–	–	–	–	
经营耕地（亩/人）	耕地	9.71	10.42	10.40	11.18	11.16	11.73	11.68	12.85	13.56	
	自留地	–	–	–	–	–	0.01	0.01	–	0.09	
	山地	0.06	0.02	0.05	0.03	0.03	0.01	0.01	0.002	0.009	
	园地		0.01	0.01	0.01	0.01	0.02	0.02	0.030	0.020	
耕地流转（亩/人）	年初营地	8.85	8.99	9.51	9.73	10.14	10.57	10.28	10.53	11.27	
	年内增地	1.38	1.60	1.74	2.22	1.99	2.22	2.76	3.02	3.72	
	年内减地	0.52	0.16	0.85	0.76	0.98	1.06	1.36	0.69	1.43	
	年末营地	9.71	10.42	10.40	11.18	11.16	11.73	11.68	12.85	13.56	

　　数据来源：1991~2013 年《黑龙江省统计年鉴》。

　　在农田基本建设中，黑龙江省为彻底扭转农业"靠天吃饭"的局面，对农田水利设施中存在的严重问题进行了整改。从表 3-30 中看出，黑龙江省农田有效灌溉面积在逐年增加，由 1990 年的 107.90 万公顷增加到 2012 年的 477.70 万公顷；机电灌溉面积增加幅度最大，由 1990 年的 65.10 万公顷增加到 2012 年的 485.20 万公顷；同时，节水灌溉面积于

2004 年以来逐步增加。在排灌条件不断改善的进程中，黑龙江省易涝与除涝面积并没太大变化，与此形成鲜明对比的是，旱涝保收田面积有一定的增加，由 1990 年的 50.80 万公顷增加到 2011 年的 233.70 万公顷。总体上，黑龙江省农田的种植条件在逐渐改善。

表 3 - 30　黑龙江省农田灌排面积变化趋势

单位：万公顷

年份	有效灌溉	机电灌溉	节水灌溉	易涝	除涝	旱涝保收
1990	107.90	65.10	–	410.90	266.30	50.80
1991	111.80	69.00	–	411.90	273.30	50.90
1992	116.40	107.30	–	413.50	279.20	50.90
1993	116.40	108.90	–	414.30	283.80	49.40
1994	101.50	99.90	–	414.30	284.30	51.30
1995	109.50	113.70	–	419.50	279.00	53.30
1996	133.50	137.10	–	420.90	289.00	58.50
1997	160.70	167.50	–	426.70	299.40	76.80
1998	164.80	193.20	–	420.90	304.10	–
1999	196.60	–	–	–	311.70	–
2000	203.20	221.30	–	428.00	313.80	–
2001	209.00	229.50	–	428.40	315.70	–
2002	218.50	235.70	–	428.50	318.90	101.50
2003	211.20	228.40	–	428.50	322.10	101.50
2004	228.20	246.20	131.50	428.50	324.70	113.70
2005	239.40	257.60	141.70	428.60	327.00	118.30
2006	264.80	276.70	160.50	443.20	328.50	146.10
2007	295.00	306.10	183.50	446.00	329.50	168.20
2008	312.30	322.80	199.60	446.40	330.60	178.90
2009	340.60	350.70	225.80	446.40	331.60	196.20
2010	388.40	397.80	266.40	446.40	333.30	219.10
2011	433.30	443.00	297.70	446.40	335.00	233.70
2012	477.70	485.20	–	446.60	336.60	–

数据来源：1991~2013 年《黑龙江省统计年鉴》。

（三）农作物种植结构

自 20 世纪 80 年代以来，黑龙江省农作物生产结构发生了较大变化，"满山遍野的大豆高粱"被"满山遍野的玉米海洋"所取代，这种变化在表 3 - 31 中可得到直观的反映。

表 3-31 黑龙江省农作物总播种面积及其结构变化趋势

单位：万公顷，%

年份	农作物播种面积	粮食作物						经济作物	
		播种面积	稻谷	小麦	玉米	大豆	占比	播种面积	占比
1978	827.90	713.40	22.40	195.69	199.61	157.59	86.17	114.50	13.83
1979	852.40	738.40	20.60	185.93	196.12	166.51	86.63	114.05	13.38
1980	872.40	731.80	21.08	210.54	188.37	163.05	83.88	140.72	16.13
1981	872.70	728.21	22.43	219.05	157.73	180.01	83.44	144.43	16.55
1982	847.90	708.95	23.96	190.42	136.33	213.61	83.61	138.97	16.39
1983	860.74	723.54	24.53	209.61	164.17	169.31	84.06	137.20	15.94
1984	862.20	735.51	27.73	198.00	192.04	179.54	85.31	126.66	14.69
1985	858.20	721.64	38.97	203.79	157.68	216.78	84.09	136.54	15.91
1986	846.31	571.50	50.69	196.94	168.88	219.68	67.53	274.80	32.47
1987	851.53	741.20	58.04	158.69	197.60	240.00	87.04	110.27	12.95
1988	823.30	688.63	55.30	123.88	182.83	242.88	83.64	134.61	16.35
1989	845.30	726.20	60.42	168.19	190.41	226.43	85.91	119.19	14.10
1990	855.90	742.00	67.37	178.08	216.89	207.91	86.69	113.92	13.31
1991	861.50	742.70	74.72	173.72	223.03	209.44	86.21	118.80	13.79
1992	848.00	734.84	77.82	161.52	216.63	216.04	86.66	113.12	13.34
1993	864.72	755.80	73.54	133.70	177.69	297.94	87.40	108.95	12.60
1994	867.00	750.10	74.71	119.87	196.45	279.64	86.52	116.96	13.49
1995	864.74	750.02	83.48	111.60	241.13	251.33	86.73	114.66	13.26
1996	888.40	779.60	110.78	123.72	266.62	216.11	87.75	108.74	12.24
1997	903.50	799.50	139.67	107.45	254.48	239.37	88.49	103.90	11.50
1998	919.40	808.89	156.68	96.18	248.73	245.98	87.98	110.51	12.02
1999	926.20	809.90	161.49	95.33	265.16	215.35	87.44	116.33	12.56
2000	932.95	785.25	160.58	59.05	180.14	286.85	84.17	147.69	15.83
2001	941.20	795.70	156.67	38.27	213.25	287.41	84.54	145.51	15.46
2002	940.02	783.30	156.43	24.52	223.71	263.11	83.33	156.80	16.68
2003	955.10	786.30	129.11	21.39	205.38	324.19	82.33	168.77	17.67
2004	964.70	821.60	158.82	24.73	217.97	340.06	85.17	143.16	14.84
2005	1132.20	988.90	165.05	25.91	273.04	421.47	87.34	143.11	12.64
2006	1167.83	1052.60	199.26	24.95	330.52	424.62	90.13	115.15	9.86
2007	1189.90	1082.10	225.29	23.27	388.37	380.90	90.94	107.80	9.06
2008	1208.84	1098.89	239.12	26.59	364.72	403.62	90.90	110.00	9.10
2009	1387.10	1313.30	246.11	33.75	485.40	486.31	94.68	73.79	5.32
2010	1425.00	1354.90	276.94	37.80	523.26	447.93	95.08	69.97	4.91
2011	1222.29	1150.29	294.59	29.79	458.74	320.13	94.11	72.12	5.90
2012	1223.70	1151.95	306.99	20.97	519.07	260.00	94.14	71.71	5.86

数据来源：1979~2013 年《黑龙江省统计年鉴》。

黑龙江省种植业作物以粮食作物为主。由表 3 - 31 可知，1978～2012 年，农作物、粮食作物的播种面积均呈现增长趋势，其中粮食作物播种面积占农作物播种面积的比重由 1978 年的 86.17% 提高到 2012 年的 94.14%。2012 年，黑龙江省农作物总播种面积为 1223.70 万公顷，比 1978 年增加 395.80 万公顷，增幅为 47.81%；粮食作物播种面积为 1151.95 万公顷，比 1980 年增长 438.55 万公顷，年均增长 1.43%。其中，增长最快的玉米的播种面积，由 1978 年的 199.61 万公顷增加到 2012 年的 519.07 万公顷，年均增长 2.85%；其次是稻谷的播种面积，由 1978 年的 22.40 万公顷增加到 2012 年的 306.99 万公顷，年均增长 8.05%。与玉米、稻谷不同的是，小麦的播种面积呈现递减趋势，由 1978 年的 195.69 万公顷减少到 1999 年 95.33 万公顷，2000 年突降到 59.05 万公顷，之后小幅降低，2012 年降至 21.97 万公顷。与此同时，在国际市场的影响下，大豆播种面积波动较大，于 2012 年降为 260 万公顷。当前，大豆播种面积低于玉米与稻谷播种面积，但远高于小麦播种面积。可见，在粮食作物中，玉米、稻谷、大豆为主体。相比粮食作物播种面积，黑龙江省经济作物播种面积的占比较低，尤其在 2004 年新一轮惠农政策实施后，经济作物播种面积呈现递减趋势。30 多年来，黑龙江省逐步形成了以稻谷、玉米、大豆、小麦四大作物为主的种植结构。

（四）农地边际化进程

黑龙江省位于中温带和寒温带，年积温低，耕作制度为一年一熟，玉米、稻谷、小麦、大豆为其代表性粮食作物。在此，根据第二章说明的判定农地边际化进程的方法，以上述四种作物为代表对黑龙江省农地边际化程度值进行测算及趋势分析。根据 2002～2013 年《全国农产品成本收益资料汇编》取得 2001～2012 年黑龙江省玉米、稻谷、小麦、大豆单位面积上的纯收益、总收益与实物产量的数据，其中纯收益和总收益分别按照 2001 年的商品零售价格总指数，玉米、稻谷、小麦和大豆的生产价格指数进行折算，折算结果见表 3 - 32。从表 3 - 32 中可以看出，2001～2012 年，玉米、稻谷、小麦、大豆单位面积产量的稳定性较好，除个别年份外，均稳中有升。与此同时，四种作物单位面积上的总收益及纯收益波动有增，且不同作物的单位面积总收益与纯收益之间的差距有所扩大。

表 3 – 32　黑龙江省粮食作物农地利用收益

单位：元/公顷，公斤/公顷

年份	玉米			稻谷		
	纯收益	总收益	实物产量	纯收益	总收益	实物产量
2001	2692.05	4305.60	4894.50	4872.30	7659.60	6597.00
2002	2632.35	4535.55	5467.50	3070.50	6191.55	5650.50
2003	2880.00	4649.55	4951.50	4516.35	8413.95	6324.00
2004	1257.90	4887.15	5542.50	5364.60	10254.90	7344.00
2005	1497.00	5663.85	6445.50	4033.35	9710.25	7285.50
2006	2708.25	6322.50	6507.00	4616.10	10606.65	7356.00
2007	1555.35	5014.95	5370.00	2449.20	9752.40	7438.50
2008	2339.40	6220.50	6475.50	1797.30	11212.05	7636.50
2009	1939.35	6209.10	6328.95	3281.25	10962.90	7298.85
2010	2865.30	7013.25	6727.80	5691.00	11189.25	7314.45
2011	3327.30	6785.40	6904.05	4833.45	10788.45	7486.80
2012	2686.05	6989.25	6989.25	3573.30	10919.25	7732.35

年份	小麦			大豆		
	纯收益	总收益	实物产量	纯收益	总收益	实物产量
2001	259.95	1660.80	1936.50	1844.10	3277.50	1840.50
2002	1633.80	3397.05	3400.50	2859.75	3989.85	1986.00
2003	1549.50	3066.90	2794.50	3454.95	3463.50	1779.00
2004	516.45	3034.35	2859.00	1304.40	3198.00	1947.00
2005	330.60	3156.90	3036.00	1077.90	3312.30	2064.00
2006	247.20	3642.00	3616.50	694.95	3135.60	1942.50
2007	1541.85	4070.55	4375.50	1696.65	3181.35	1488.00
2008	965.70	4635.60	4029.00	2003.40	3020.55	2098.50
2009	1084.35	5171.25	4447.20	1107.00	3252.30	1908.00
2010	1029.45	5127.60	4279.05	1540.65	3772.50	2204.70
2011	1943.25	5930.70	4849.80	1277.55	3877.80	2245.35
2012	1431.15	5552.85	4410.15	993.15	3979.65	2110.80

　　在各类农作物单位面积实物产量均有所增加的情形下，纯收益、总收益状况成为影响农地边际化的重要因素。从图 3 – 19 中看到，玉米单位面

积总收益波动趋增，经过两轮起伏后近年来增长放缓，基本走势接近于单位面积产量变化趋势。与此对应，玉米单位面积纯收益呈现波动徘徊走势，至 2011 年，短暂超越 3327.30 元/公顷，并于 2012 年再度回落至 2686.05 元/公顷的水平。据此判断，玉米农地利用的边际化迹象有所显现，主要集中于 2004～2009 年。

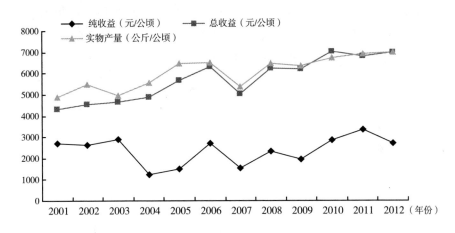

图 3-19　黑龙江省玉米田的收益变化

从图 3-20 来看，稻谷单位面积总收益经历先减而后稳中有增的走势，每公顷总收益从 2001 年的 7659.60 元增长为 2012 年的 10919.25 元，增幅达 42.56%，走势渐趋同于较为平缓变化的单位面积实物产量的变化趋势。

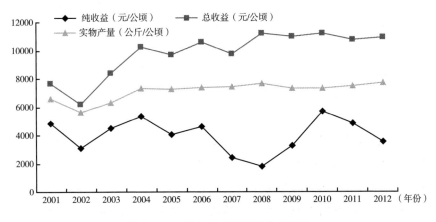

图 3-20　黑龙江省稻田的收益变化

与此同时，单位面积纯收益波动、变化幅度较大，由2001年的4872.30元/公顷波动增长至2010年5691.00元/公顷的高点后，于2012年滑落至3573.60元/公顷，稻谷农地边际化迹象的阶段性特征明显。

从图3-21来看，小麦单位面积上的总收益呈波动递增走势，并与单位面积上实物产量变化有一定的同趋势性。单位面积上的纯收益波动徘徊，分别经历了2003~2006年以及2008~2010年的低谷期；2006年与2008年，单位面积上的纯收益值位于低点，分别仅为247.20元、965.70元，小麦农地边际化迹象也较为明显。

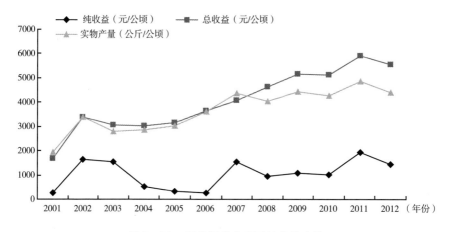

图3-21　黑龙江省小麦田的收益变化

从图3-22来看，大豆单位面积上的总收益先增后减随后又缓增，相对于单位面积上实物产量小幅波动变化，整体呈现大波段变化格局。单位面积上的纯收益则渐次波动递减，分别经历了2003~2006年、2008~2009年以及2010~2012年的递减变化过程，其值对应地于2006年、2009年以及2012年达到阶段性低点，分别仅为694.95元、1107.00元、993.15元，大豆农地边际化迹象显现。

上述分别测算了玉米、稻谷、小麦与大豆的农地边际化进程，观察到不同作物农地边际化间的差异，进而为调节种植结构提供了依据。但对于耕作制度为一年一熟制的黑龙江省而言，总体考察其农地边际化的进程更为关键。为了测算出农地的综合农地边际化进程，必须先分别计算出玉米田、稻田、小麦田与大豆田的边际化程度值，而后分别赋以权重再计算出

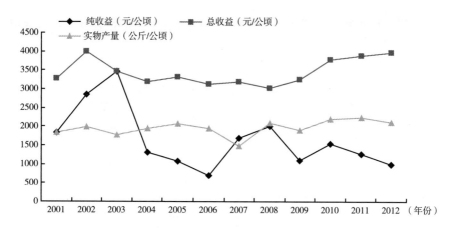

图 3 - 22 黑龙江省大豆田的收益变化

总体的农地边际化程度值。农地边际化程度的高低与农地的收益与产量直接相关，故对其测算采用加权指数法。首先，根据表 3 - 32 中以不变价格计算的玉米、稻谷、小麦与大豆的单位面积上的纯收益、总收益及实物产量，计算出 2001～2012 年玉米、稻谷、小麦与大豆相应的平均值，然后将每一年玉米、稻谷、小麦与大豆的纯收益、总收益及实物产量与对应的平均值相除，即可得到小麦与玉米农地利用指数值（见表 3 - 33）。其次，对各指数值赋以权重并计算出玉米田、稻田、小麦田与大豆田的边际化程度值。根据农地边际化的含义，纯收益的影响程度较大，故分别将单位面积农地的纯收益、总收益、实物产量指数的权重取 0.50、0.25、0.25，将它们与各自的指数值相乘后加总就得到了其边际化程度值。最后，依据玉米田、稻田、小麦田与大豆田的边际化程度值，分别取玉米、稻谷、小麦和玉米的播种面积占农作物总播种面积的比重为权重，将四者的权重和农地边际化程度值相乘后加总即得到总的农地边际化程度值（见表 3 - 34）。结合表 3 - 32 中的数据和表 3 - 33 中的计算结果可以看出，单位面积农地利用的纯收益、总收益及实物产量越小，农地的边际化程度值也越小。由此根据玉米、稻谷、小麦与大豆的农地边际化程度值，结合前述由单位面积纯收益、总收益及实物产量变化趋势推定的玉米、稻谷、小麦与大豆的农地边际化进程，将农地边际化程度标准划分为：农地边际化程度值大于 1，表明未发生农地边际化，此时的农地为正常农地；农地边际化程度值为 0.8～1，表明发生初始农地边际化；农地边际化程度值为 0.5～0.8，表明发生中期农地边际化；农地边际化程度值为小于0.5，表明发生完全农地边际化。

表3-33 黑龙江省不同类型粮食作物农地利用指数

年份	玉米			稻谷		
	纯收益	总收益	实物产量	纯收益	总收益	实物产量
2001	1.14	0.75	0.81	1.22	0.78	0.93
2002	1.11	0.79	0.90	0.77	0.63	0.79
2003	1.22	0.81	0.82	1.13	0.86	0.89
2004	0.53	0.85	0.92	1.34	1.05	1.03
2005	0.63	0.99	1.07	1.01	0.99	1.02
2006	1.15	1.11	1.08	1.15	1.08	1.03
2007	0.66	0.88	0.89	0.61	0.99	1.04
2008	0.99	1.09	1.07	0.45	1.14	1.07
2009	0.82	1.09	1.05	0.82	1.12	1.02
2010	1.21	1.23	1.11	1.42	1.14	1.03
2011	1.41	1.19	1.14	1.21	1.10	1.05
2012	1.14	1.22	1.16	0.89	1.11	1.09
年份	小麦			大豆		
	纯收益	总收益	实物产量	纯收益	总收益	实物产量
2001	0.25	0.41	0.53	1.11	0.95	0.94
2002	1.56	0.84	0.93	1.73	1.15	1.01
2003	1.48	0.76	0.76	2.09	1.00	0.90
2004	0.49	0.75	0.78	0.79	0.93	0.99
2005	0.32	0.78	0.83	0.65	0.96	1.05
2006	0.24	0.90	0.99	0.42	0.91	0.99
2007	1.48	1.01	1.19	1.03	0.92	0.76
2008	0.92	1.15	1.10	1.21	0.87	1.07
2009	1.04	1.28	1.21	0.67	0.94	0.97
2010	0.99	1.27	1.17	0.93	1.09	1.12
2011	1.86	1.47	1.32	0.77	1.12	1.14
2012	1.37	1.38	1.20	0.60	1.15	1.07

从表3-34和图3-23中可看出，各种作物均发生了程度不等的农地边际化迹象，其中玉米田在2001~2002年、2005年以及2009年发生了初始边际化，并于2004年、2007年滑落为中期边际化，在其他年份则回归为正常农地；稻谷的农地利用效益较好，稻田仅在2001~2004年以及2007~2008年，发生了初始边际化；小麦田的利用效益变动幅度较大，在

2001 年沦为完全边际化农地，经过 2002～2003 年的短暂恢复变为正常农地，之后于 2004～2006 年滑落为中期边际化农地，2007 年以来回归为正常农地，小麦的农地边际化的整体变动幅度较大；大豆作物的农地于 2001 年为中期边际化农地，于 2002～2013 年回归为正常农地并再度于 2004～2006 年滑落为中期边际化农地后转为初始边际化，并自 2007 年以来回归为正常农地。

表 3-34　黑龙江省农地边际化程度值

年份	玉米		稻谷		小麦		大豆		农地边际化程度值
	农地边际化程度值	播种面积比例(%)	农地边际化程度值	播种面积比例(%)	农地边际化程度值	播种面积比例(%)	农地边际化程度值	播种面积比例(%)	
2000	-	26.24	-	23.39	-	8.60	-	41.78	-
2001	0.96	30.66	0.86	22.52	0.35	5.51	0.59	41.31	0.75
2002	0.98	33.50	0.82	23.43	1.22	3.67	1.04	39.40	0.98
2003	1.02	30.20	0.88	18.98	1.12	3.15	1.03	47.67	1.00
2004	0.71	29.39	0.97	21.41	0.63	3.33	0.77	45.86	0.79
2005	0.83	30.83	1.02	18.64	0.56	2.93	0.77	47.60	0.83
2006	1.12	33.75	1.11	20.34	0.59	2.54	0.83	43.36	0.98
2007	0.77	38.16	0.83	22.14	1.28	2.29	1.07	37.42	0.91
2008	1.04	35.27	0.95	23.12	1.03	2.57	1.15	39.04	1.06
2009	0.95	38.79	1.02	19.66	1.15	2.69	1.14	38.86	1.04
2010	1.20	40.69	1.23	21.53	1.11	2.94	1.17	34.83	1.19
2011	1.29	41.58	1.18	26.70	1.64	2.70	1.29	29.02	1.27
2012	1.17	46.89	1.14	27.73	1.34	1.90	1.17	23.49	1.16

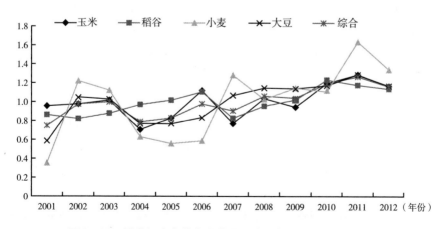

图 3-23　黑龙江省农作物用地利用边际化程度值的变化趋势

受上述四种作物农地利用边际化的综合影响，黑龙江省农地利用效益经历了波动变化。黑龙江省农地于 2001 年出现了中期边际化现象，于 2002 年恢复为初始边际化农地，于 2003 年短暂恢复成正常农地，之后在 2004 年再度沦为中期边际化农地，2005 ~ 2007 年重新恢复为初始边际化农地，2007 之后农作物农地利用的边际化趋势逆转，农地利用的效益状况有所改观，恢复为正常农地。

第三节　粮食主产区农地边际化的影响因素

河南省在 2000 ~ 2012 年出现了三次程度不同的农地边际化现象，且伴有农地边际化迹象的显现，该现象的出现受哪些因素影响呢？为回答此问题，并充分考虑统计指标的代表性与可获得性，选取四大类二十个指标作为农地边际化的影响因素。一是反映农村经济制度的指标：地方财政支出中支持农业生产和事业支出、农村居民家庭人均税费支出、农业生产资料价格指数、农产品生产价格指数、粮食生产价格指数；二是反映社会经济发展水平与结构的指标：农业总产值、农作物种植业产值、工业固定资产投资、第三产业产值比重、公路里程、粮食播种面积、粮食产量；三是反映农业技术的指标：农业机械总动力、农用化肥施用量；四是反映农户家庭资源要素结构的指标：农业乡村从业人员数、农村农户固定资产投资、有效灌溉面积、粮食单产、农民人均工资性纯收入、农民人均纯收入等。为消除各指标多重共线性问题，以此 20 个指标作为自变量、农地边际化程度值为因变量，运用逐步回归法试运算，进一步选取了 9 个相关性较强的指标（见表 3 - 35）。而后采取 SPSS 中的逐步回归法，得出表 3 - 35 中的结果。

由表 3 - 35 可知，反映农村经济制度与农业技术的指标对农地边际化的影响较大，相比较，反映社会经济发展水平与结构以及农户家庭资源要素结构的指标对农地边际化的影响较弱。就作用方向而言，农用化肥施用量、粮食生产价格指数、第一产业从业人员、粮食产量具有正向效应，即这些指数值的提高对农地边际化有明显的抑制作用，其中，农用化肥施用量对其影响较突出，粮食生产价格指数对其的影响一般，第一产业从业人员与粮食产量对其影响较弱。与此同时，农业机械总动力、农业生产资料价格指数、地方财政支出中支持农业生产和事业支出、农民人均工资性纯

表 3 – 35　农地边际化影响因素的回归分析结果

	一次回归	二次回归	三次回归
常数项	− 39.9813	− 41.0521	− 41.9793
农业机械总动力	− 3.12911 × 10^{-5}	−	−
农用化肥施用量	0.0304 *	0.0307 **	0.0315 ***
农业生产资料价格指数	− 0.0315 *	− 0.0321 **	− 0.0334 **
粮食生产价格指数	0.0068	0.0067 *	0.0067 **
地方财政支出中支持农业生产和事业支出	− 0.0036	− 0.0037 **	− 0.0041 ***
农民人均工资性纯收入	− 0.0001	− 0.0001	−
第一产业从业人员	0.0083	0.0085 *	0.0087 ***
农业总产值	− 3.01314 × 10^{-7} *	− 3.05424 × 10^{-7} **	− 3.06364 × 10^{-7} ***
粮食产量	1.27595 × 10^{-7} **	1.29235 × 10^{-7} **	1.28802 × 10^{-7} ***

*** 表示在 1% 的水平下显著，** 表示在 5% 的水平下显著，* 表示在 10% 的水平下显著。

收入、农业总产值具有负向效应，即它们值的提高对农地边际化有着助推作用。其中，农业生产资料价格指数变化的负面作用较大，地方财政支出中支持农业生产和事业支出的负向效应与其应有职能不符，这可能与该费用支出增加滞后于农村经济发展速度有关，而农业总产值对农地边际化的影响作用较弱。

由此可推论出如下结果。一是农地边际化的影响因素更多的是"粮外"及"农外"因素，制度环境、经济环境以及技术环境对其的主导作用越来越突出。二是农地边际化影响因素的市场利益导向明显，工农产品价格指数的正负向合力影响农地经营的成本利润，进而影响农地边际化的程度和方向；而农民人均工资性纯收入则发挥类似农地经营影子价格的作用，间接对农地边际化产生影响。三是农业技术对农地边际化的影响作用显著，增加农地投入及强化对地力的保护有助于掣肘农地边际化，而机械型农业技术进步不仅无助于遏制农地边际化，而且在一定程度上甚至会加速农地边际化进程。

参考文献

［1］李慧：《农村土地流转热点三问——专家解读〈关于引导农村土地经营权有序流转发展农业适度规模经营的意见〉》，《光明日报》2014 年 11 月 24 日。

［2］周怀龙：《如何走出土地流转"非粮化"困局》，《中国国土资源报》2014 年

6 月 30 日。

[3] 李志全：《河南土地流转 "非粮化" 现象加重 专家称应引起政府重视》，中国新闻网，http://news. eastday. com/eastday/13news/auto/news/finance/u7ai1791634_ K4. html，2014 年 6 月 17 日。

[4] 顾莉丽、郭庆海：《我国粮食主产区的演变与可持续发展》，《经济纵横》2011 年第 12 期。

[5] 王永刚：《中国粮食产销贸易格局变动及其对粮食物流体系的影响》，《粮食流通技术》2008 年第 6 期。

[6] 河南省国土资源部：《2008 年河南省国土资源公报》，河南省国土资源部官网，2009。

[7] 《关于湖南省第二次土地调查主要数据成果的公报》，湖南省人民政府网，www. hunan. gov. cn，2014 – 03 – 06。

[8] 湖南省人民政府：《湖南省土地利用总体规划 （2006～2020 年）》，湖南省人民政府官网，2009。

[9] 湖南省国土资源厅、统计局：《湖南省第二次土地调查主要数据结果》，湖南省国土资源厅官网，2014。

[10] 陈子年、李武平、廖平乐：《湖南农田水利基本建设的现状与发展对策》，《湖南水利水电》2011 年第 4 期。

[11] 黑龙江省国土资源部：《2008 年黑龙江省国土资源公报》，黑龙江省国土资源部官网，2009。

[12] 陈珏：《黑龙江省耕地集约利用评价研究》，硕士学位论文，东北农业大学，2009。

[13] 徐明革、孟虹：《黑龙江省中低产田治理研究》，《黑龙江水利科技》2009 年第 1 期。

[14] 陈静彬：《粮食安全与耕地保护研究》，博士学位论文，中南大学，2010。

[15] F. Brouwer, D. Baldock and F. Godeschalk, et al, "Marginalisation of agricultural land in Europe," Lisird Naplio Conference Papers, 1999.

第四章

农地边际化下粮食主产区
农户农地投入行为

农地边际化的区域性、结构性及阶段性变化，将改变农户农地经营决策，加速农业生产资源要素在产业间及产业内的优化配置。前述分析表明，粮食主产区都存在不同程度的农地边际化现象。在此背景下，本章站在全国及粮食主产区层面，对其农户农地投入行为进行比较分析。

第一节　农地投入：粮食作物与经济作物的总体比较

农户在粮食与经济作物上的投入表现为物质与服务投入、人工投入与土地投入，下面对其逐一做分析。

一、物质与服务投入

（一）粮食作物

粮食作物上的物质与服务投入反映其集约化经营状况。从表 4 - 1 来看，1978～2012 年，三种重要粮食作物及大豆单位面积上的物质与服务费用均有较大幅度的增长，且前者增幅显著高于后者增幅。从三大粮食内部来看，稻谷单位面积上的物质与服务费用增幅最大，而后依次是小麦单位面积上的物质和服务费用、玉米单位面积上的物质和服务费用。仅就稻谷而言，单位面积上的物质与服务费用增幅由大到小的分别是晚籼稻、早籼稻、粳稻及中籼稻。至 2012 年，不同粮食作物单位面积上的物质与服务费用之间的差异相应拉大，稻谷、小麦、玉米、大豆单位面积上的物质和服务费用依次递减的格局进一步强化。

表 4 - 1　粮食作物单位面积上的物质与服务费用

单位：元/公顷

年份	三大粮食作物平均	稻谷	早籼稻	中籼稻	晚籼稻	粳稻	小麦	玉米	大豆
1978	440.40	491.70	482.40	–	386.55	605.85	433.80	395.25	246.15
1985	627.75	734.85	756.00	631.95	691.35	859.35	621.00	527.70	346.20
1988	916.95	1127.10	1084.50	1010.55	1156.05	1256.10	854.40	769.50	482.25
1990	1250.25	1478.40	1450.50	1247.70	1429.80	1784.40	1191.60	1081.35	606.15
1991	1288.35	1539.30	1481.40	1299.60	1450.05	1927.20	1236.75	1088.40	597.45
1992	1344.30	1540.05	1376.25	1264.20	1455.30	2064.30	1363.35	1129.65	659.10
1993	1491.90	1732.35	1616.40	1434.45	1587.15	2290.80	1531.35	1212.15	805.80
1994	2136.45	2625.90	2186.25	1940.70	2271.00	3250.95	2030.10	1752.45	972.60
1995	2674.80	3232.05	3044.70	2749.05	3055.35	4079.25	2477.25	2315.25	1253.55
1996	3040.35	3493.65	3294.90	3042.60	3091.95	4544.40	3047.70	2579.40	1612.20
1997	3038.55	3465.75	3426.15	2975.70	3063.60	4396.95	3045.00	2603.85	1765.80
1998	2934.30	3233.70	3076.95	2912.55	2894.25	4050.60	3009.45	2560.80	1589.40
1999	2890.80	3180.00	2935.20	2924.55	2821.50	4038.75	3046.50	2445.30	1516.95
2000	2743.05	2988.15	2780.70	2739.75	2730.00	3700.20	3434.40	2377.50	1447.05
2001	2690.85	2976.90	2787.30	2740.05	2661.45	3715.50	2734.65	2360.40	1438.50
2002	2839.80	3100.20	2834.85	2913.45	2737.65	3913.20	2848.05	2571.30	1565.25
2003	2799.60	3110.85	2773.20	2953.50	2844.50	3870.45	2777.40	2511.45	1669.05
2004	3001.80	3393.60	3140.25	3059.55	3314.55	4057.95	3004.20	2606.55	1751.25
2005	3174.45	3636.75	3363.75	3091.80	3524.40	4564.65	3245.25	2641.20	1706.85
2006	3371.25	3828.15	3648.60	3222.15	3779.10	4661.40	3458.40	2825.70	1645.50
2007	3598.05	4138.95	4007.85	3452.25	4107.00	4987.65	3675.15	2981.10	1751.10
2008	4316.70	5121.15	4940.85	4366.05	5127.75	6047.40	4180.35	3649.65	2305.65
2009	4461.00	5006.55	4962.60	4337.10	4957.05	5768.25	4762.20	3615.75	2172.30
2010	4687.35	5379.30	5256.75	4637.55	5401.80	6218.85	4775.25	3908.10	2476.20
2011	5375.40	6140.10	5952.60	5407.50	6181.35	7018.65	5359.95	4626.75	2691.15
2012	5974.20	6802.65	6579.30	5920.35	6921.15	7788.90	5950.35	5168.70	3070.95

数据来源：1979～2013 年《全国农产品成本收益资料汇编》。

（二）经济作物

　　相对于粮食作物而言，不同经济作物上的物质与服务费用的非均衡程度更高。从 1978～2012 年经济作物单位面积上的物质与服务费用的增长率来看，两大油料作物中的花生以及经济作物中的烤烟、甘蔗、苹果等的单位面积上的物质与服务费用较高，而两大油料作物中的油菜籽以及经济作物中的棉花等的单位面积上的物质与服务费用较低（见表4－2），由此使得经济作物与三大粮食作物单位面积上的物质与服务费用的相对差异拉大。以烤烟、苹果为例，至2012年二者每公顷物质与服务费用分别为15441.75元、28566.30元，远高于粮食作物以及其他经济作物上的投入水平。

表4－2　经济作物单位面积上的物质与服务费用

单位：元/公顷

年份	两大油料作物平均	花生	油菜籽	棉花	烤烟	甘蔗	甜菜	桑蚕茧	苹果
1978	365.25	381.30	348.30	619.35	859.80	633.15	400.35	-	-
1985	579.90	745.35	413.10	935.25	1270.50	1780.50	761.40	-	-
1988	832.05	1062.45	600.75	1276.50	1835.10	2710.50	1217.70	-	-
1990	1098.60	1371.15	824.70	1808.25	2406.30	3348.45	1661.85	-	-
1991	1216.20	1606.35	824.70	2110.20	2464.80	3524.85	1782.45	4146.00	6631.80
1992	1130.55	1378.65	881.25	2182.35	2494.80	3676.50	2153.40	4737.00	5104.65
1993	1320.45	1614.90	1024.05	2390.55	2722.80	3986.70	2101.65	4968.60	5635.05
1994	1810.95	2214.90	1406.10	3168.60	3440.70	5294.85	2450.25	6008.40	7505.70
1995	2667.90	2550.60	1567.05	4107.30	4290.00	6897.15	3237.30	6843.00	9132.60
1996	2205.00	2651.85	1756.65	4232.70	5315.25	7430.25	3746.85	6093.90	9872.25
1997	2464.35	3033.45	1894.05	4323.90	5485.20	7790.25	4081.80	5465.55	8812.05
1998	2306.70	2828.40	1783.05	4399.80	5220.00	6507.60	4171.20	5304.75	8525.40
1999	2262.00	2721.90	1799.85	3997.95	5013.30	5976.00	3789.60	4772.70	8766.00
2000	2254.20	2767.05	1739.70	3899.70	5046.45	6120.75	3817.50	6021.45	8445.90
2001	2212.80	2775.30	1648.20	3840.30	5206.80	6260.70	3590.70	6357.60	8264.85
2002	2202.75	2704.95	1698.20	4037.10	5860.80	5871.60	3884.70	6145.80	6349.35
2003	2181.00	2743.20	1616.25	4270.80	5761.95	5209.80	3952.05	5254.35	8172.30
2004	2536.80	3369.30	1701.75	4467.00	6682.05	5622.00	3172.05	6491.10	9548.25
2005	2499.30	3379.20	1617.90	4432.35	8086.65	5419.35	3421.20	6714.75	8387.25
2006	2667.00	3616.65	1716.00	4845.45	8514.30	6362.25	4401.60	7454.40	11031.15
2007	3022.50	4174.35	1869.00	5192.85	9102.60	6906.00	4771.20	7189.50	20362.05
2008	3595.95	5052.30	2137.20	6050.85	11395.50	7695.00	5908.50	7423.80	15773.10
2009	3509.10	4596.60	2420.40	5904.60	12629.55	7742.85	5712.00	7269.75	27355.65
2010	3696.90	4952.25	2439.75	6298.35	12323.70	8770.95	6331.95	8612.85	28237.20
2011	4363.95	6054.60	2671.35	7831.95	13880.10	9966.90	7118.10	10084.20	28760.10
2012	4868.40	6762.15	2972.70	8123.25	15441.75	11475.60	8259.90	10445.40	28566.30

数据来源：1979～2013年《全国农产品成本收益资料汇编》。

二、人工投入

农户人工投入为其农地投入的重要组成,用工数量及用工工价作为人工成本的构成,共同决定农户农作物经营的人工投入。

(一) 粮食作物

从表4-3和表4-4来看,三种粮食作物及大豆单位面积上的人工成本均有大幅攀升,1978~2012年它们每公顷的平均人工成本增长高达4~6倍。依据用工数量与用工工价的变化,分别计算用工数量或用工工价变化带来的人工成本变化值。用工数量或用工工价变化带来的每公顷三大粮食作物的人工成本变化值分别为 -23314.80元、28494.45元,其中,稻谷分别为 -27463.65元、33405.75元,小麦分别为 -21634.80元、25637.40元,玉米分别为 -20765.55元、26368.35元。用工数量或用工工价变化带来的每公顷大豆的人工成本变化值分别为 -16780.80元、19176.90元。用工数量或用工工价的综合变化使得三种粮食及大豆单位面积上的人工成本均有不同程度的增加。面对用工工价的快速提高,农户在粮食生产经营中普遍通过削减单位面积上的用工数量来应对,以延缓人工成本快速增长而导致的农地边际化。

表4-3 粮食作物单位面积上的人工成本

单位: 元/公顷

年份	三大粮食作物平均	稻谷	早籼稻	中籼稻	晚籼稻	粳稻	小麦	玉米	大豆
1978	399.60	457.20	505.20	–	415.20	452.40	368.40	373.20	266.40
1985	396.00	492.75	474.75	546.75	459.00	490.50	326.25	366.75	261.00
1988	564.30	696.30	646.80	782.10	653.40	706.20	445.50	544.50	382.80
1990	752.55	896.10	800.40	1030.95	856.95	891.75	609.00	752.55	522.00
1991	853.20	1074.60	1042.20	1123.20	1004.40	1128.60	702.00	788.40	561.60
1992	930.15	1129.05	1058.85	1228.50	1076.40	1146.60	713.70	959.40	625.95
1993	971.70	1180.80	1119.30	1266.90	1094.70	1248.45	799.50	940.95	682.65
1994	1155.15	1422.90	1331.10	1476.45	1285.20	1514.70	918.00	1124.55	841.50
1995	1741.05	2080.95	1916.25	2463.75	1905.30	2047.65	1390.65	1752.00	1171.65
1996	2284.35	2764.50	2604.45	3128.25	2502.60	2749.95	1804.20	2328.00	1658.70
1997	2295.00	2670.00	2550.00	3090.00	2460.00	2610.00	1830.00	2385.00	1680.00

续表

年份	三大粮食作物平均	稻谷	早籼稻	中籼稻	晚籼稻	粳稻	小麦	玉米	大豆
1998	2040.15	2458.80	2187.75	2880.75	2151.90	2622.45	1602.30	2056.50	1363.20
1999	1926.45	2376.60	2199.45	2766.45	2202.30	2272.20	1509.30	1921.65	1128.60
2000	1895.25	2287.20	2018.40	2640.75	2047.80	2433.00	1246.50	1902.00	1134.00
2001	1929.75	2309.85	2037.00	2750.70	2003.55	2407.20	1511.70	1971.00	1184.55
2002	1950.75	2292.15	2042.25	2684.55	2024.70	2334.30	1564.65	1979.10	1215.45
2003	2064.90	2290.80	2064.00	2804.55	2003.70	2380.80	1542.15	1953.30	1298.40
2004	2118.90	2571.60	2509.35	3017.55	2417.40	2341.65	1677.60	2107.35	1112.40
2005	2270.55	2768.10	2690.40	3297.75	2535.00	2549.25	1820.10	2225.70	1222.95
2006	2278.50	2794.95	2717.10	3180.45	2594.40	2688.15	1794.15	2249.10	1228.05
2007	2393.25	2915.25	2802.60	3430.65	2623.20	2804.25	1870.80	2396.70	1315.50
2008	2625.30	3219.75	3039.15	3763.05	2915.40	3161.40	1997.85	2654.70	1324.80
2009	2825.85	3402.30	3160.95	4017.60	3030.45	3398.85	2184.60	2889.15	1552.95
2010	3403.50	3998.70	3596.10	4891.80	3559.20	3951.75	2682.45	3526.50	1729.65
2011	4245.75	4919.40	4519.20	6063.75	4394.10	4699.05	3385.20	4432.35	2045.70
2012	5579.25	6399.30	5836.05	7695.75	5803.80	6265.65	4371.00	5976.00	2662.50

数据来源：1979～2013年《全国农产品成本收益资料汇编》。

表4-4　粮食作物单位面积上的用工数量

单位：日/公顷

年份	三大粮食作物平均	稻谷	早籼稻	中籼稻	晚籼稻	粳稻	小麦	玉米	大豆
1978	499.50	571.50	631.50	–	519.00	565.50	460.50	466.50	333.00
1985	264.00	328.50	316.50	364.50	306.00	327.00	217.50	244.50	174.00
1988	256.50	316.50	294.00	355.50	297.00	321.00	202.50	247.50	174.00
1990	259.50	309.00	276.00	355.50	295.00	307.50	210.00	259.50	180.00
1991	237.00	298.50	289.50	312.00	279.00	313.50	195.00	219.00	156.00
1992	238.50	289.50	271.50	315.00	276.00	294.00	183.00	246.00	160.50
1993	237.00	288.00	273.00	309.00	267.00	304.50	195.00	229.50	166.50
1994	226.50	279.00	261.00	289.50	252.00	297.00	180.00	220.50	165.00
1995	238.50	285.00	262.50	337.50	261.00	280.50	190.50	240.00	160.50
1996	235.50	285.00	268.50	322.50	258.00	283.50	186.00	240.00	171.00
1997	229.50	267.00	255.00	309.00	246.00	261.00	183.00	238.50	168.00
1998	207.00	246.00	223.50	288.00	219.00	256.50	162.00	213.00	139.50

年份	三大粮食作物平均	稻谷	早籼稻	中籼稻	晚籼稻	粳稻	小麦	玉米	大豆
1999	192.00	226.50	204.00	267.00	213.00	223.50	157.50	192.00	118.50
2000	183.00	219.00	195.00	258.00	198.00	225.00	118.50	186.00	111.00
2001	180.00	211.50	187.50	255.00	184.50	219.00	142.50	186.00	111.00
2002	172.50	199.50	178.50	232.50	178.50	202.50	139.50	175.50	108.00
2003	166.50	196.50	178.50	229.50	171.00	201.00	135.00	169.50	112.50
2004	149.55	177.75	176.10	211.35	169.20	154.50	121.50	149.55	77.70
2005	143.85	170.85	168.15	207.30	159.30	148.80	118.65	142.35	76.65
2006	130.20	155.55	154.95	179.85	147.60	139.50	105.15	130.05	69.75
2007	122.70	144.75	143.25	171.00	134.85	129.75	99.00	124.35	67.95
2008	115.35	135.90	133.20	160.80	126.75	122.70	91.50	118.50	58.50
2009	108.30	125.25	120.75	150.30	114.90	114.90	87.15	112.50	59.10
2010	103.95	117.30	111.00	147.45	105.60	105.30	84.60	109.95	51.45
2011	101.85	114.00	108.30	144.90	103.65	99.60	83.70	107.70	46.95
2012	96.45	108.00	101.70	132.60	100.20	97.80	77.40	104.25	45.60

数据来源：1979～2013年《全国农产品成本收益资料汇编》。

（二）经济作物

农户在经济作物上的人工投入整体高于粮食作物，1978～2012年经济作物单位面积上的人工成本增长近20倍甚至更高。同样，依据用工数量与用工工价的变化，分别计算出由于用工数量或用工工价变化所带来的人工成本变化值（见表4-5）。用工数量、用工工价变化带来的每公顷花生的人工成本变化值分别为－22073.85元、29649.30元，油菜籽分别为－18950.10元、25250.25元，经济作物中的棉花分别为－34467.75元、51302.40元，烤烟分别为－44905.35元、71279.40元，甘蔗分别为－47272.20元、61812.00元，桑蚕茧与苹果单位面积上的人工成本也经历了相应变化。至2012年，每公顷棉花、烤烟、甘蔗的人工成本攀升至15000元以上，每公顷桑蚕茧、苹果的人工成本高达37500元以上，而每公顷油菜籽、甜菜的人工成本则较低。较粮食作物而言，不同经济作物单位面积上人工成本之间的不平衡性更强。

表 4 - 5　经济作物单位面积上的人工成本

单位：元/公顷

年份	两大油料作物平均	花生	油菜籽	棉花	烤烟	甘蔗	甜菜	桑蚕茧	苹果
1978	397.20	428.40	364.80	726.00	1006.80	782.40	138.00	–	–
1985	474.75	528.75	420.75	965.25	1235.25	1127.25	380.25	–	–
1988	673.20	762.30	580.80	1349.70	1666.50	1534.50	567.60	–	–
1990	922.20	1035.30	809.10	1927.05	2366.40	1948.80	843.90	–	–
1991	1058.40	1209.60	901.80	2392.20	2883.60	2197.80	1047.60	4784.40	3261.60
1992	1053.00	1181.70	918.45	2398.50	2913.30	2269.80	1093.95	5773.95	3703.05
1993	1180.80	1297.65	1063.95	2546.10	2767.50	2447.70	1100.85	5904.00	3991.35
1994	1415.25	1537.65	1292.85	3312.45	3672.00	3014.10	1430.55	7022.70	5523.30
1995	2036.70	2233.80	1839.60	4566.15	5124.60	4073.40	2014.80	9417.00	7139.40
1996	2531.70	2793.60	2269.80	6081.90	6809.60	5441.70	2502.60	11145.30	10461.45
1997	2730.00	3135.00	2325.00	5820.00	6930.00	5535.00	2535.00	10380.00	10695.00
1998	2519.85	2856.45	2185.80	5302.05	6316.35	4935.15	2559.00	9213.00	7111.35
1999	2054.85	2103.45	1996.65	4369.35	5881.90	4584.00	2188.35	7264.50	7142.55
2000	2164.65	2304.45	2004.60	4491.90	6161.25	4276.80	2278.50	9058.50	6696.15
2001	2250.75	2469.60	2019.60	4773.60	6276.60	4373.40	2339.40	10281.00	6117.45
2002	2108.25	2269.05	1951.50	4905.75	6426.75	4633.20	2452.35	11051.70	5817.30
2003	2344.05	2543.85	2109.90	4640.40	6328.80	5330.85	2604.90	9625.05	6606.00
2004	2352.00	2601.00	2103.90	5321.70	8318.40	5067.45	2135.25	11448.90	9182.70
2005	2532.45	2859.00	2205.90	5961.45	9495.15	5483.70	2486.70	12452.55	9070.05
2006	2656.05	3009.30	2300.40	6639.15	9856.05	6084.30	2839.65	13908.45	11282.10
2007	2822.25	3126.90	2514.45	7360.50	10953.45	7007.55	2827.50	14432.10	12253.20
2008	3167.85	3497.25	2835.15	7906.20	12282.90	7064.55	3034.50	16138.20	15022.50
2009	3441.90	3822.45	3057.90	8522.70	13786.35	7697.70	3492.75	17747.85	22334.55
2010	4323.30	4794.15	3855.30	10923.75	16293.15	9545.40	4153.80	22497.45	25608.00
2011	5414.85	5987.25	4843.65	12873.15	20291.10	11762.55	5886.30	29385.45	29162.25
2012	7338.15	8003.85	6664.95	17560.65	27380.85	15322.20	7037.85	40653.60	37797.75

数据来源：1979～2013 年《全国农产品成本收益资源汇编》。

表4-6　经济作物单位面积上的用工数量

单位：日/公顷

年份	两大油料作物平均	花生	油菜籽	棉花	烤烟	甘蔗	甜菜	桑蚕茧	苹果
1978	496.50	535.50	456.00	907.50	1258.50	978.00	172.50	–	–
1985	316.50	352.50	280.50	643.50	823.50	751.50	253.50	–	–
1988	306.00	346.50	264.00	613.50	757.50	697.50	258.00	–	–
1990	318.00	357.00	279.00	664.50	816.00	672.00	291.00	–	–
1991	294.00	336.50	250.50	664.50	801.00	610.50	291.00	1329.00	906.00
1992	270.00	303.00	235.50	615.00	747.00	582.00	280.50	1480.50	949.50
1993	288.00	316.50	259.50	621.00	675.00	597.00	268.50	1440.00	973.50
1994	277.50	301.50	253.50	649.50	720.00	591.00	280.50	1377.00	1083.00
1995	279.00	306.00	252.50	625.50	702.00	558.00	276.00	1290.00	978.00
1996	261.00	288.00	234.00	627.00	702.00	561.00	258.00	1149.00	1078.50
1997	273.00	313.50	232.50	582.00	693.00	553.50	253.50	1038.00	1069.50
1998	258.00	292.50	225.00	516.00	643.50	480.00	253.50	957.00	732.00
1999	217.50	229.50	204.00	453.00	607.50	430.50	238.50	757.50	723.00
2000	213.00	229.50	195.00	436.50	601.50	418.50	210.00	895.50	658.50
2001	213.00	235.50	189.00	450.00	591.00	387.00	213.00	976.50	571.50
2002	189.00	205.50	172.50	438.00	561.00	403.50	217.50	1002.00	520.50
2003	190.50	211.50	169.50	406.50	549.00	382.50	219.00	820.50	571.50
2004	170.55	188.40	152.55	369.45	598.05	339.30	143.55	832.50	640.50
2005	163.65	184.05	143.25	372.90	610.05	321.60	143.55	808.05	597.30
2006	156.00	176.25	135.60	375.60	570.45	300.60	139.80	805.95	624.60
2007	149.40	165.00	133.50	372.75	559.95	290.40	123.00	750.90	544.20
2008	145.35	160.35	130.05	346.35	537.45	255.90	122.10	727.50	591.15
2009	137.25	152.70	121.80	327.00	526.95	249.15	123.00	696.00	634.50
2010	137.25	152.25	122.20	327.30	497.85	243.60	114.30	709.20	655.35
2011	134.55	148.65	120.45	304.35	485.70	239.55	119.10	729.30	604.80
2012	130.65	142.50	118.65	306.30	476.70	239.40	109.05	722.70	605.55

数据来源：1979～2013年《全国农产品成本收益资料汇编》。

可见，农户在经济作物经营上选择减少用工数量以适应用工工价上涨带来的人工成本的过快增长也是理性的。

三、土地投入

土地成本是农户农作物经营成本的重要组成之一。由于农地多功能用途的可转换性，高效益利用农地的潜在收益就会形成粮食与经济作物经营的机会成本，并影响农户的土地成本水平。

（一）粮食作物

从表 4 - 7 来看，粮食作物单位面积上的土地成本变化大致经历了三个阶段：1978 ~ 1999 年的缓慢增长期、1999 ~ 2004 年的平缓变化期以及 2004 ~ 2012 年的快速增长期。

表 4 - 7　粮食作物单位面积上的土地成本

单位：元/公顷

年份	三大粮食作物平均	稻谷	早籼稻	中籼稻	晚籼稻	粳稻	小麦	玉米	大豆
1978	33.45	40.35	43.35	–	36.30	41.40	30.90	29.10	23.25
1985	81.30	97.05	87.90	87.30	95.40	117.30	72.60	74.40	65.55
1988	110.40	138.30	120.45	151.50	132.00	148.95	90.30	102.45	97.20
1990	140.55	164.70	135.00	155.70	159.75	208.35	126.00	131.10	129.75
1991	167.40	212.25	181.65	218.70	209.10	239.85	137.55	152.10	154.65
1992	182.40	215.25	177.90	215.10	183.75	284.85	162.00	169.80	224.25
1993	215.10	255.45	239.25	195.90	222.75	363.90	215.55	174.60	195.45
1994	298.95	422.25	424.95	374.55	415.65	442.50	250.50	224.10	222.30
1995	410.55	558.45	532.20	605.10	457.20	639.30	357.60	315.60	365.25
1996	505.80	616.05	608.25	628.35	559.35	667.80	540.45	360.75	463.05
1997	457.20	616.95	652.20	634.95	532.50	647.55	366.90	387.60	428.70
1998	783.30	869.10	854.25	1040.25	715.20	866.25	750.30	731.10	733.95
1999	742.95	820.65	682.95	942.60	697.65	959.55	716.85	691.20	664.05
2000	704.40	749.40	664.20	849.90	635.10	847.65	606.30	678.90	647.55
2001	638.55	720.30	655.20	748.20	638.55	838.80	608.25	586.80	640.65
2002	765.45	844.95	763.35	935.55	721.05	960.00	727.95	723.00	778.35
2003	790.95	848.25	817.20	878.85	757.05	940.05	775.05	749.70	852.30
2004	811.05	854.40	848.25	608.70	832.95	1127.40	657.00	921.60	932.10
2005	930.30	994.80	895.65	633.60	969.75	1479.75	778.80	1017.30	1128.30
2006	1023.75	1150.35	963.45	638.25	961.95	2038.05	819.00	1101.75	1139.25
2007	1224.60	1273.20	1023.90	725.70	1058.10	2284.95	1033.20	1367.70	1309.65
2008	1494.30	1635.60	1318.80	1220.55	1354.20	2648.85	1300.05	1547.40	1589.40
2009	1719.30	1837.95	1505.40	1401.60	1569.15	2875.80	1558.20	1761.60	1947.60
2010	1999.20	2121.45	1679.70	1726.65	1799.25	3279.90	1821.75	2054.25	2262.15
2011	2246.25	2395.20	1868.70	1907.25	1957.35	3847.20	1939.05	2404.35	2594.70
2012	2492.85	2624.55	2069.55	2030.85	2106.00	4291.65	2135.25	2718.60	2939.55

数据来源：1979 ~ 2013 年《全国农产品成本收益资源汇编》。

响应土地成本的阶段性变化，农户粮食作物经营中土地成本占生产成本的比重均有不同程度的增加（见图4-1）。

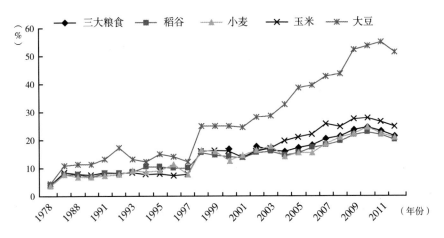

图4-1　粮食作物的土地成本占生产成本的比重变化

数据来源：依据1979～2013年《全国农产品成本收益资料汇编》中数据计算得来。

比较而言，大豆、玉米的土地成本占比提升高于小麦、稻谷。至2012年，每公顷三大粮食作物的土地成本占生产成本的比重超过了20%，其中，稻谷、小麦、玉米的土地成本占比分别为19.88%、20.69%、24.39%，而大豆的土地成本占生产成本的比重高达51.27%。由此，土地成本在粮食作物经营成本构成中变得举足轻重，业已成为影响农地投入变化的重要因素。

（二）经济作物

从表4-8来看，经济作物单位面积上的土地成本同样经历了较为明显的阶段性变化：1978～1999年的缓慢增长期、1999～2004年的波动增长期以及2004～2012年的快速增长期。

随着土地成本的阶段性变化，农户经济作物经营中土地成本占生产成本的比重相应增加（见图4-2），均由不足5%提升至5%以上甚至更高。

至2012年，甜菜的土地成本占生产成本的比重最高，达24.67%，花生、油菜籽、甘蔗、烤烟、苹果、桑蚕茧的土地成本占生产成本的比重依次减少，分别为18.26%、14.31%、10.77%、8.28%、7.26%、5.38%。

表 4 - 8　经济作物单位面积上的土地成本

单位：元/公顷

年份	两大油料作物平均	花生	油菜籽	棉花	烤烟	甘蔗	甜菜	桑蚕茧	苹果
1978	31.65	31.20	31.95	55.65	46.50	68.40	19.05	–	–
1985	76.20	83.25	68.85	138.15	70.20	219.45	90.30	–	–
1988	101.10	121.20	80.85	178.80	105.60	270.90	90.15	–	–
1990	123.15	130.05	115.95	249.15	66.90	328.35	132.90	–	–
1991	164.40	184.50	144.30	346.20	196.20	249.75	140.85	375.15	1606.50
1992	205.95	255.90	155.85	381.30	220.65	282.00	134.40	452.25	1335.15
1993	186.75	167.10	206.25	441.75	170.25	409.50	137.70	902.25	1500.60
1994	240.45	222.90	258.00	508.35	287.10	609.05	214.50	876.75	2286.90
1995	463.20	330.15	283.05	588.30	375.90	581.70	229.20	832.65	2166.75
1996	370.50	347.10	393.90	703.95	474.15	763.20	290.55	906.15	2931.15
1997	435.30	425.85	444.60	781.50	457.05	730.35	286.20	962.10	1956.90
1998	652.50	616.50	688.05	1180.35	702.75	1038.90	641.85	1324.80	2250.15
1999	678.75	624.00	733.05	1118.55	690.90	941.85	709.35	1018.95	2076.30
2000	713.10	743.40	682.35	983.25	686.85	950.85	651.15	1433.55	1894.95
2001	640.05	712.20	567.75	956.10	686.25	1152.60	643.95	1260.00	1808.10
2002	704.10	785.85	622.05	1226.40	816.90	1306.35	830.10	1332.00	1494.90
2003	669.30	772.05	565.50	1250.25	796.20	1176.45	838.35	1351.50	1591.80
2004	642.60	762.00	523.05	1357.80	1079.40	1391.85	1221.30	1334.40	1373.40
2005	736.95	867.90	605.85	1478.70	1246.35	1506.90	1376.85	1418.70	1798.05
2006	793.35	932.85	653.85	1570.65	1444.05	1575.00	1716.15	1376.85	1788.30
2007	1041.90	1375.20	708.30	1930.05	1759.80	1783.95	1918.95	1616.70	3301.20
2008	1269.15	1606.50	931.80	2242.50	2133.75	1912.20	2140.35	1723.50	3068.70
2009	1409.40	1750.50	1068.15	2544.50	2417.55	2089.50	2146.05	1958.55	3124.65
2010	1648.05	2072.85	1223.10	2635.65	2874.45	2413.80	2665.20	2268.15	3897.30
2011	1818.15	2338.20	1297.80	2956.65	3199.05	2668.65	3047.25	2460.60	4486.95
2012	2037.60	2695.95	1378.95	3412.05	3546.75	2886.60	3773.55	2749.05	4816.50

数据来源：1979~2013 年《全国农产品成本收益资料汇编》。

相对于三大粮食作物，经济作物的土地成本在生产成本中的占比偏低。即使经济作物生产成本基数较高，土地成本快速上涨对苹果、桑蚕茧、棉花、甘蔗等经济作物经营形成的压力仍然不容忽视。

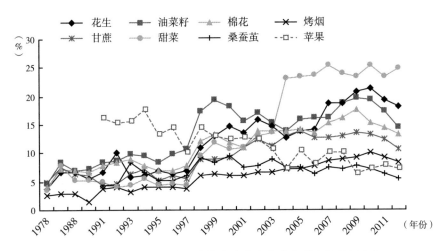

图 4 - 2　单位面积经济作物的土地成本占生产成本的比重变化

数据来源：依据 1979～2013 年《全国农产品成本收益资料汇编》。

第二节　农地投入：不同粮食主产区之间的比较

一、稻谷主产区

受作物特性及地域条件所限，我国稻谷生产布局的地域特性十分明显。早籼稻种植主要分布于浙江、安徽、福建、江西、湖北、湖南、广东、广西、海南；中籼稻种植主要分布于江苏、安徽、福建、河南、湖北、湖南、重庆、四川、贵州、陕西；晚籼稻种植主要分布于浙江、安徽、福建、江西、湖北、湖南、广东、广西、海南；粳稻种植主要分布于天津、河北、山西、内蒙古、辽宁、吉林、黑龙江、上海、江苏、浙江、安徽、山东、河南、湖北、云南、宁夏。近年来，稻谷种植呈逐步向长江中下游和黑龙江水稻产区等优势区域集中的趋势，湖南、江西、黑龙江、江苏、安徽、湖北、四川、吉林、辽宁、河南、山东、内蒙古、河北等稻谷主产省份的稻谷播种面积和产量占了全国稻谷播种面积与产量的绝大比重。

（一）播种面积

从表 4-9 来看，不同稻谷主产区的稻谷播种面积差异较大，且省区间的非均衡变化趋势明显。以 2012 年为例，稻谷播种面积居前六位的省区的稻谷播种面积均在 200 万公顷以上，而其后者的稻谷播种面积均在 100 万公顷以下甚至不足 10 万公顷。从动态趋势来看，上述省区的稻谷播种面积均有增减变化。1978～2012 年，稻谷播种面积有所增加的省份为黑龙江、吉林、辽宁、河南、内蒙古，分别增加 284.55 万公顷、41.97 万公顷、28.16 万公顷、21.93 万公顷、8.26 万公顷，稻谷播种面积减少的省份为四川、湖北、湖南、江苏、江西、安徽、山东、河北，分别减少 112.71 万公顷、87.68 万公顷、42.94 万公顷、40.70 万公顷、5.20 万公顷、3.16 万公顷、3.10 万公顷、2.43 万公顷。

表 4 - 9　稻谷主产区稻谷播种面积及位次变化状况

单位：万公顷，位次

年份	湖南	黑龙江	山东	辽宁	河北	内蒙古	吉林
1978	452.45	22.43	15.49	38.02	11.02	0.67	28.15
1979	450.69	20.63	17.21	37.43	12.37	1.60	26.11
1980	441.23	21.04	17.25	38.57	14.53	1.50	25.27
1981	441.65	22.41	13.89	39.73	13.16	1.60	25.37
1982	439.01	23.93	9.95	40.56	12.77	1.60	26.04
1983	441.89	24.55	10.50	40.32	12.67	1.70	26.63
1984	440.11	27.75	10.84	43.22	13.09	1.83	28.47
1985	424.65	38.97	11.19	48.02	12.77	2.40	32.42
1986	432.76	50.69	10.65	50.08	12.32	2.71	35.13
1987	425.51	58.06	10.09	53.33	12.53	2.80	36.81
1988	429.37	55.29	8.83	55.37	13.27	3.54	38.03
1989	435.41	60.41	10.19	55.34	14.65	5.30	38.97
1990	437.04	67.35	12.42	54.33	14.77	7.91	41.84
1991	429.81	74.69	14.77	54.77	15.03	8.83	43.34
1992	418.80	77.84	11.84	55.66	14.93	9.43	44.24
1993	402.59	73.55	10.88	48.42	12.67	7.34	42.77
1994	404.07	74.71	11.39	45.87	11.78	6.81	41.75
1995	408.40	83.51	12.11	47.26	12.87	7.90	42.96
1996	406.41	110.75	15.16	47.81	14.18	9.00	43.41
1997	407.58	139.69	16.47	49.17	15.53	12.21	45.31
1998	397.64	156.67	15.76	49.60	15.32	11.80	45.90
1999	398.45	161.49	19.58	50.15	15.47	11.70	46.52
2000	389.61	160.59	17.68	48.97	14.39	11.84	58.48
2001	369.16	156.70	17.36	51.55	9.41	8.62	68.69
2002	354.15	156.44	15.53	55.64	11.10	9.00	66.61
2003	341.00	129.09	11.26	50.06	7.56	6.70	54.10
2004	371.68	158.78	12.44	54.42	8.35	8.10	60.01
2004 年位次	1	7	11	9	12	13	8

续表

年份	湖南	黑龙江	山东	辽宁	河北	内蒙古	吉林
2005	379.52	165.03	11.98	53.81	8.77	8.45	65.40
2006	393.17	199.22	12.73	62.64	8.87	9.15	66.40
2007	389.72	225.32	13.05	66.06	8.45	10.82	66.99
2008	393.20	239.07	13.07	65.87	8.15	9.80	65.87
2009	404.72	246.08	13.46	65.67	8.51	10.20	66.04
2010	403.10	276.88	12.82	67.75	7.97	9.22	67.35
2011	406.63	294.56	12.45	65.96	8.30	9.00	69.13
2012	409.51	306.98	12.39	66.18	8.59	8.93	70.12
2012 年位次	1	3	11	9	13	12	8

年份	江苏	安徽	江西	湖北	河南	四川
1978	266.12	224.67	338.03	289.47	42.89	312.49
1979	270.31	219.45	338.68	273.05	40.20	300.53
1980	267.62	223.83	338.37	270.82	41.69	308.31
1981	259.80	212.73	336.27	259.01	39.53	312.57
1982	250.14	211.22	333.95	260.51	39.53	313.88
1983	252.03	205.73	332.37	261.74	41.07	315.89
1984	251.59	216.92	332.69	262.13	44.56	316.47
1985	243.11	213.98	326.49	253.87	43.55	312.85
1986	242.22	218.47	325.07	254.02	41.20	311.21
1987	239.95	220.79	326.87	255.76	41.41	303.15
1988	238.43	218.42	321.25	252.74	40.22	307.25
1989	241.97	227.28	329.77	260.67	42.67	311.33
1990	245.45	231.23	329.26	263.67	43.95	312.38
1991	235.14	224.98	315.40	262.28	47.70	311.07
1992	244.73	224.43	298.15	253.75	50.78	311.86
1993	227.85	216.98	286.51	237.80	44.40	304.33
1994	216.84	211.23	293.95	237.33	44.69	298.08
1995	225.03	215.61	301.94	240.87	45.05	300.33
1996	233.59	223.85	305.54	244.86	47.99	302.01
1997	237.76	221.21	308.74	246.75	48.95	219.61
1998	236.97	217.15	303.46	224.47	49.84	216.80
1999	239.85	215.45	305.00	228.50	50.85	217.60
2000	220.35	200.55	283.20	199.53	45.96	212.40
2001	201.03	195.01	280.83	198.80	41.59	209.31
2002	198.21	190.50	278.67	188.86	46.94	207.61
2003	184.09	182.68	268.53	180.88	50.85	204.03
2004	211.29	223.14	309.59	208.40	50.85	206.38
2004 年位次	4	3	2	5	10	6

年份	江苏	安徽	江西	湖北	河南	四川
2005	220.93	228.86	318.77	216.24	51.11	208.75
2006	223.44	220.77	327.11	197.51	57.13	208.19
2007	222.81	220.52	319.63	197.88	60.00	203.62
2008	223.26	221.90	325.55	197.89	60.47	203.59
2009	223.32	224.69	328.21	204.51	61.13	202.71
2010	223.42	224.54	331.84	203.82	62.80	200.45
2011	224.86	223.08	331.77	203.62	63.80	200.79
2012	225.42	221.51	332.83	201.79	64.82	199.78
2012 年位次	4	5	2	6	10	7

数据来源：1979～2013 年《中国统计年鉴》。

与此同时，各稻谷主产省区的稻谷播种面积位次也发生了相应变化。以 2004 年为参照，2012 年湖南、江西、吉林、辽宁、河南、山东的位次不变，仍为第 1、第 2、第 8、第 9、第 10、第 11 位，黑龙江由 2004 年的第 7 位上升为 2012 年的第 3 位，内蒙古由 13 位上升至 12 位，而安徽、湖北、四川、河北的位次后移，分别由第 3、第 5、第 6、第 12 位降为第 5、第 6、第 7、第 13 位。由此，各稻谷主产省区在全国稻谷生产中的重要性发生了相对变化。

（二）生产性投入

生产性投入水平与结构是决定稻谷产能的重要因素。在此，分别从物质与服务投入、人工投入、土地投入三个方面予以分析。

1. 物质与服务投入

如前所述，早籼稻、中籼稻、晚籼稻及粳稻种植的地域分布特征明显。在此，仅以湖南、黑龙江、河南等稻谷主产省区为例，分品种分析稻谷生产中的物质与服务投入的水平及变化趋势。

从表 4-10 来看，湖南省的稻谷以早籼稻、中籼稻、晚籼稻为主，2004 年单位面积上的物质与服务总费用由低到高依次为早籼稻、晚籼稻、中籼稻，分别为 3030.60 元/公顷、3114.45 元/公顷、3243.75 元/公顷。2004～2012 年，早籼稻、晚籼稻、中籼稻总的物质和服务费用增长率分别为 103.15%、115.60%、103.61%，2012 年，中籼稻单位面积上的物质与服务总费用超越晚籼稻居首。从其内部构成来看，种子费、化肥费、农家肥费、农药费、农膜费等直接费用的快速增长是总费用增长的主要原因。2004～2012 年，早籼稻、中籼稻、晚籼稻单位面积上的直接费用的增长率分别为139.81%、126.78%、147.18%，显著高于自身单位面积上的物质与服务总费用增长率，由此使得早籼稻、中籼稻、晚籼稻的直接费用在其物质与服务总费用中的占比均有大幅提升，至2012年分别为95.26%、95.92%、95.19%，直接物质与服务费用成为物质与服务费用的核心构成。

表4-10 稻谷单位面积上的物质与服务费用状况

单位：元/公顷

项目 \ 年份		2004	2005	2006	2007	2008	2009	2010	2011	2012
湖南	早籼稻（T）	3030.60	3296.10	3655.65	4053.00	4996.05	4852.65	5038.65	5529.60	6156.60
	早籼稻（D）	2445.45	3110.55	3481.35	3886.50	4812.45	4691.40	4876.50	5322.45	5864.55
	中籼稻（T）	3243.75	3631.50	3800.40	3908.25	5347.05	5184.15	5199.90	6067.65	6604.50
	中籼稻（D）	2793.60	3558.60	3673.20	3805.95	5198.40	5048.70	5009.40	5749.95	6335.25
	晚籼稻（T）	3114.45	3505.05	3769.95	4120.35	5013.45	4920.00	5166.05	5952.75	6714.75
	晚籼稻（D）	2585.85	3341.10	3614.25	3975.90	4862.70	4779.45	5004.75	5705.10	6391.65
黑龙江	粳稻（T）	3455.70	4228.20	3732.15	3904.65	5434.20	5124.30	5747.85	6509.10	7596.45
	粳稻（D）	2962.80	3458.40	3319.65	3556.05	5162.85	4752.75	5256.75	5991.90	7059.15
河南	中籼稻（T）	2444.25	2415.30	2823.30	2858.85	3656.10	3943.80	4157.55	4829.70	5022.00
	中籼稻（D）	2135.85	2375.70	2820.30	2858.85	3563.70	3943.80	4157.55	4829.70	5022.00
	粳稻（T）	3505.35	3440.25	3645.55	4313.55	5395.65	5114.40	5531.70	6362.40	6860.70
	粳稻（D）	3238.95	3378.75	3627.90	4295.55	5376.30	5104.80	5531.70	6362.40	6860.70

注：物质与服务费用包括直接费用与间接费用。直接费用包括种子费、化肥费、农家肥费、农药费、农膜费、租赁作业费、燃料动力费、技术服务费、工具材料费、修理维护费等；间接费用包括固定资产折旧费、税金、保险费、管理费、财务费、销售费等。表中T表示总的物质与服务费用，D表示其中的直接费用，T减去D即为间接费用。

数据来源：2005~2013年《全国农产品成本收益资料汇编》。

在此期间，黑龙江省粳稻单位面积上的物质与服务总费用由3455.70元/公顷增加到7596.45元/公顷，增长率为119.82%，而单位面积上的直接费用的增长率高达138.26%，至2012年，单位面积上的直接费用在总费用中的占比提升至92.93%。河南省稻谷以中籼稻、粳稻为主，2004~2012年，中籼稻、粳稻单位面积上的物质与服务总费用分别由2444.25元/公顷、3505.35元/公顷增加至5022.00元/公顷、6860.70元/公顷，增长率分别为105.46%、95.72%，而单位面积上的直接费用增长率分别高达135.13%、111.82%，显著快于物质与服务总费用增长率，由此使得直接物质与服务费用在物质与服务总费用中的占比相应提升，高费用压力显现。

黑龙江与河南是粳稻的主产省份，在此对其粳稻直接费用构成进行比较分析。在黑龙江省粳稻的直接费用构成中，租赁作业费最高，化肥费、种子费、农药费、农膜费依次减少，而修理维护费、工具材料费、技术服务费较低。从表4－11看出，2004～2012年，上述费用呈现不平衡增长态势，每公顷粳稻的租赁作业、种子、农药、化肥、农膜、工具材料等费用的增长率较高，分别为214.76%、147.34%、141.02%、81.56%、45.89%、53.97%，而每公顷粳稻的农家肥费、技术服务费、修理维护费则增长幅度较小甚至负增长。由此使得粳稻直接费用中租赁作业、化肥、种子等费用占比偏高的格局进一步形成并得以强化。特别是租赁作业费水平高且增速快对直接费用增长的拉动效应显现，需予以关注。

表4－11　粳稻的直接费用比较

单位：元/公顷

项目	年份	2004	2005	2006	2007	2008	2009	2010	2011	2012
黑龙江	种子费	225.30	223.05	239.40	260.55	365.40	463.65	502.80	535.65	557.25
	化肥费	874.50	1077.60	951.15	1030.80	1541.25	1287.75	1365.60	1548.15	1587.75
	农家肥费	7.35	2.55	6.60	1.50	8.55	2.85	1.35	2.85	－
	农药费	167.10	181.35	262.35	318.60	375.00	295.50	327.60	398.25	402.75
	农膜费	122.25	171.60	148.95	177.30	216.75	188.40	166.50	178.35	178.35
	租赁作业费	1352.55	1546.20	1631.40	1703.85	2556.30	2230.05	2838.75	3250.65	4257.30
	技术服务费	9.30	10.50	3.00	1.05	1.05	2.25	0.15	1.05	－
	工具材料费	45.30	36.00	42.15	37.20	51.15	62.85	45.90	61.65	69.75
	修理维护费	46.35	60.90	17.40	25.20	47.40	－	8.10	4.35	6.00
河南	种子费（元）	161.40	169.65	179.70	233.70	283.65	266.85	456.90	562.20	793.20
	化肥费	1433.55	1553.85	1652.10	1918.65	2774.40	1925.25	2393.10	2811.60	2672.85
	农家肥费	46.80	90.75	76.65	63.60	73.50	79.20	72.60	99.45	273.90
	农药费	437.70	485.25	414.30	672.30	731.85	638.25	783.00	735.60	938.70
	租赁作业费	1062.30	1018.95	1280.25	1391.70	1458.60	2150.10	1756.65	2070.15	2107.50
	技术服务费	2.10	－	1.95	－	－	0.45	－	－	－
	工具材料费	18.60	10.65	19.50	14.70	51.90	39.60	64.80	68.85	74.55
	修理维护费	40.80	37.50	－	－	2.40	5.10	4.65	14.55	－

注：租赁作业费包括机械作业费、排灌费、畜力费。上述项目费用加总不等于上表中的直接费用总和时，是因为还包括一些其他直接费用没有被统计在内。

数据来源：2005～2013年《全国农产品成本收益资料汇编》。

在河南省粳稻的直接费用构成中，化肥费最高，租赁作业费、农药费、种子费、农家肥费依次减少，而修理维护费、工具材料费、技术服务费较低。从表4－11中看出，2004～2012年，上述费用呈现不平衡增长态势，每公顷粳稻的租赁作业、种子、农药、化肥、农家肥、工具材料等费用的增长率较高，而每公顷粳稻技术服务费、修理维护费则增长幅度较小甚至负增长。由此使得粳稻直接费用中的各费用发生了消长变化，但各费用占比位次基本维持2004年的状况。近年来，河南省粳稻直接费用中呈现化肥费用占比减少，而农家肥费用占比增加的格局，这有利于农地投入结构的改善。而农药费水平及增长率居高反映出存在过量施用农药的现象及环境污染损害日趋严重，由此引发的农地质量下降的问题不容忽视。

从表4－12中看出，在湖南省的中籼稻直接费用构成中，租赁作业费最高，化肥费、农药费、种子费依次减少，而修理维护费、工具材料费、农膜费较低。2004～2012年，湖南省每公顷中籼稻的燃料动力费超高速增长，但由于初期水平较低，仅从2004年的每公顷1.65元增加至2012年的51.30元，每公顷中籼稻的种子、化肥、农药、租赁作业费，及工具材料等费用增长速度较快，而每公顷中籼稻的农家肥、修理维护等费用则为负增长。2012年，湖南省中籼稻的租赁作业费、化肥费、农药费、种子费、燃料动力费、工具材料费、修理维护费在直接费用中的占比分别为46.05%、26.96%、14.10%、10.15%、0.81%、0.79%、0.17%。

表4－12　中籼稻的直接费用比较

单位：元/公顷

项目＼年份		2004	2005	2006	2007	2008	2009	2010	2011	2012
湖南	种子费	336.75	385.05	397.80	426.00	417.30	365.25	501.45	589.80	643.05
	化肥费	861.90	1532.25	1148.85	1219.80	1677.30	1418.25	1279.95	1511.25	1708.20
	农家肥费	88.35	70.05	71.10	35.70	107.10	154.65	92.85	77.40	60.90
	农药费	499.95	493.20	664.95	529.05	666.90	679.95	670.50	744.00	893.40
	农膜费	2.40	0.30	–	–	–	0.45	–	–	–
	租赁作业费	969.75	1034.25	1334.70	1554.00	2212.65	2341.80	2368.35	2678.55	2917.50
	燃料动力费	1.65	–	0.90	–	35.10	28.20	33.15	80.85	51.30
	工具材料费	18.30	19.50	25.95	23.70	52.05	47.40	47.55	53.55	50.10
	修理维护费	12.75	21.30	16.35	17.70	30.00	12.75	15.60	14.55	10.80

续表

项目\年份		2004	2005	2006	2007	2008	2009	2010	2011	2012
河南	种子费	289.80	291.00	320.10	365.10	418.05	426.60	546.30	673.65	665.85
	化肥费	536.40	702.00	785.10	808.50	950.25	964.20	1044.60	1220.25	1308.30
	农家肥费	48.30	22.35	40.35	12.45	28.80	24.90	25.95	57.00	9.30
	农药费	117.30	147.90	164.10	121.95	214.35	188.25	169.65	125.40	179.85
	农膜费	65.70	56.70	44.70	44.55	56.25	62.55	95.25	102.45	124.80
	租赁作业费	1056.30	1134.15	1428.00	1491.30	1844.55	2221.50	2214.45	2593.05	2673.75
	工具材料费	21.15	17.10	37.65	15.00	51.45	55.80	61.35	57.90	60.15
	修理维护费	0.90	4.50	0.30	–	–	–	–	–	–

数据来源：2005～2013年《全国农产品成本收益资料汇编》。

从表4-12中看出，在河南省中籼稻直接费用构成中，租赁作业费最高，化肥费、种子费、农药费、农膜费、农家肥费依次减少，而修理维护费、工具材料费较低。2004～2012年，除农家肥费用占比负增长外，河南省中籼稻的其他各费用均有较快增长。2012年，河南省中籼稻的租赁作业费、化肥费、种子费、农药费、农膜费、工具材料费、农家肥费在直接费用中的占比分别为53.24%、26.05%、13.26%、3.58%、2.49%、1.20%、0.19%。

从表4-13中看出，在湖南省早籼稻、中籼稻、晚籼稻直接费用构成中，租赁作业费水平较高且增速较快，化肥费次之，而后是种子费、农家肥费、燃料动力费、工具材料费及修理维护费。比较而言，早籼稻各费用构成项的水平偏低且增速较慢，而中籼稻各费用构成项的初期水平较高，晚籼稻各费用构成项的增长速度较快，由此使得2012年每公顷早籼稻、中籼稻、晚籼稻的物质与服务直接费用总体呈现早籼稻、中籼稻、晚籼稻由低到高的格局。

表4-13　湖南省早籼稻、中籼稻、晚籼稻直接费用比较

单位：元/公顷

项目\年份		2004	2005	2006	2007	2008	2009	2010	2011	2012
种子费	早籼稻	194.85	249.15	260.25	270.15	329.40	381.90	422.55	487.50	515.70
	中籼稻	336.75	385.05	397.80	426.00	417.30	365.25	501.50	589.80	643.05
	晚籼稻	202.65	265.50	308.85	329.85	371.40	428.10	517.65	584.10	786.90
化肥费	早籼稻	646.65	1050.45	1088.55	1098.60	1529.55	1419.30	1323.00	1387.65	1546.80
	中籼稻	861.90	1532.25	1148.85	1219.80	1677.30	1418.25	1279.95	1511.25	1708.20
	晚籼稻	830.10	1059.30	1091.55	1113.90	1597.65	1357.65	1309.05	1488.45	1605.90

续表

项目\年份		2004	2005	2006	2007	2008	2009	2010	2011	2012
农家肥费	早籼稻	154.95	147.90	99.45	97.35	104.10	114.90	94.20	46.35	49.80
	中籼稻	88.35	70.05	71.10	35.70	107.10	154.65	92.85	77.40	60.90
	晚籼稻	80.10	78.30	83.40	62.10	54.45	74.25	60.00	39.30	40.80
农膜费	早籼稻	52.35	84.15	82.20	81.45	70.65	68.25	50.70	56.70	53.40
	中籼稻	2.40	0.30	–	–	–	0.45	–	–	–
	晚籼稻	–	–	–	–	–	–	–	–	–
租赁作业费	早籼稻	937.35	1084.65	1324.35	1725.90	2005.35	2014.80	2236.35	2602.95	2805.15
	中籼稻	969.75	1034.25	1334.70	1554.00	2212.65	2341.80	2368.35	2678.55	2917.50
	晚籼稻	864.30	1204.50	1323.90	1638.15	1860.75	1964.70	2154.00	2530.35	2743.05
燃料动力费	早籼稻	42.30	31.35	39.00	23.40	55.80	34.35	42.75	53.55	67.05
	中籼稻	1.65	–	0.90	–	35.10	28.20	33.15	80.85	51.30
	晚籼稻	35.40	29.40	22.80	20.85	31.50	31.50	47.85	45.30	70.05
技术服务费	早籼稻	2.85	2.25	1.50	0.75	0.00	0.75	0.60	0.75	0.00
	中籼稻	–	–	–	–	–	–	–	–	–
	晚籼稻	–	–	–	–	–	–	–	–	–
工具材料费	早籼稻	60.60	56.25	59.85	58.95	54.60	68.70	70.50	74.70	83.40
	中籼稻	18.30	19.50	25.95	23.70	52.05	47.40	47.55	53.55	50.10
	晚籼稻	56.85	43.20	42.90	40.20	44.25	52.50	53.55	63.15	73.80
修理维护费	早籼稻	41.40	46.95	47.40	39.30	40.35	39.30	36.90	35.40	36.90
	中籼稻	12.75	21.30	16.35	17.70	30.00	12.75	15.60	14.55	10.80
	晚籼稻	42.75	30.00	27.60	31.65	30.60	28.05	41.55	37.50	33.45
直接费用	早籼稻	2445.45	3110.55	3481.35	3886.50	4812.45	4691.40	4876.50	5322.45	5864.55
	中籼稻	2793.60	3558.60	3673.20	3805.95	5198.40	5048.70	5009.40	5749.95	6335.25
	晚籼稻	2585.85	3341.10	3614.25	3975.90	4862.70	4779.45	5004.75	5705.10	6391.65

数据来源：2005～2013年《全国农产品成本收益资料汇编》。

2. 人工投入

从表4-14来看，湖南省早籼稻、中籼稻、晚籼稻单位面积上的人工成本存在差异。早籼稻单位面积上的人工成本一度低于中籼稻、晚籼稻单位面积上的人工成本，经过2004～2012年的非均衡增长，这一格局转变为中籼稻单位面积上的人工成本居首，晚籼稻单位面积上的人工成本其次，早籼稻单位面积上的人工投入最少。从人工成本构成的变化来看，在早籼稻、中籼稻、晚籼稻人工成本的构成中，家庭用工折价占比均徘徊于70%～95%，家庭用工成本始终为人工成本构成中的绝对主体。比较而言，中籼稻家庭用工折价占比提升较快，由2004年的86.57%增加至2012年的93.57%，自雇经营性质的家庭用工投入模式得以强化。

表 4 – 14　稻谷的人工投入及其构成

单位：元/公顷

项目		年份	2004	2005	2006	2007	2008	2009	2010	2011	2012
湖南	早籼稻	C	2508.60	2716.35	2728.20	2670.00	2902.20	3016.65	3203.25	4127.40	5030.40
		C_1	2196.75	2304.15	2377.80	2344.95	2400.90	2462.70	2791.65	3433.80	4431.90
		C_2	311.85	412.20	350.40	325.05	501.30	553.95	411.60	693.60	598.50
	中籼稻	C	2207.70	2474.70	2740.05	2703.00	3010.95	3481.65	3956.25	4750.50	6222.15
		C_1	1911.15	2189.40	2304.30	2120.55	2300.40	2718.15	3447.00	4459.80	5822.10
		C_2	296.55	285.30	435.75	582.45	710.55	763.50	509.25	290.70	400.05
	晚籼稻	C	2295.15	2397.45	2508.00	2389.50	2801.30	3023.40	3529.65	4152.75	5150.70
		C_1	2044.80	2187.15	2134.50	2168.25	2206.25	2368.20	2615.10	3349.80	4593.15
		C_2	250.35	210.30	373.50	221.25	595.05	655.20	914.55	802.95	557.55
黑龙江	粳稻	C	1889.40	2105.55	2073.15	2272.95	2655.15	2955.90	3033.90	3628.80	4763.25
		C_1	1134.30	1126.80	1087.50	1144.50	1305.75	1362.60	1194.00	1451.40	1969.80
		C_2	755.10	978.75	985.65	1128.45	1349.40	1593.30	1839.90	2177.40	2793.45
河南	中籼稻	C	1892.70	1696.05	2347.35	2309.25	2479.95	2516.85	4404.00	4115.70	5045.25
		C_1	1717.95	1696.05	1858.20	1621.35	1804.65	2104.80	3249.45	2986.20	3868.20
		C_2	174.75	–	489.15	687.90	675.30	412.05	1154.55	1129.50	1177.05
	粳稻	C	2218.95	2802.90	3169.20	3812.70	4204.05	4402.35	7234.35	7909.20	10912.65
		C_1	2108.40	2547.45	2722.65	3287.40	3411.75	3337.65	4689.90	6061.80	9189.60
		C_2	110.55	255.45	446.55	525.30	792.30	1064.70	2544.45	1847.40	1723.05

注：C 表示人工成本，C_1 表示家庭用工折价，C_2 表示雇工费用，$C = C_1 + C_2$。

数据来源：2005 ~ 2013 年《全国农产品成本收益资料汇编》。

2004 ~ 2012 年，黑龙江省粳稻单位面积上人工投入的增长率高达 152.10%，至 2012 年每公顷的人工投入增至 4763.25 元。在每公顷粳稻的人工成本构成中，家庭用工折价由 1134.30 元到 1969.80 元，雇工费用由 755.10 元到 2793.45 元，增长率分别为 73.66%、269.94%，雇工费用占比反超家庭用工折价成本占比。较黑龙江省而言，河南省每公顷中籼稻与粳稻的人工投入水平较高，分别由 2004 年的 1892.70 元、2218.95 元增加至 2012 年的 5045.25 元、10912.65 元，增长率分别为 166.56%、391.79%。从内部构成来看，河南省中籼稻与粳稻的人工投入中的家庭用工折价占比较高，其间雇工费用的增长速度远超家庭用工折价的增长速度，使得雇工费用占比相应提升，并由此成为人工成本上升的重要推手。

（三）土地投入

从表 4-15 来看，稻作经营中土地成本的水平及结构变化存在地域差异性。湖南省早籼稻、中籼稻、晚籼稻的土地成本水平及增长情况各异。2004 年中籼稻土地成本水平高于早籼稻与晚籼稻；2004~2012 年，三者的土地成本增长率趋近，至 2012 年中籼稻土地成本水平仍然居高。从早籼稻、中籼稻、晚籼稻的土地成本构成来看，2004~2012 年，早籼稻土地成本中流转地成本与自营地折价几乎同步增长，自营地折价占比始终在 90% 以上；中籼稻土地成本中流转地成本与自营地折价波动变化幅度较大，致使二者在土地成本中的占比呈现一定的波动变化趋势；晚籼稻土地成本中的流转地成本与自营地折价非同步增长，增长速度分别为 163.41%、251.54%，致使自营地折价在土地成本构成中的占比有所增加。

表 4-15　稻谷的土地成本及其构成

单位：元/公顷

			2004	2005	2006	2007	2008	2009	2010	2011	2012
湖南	早籼稻	R	488.40	476.10	520.95	564.00	943.50	1181.70	1354.95	1477.35	1695.15
		R_1	44.10	29.55	25.50	29.55	59.10	72.75	97.95	119.10	151.20
		R_2	444.30	446.55	495.45	534.45	884.40	1108.95	1257.00	1358.25	1543.95
	中籼稻	R	780.60	959.70	652.35	706.50	1244.10	1346.85	2271.45	2543.10	2635.05
		R_1	32.10	24.45	12.15	15.00	28.80	54.00	139.20	210.75	283.95
		R_2	748.50	935.25	640.20	691.50	1215.30	1292.85	2132.25	2332.35	2351.10
	晚籼稻	R	518.10	519.00	529.95	613.20	1009.05	1324.20	1444.95	1594.20	1772.55
		R_1	55.35	35.55	23.70	30.60	71.25	85.50	90.15	109.50	145.80
		R_2	462.75	483.45	506.25	582.60	937.80	1238.70	1354.80	1484.70	1626.75
黑龙江	粳稻	R	1388.25	1695.60	2949.15	3121.05	3871.35	4216.35	4589.70	5447.70	5851.50
		R_1	480.60	759.60	1301.10	1392.90	1745.40	1937.70	2660.70	3177.90	3233.25
		R_2	907.65	936.00	1648.05	1728.15	2125.95	2278.65	1929.00	2269.80	2618.25
河南	中籼稻	R	470.85	703.05	809.85	1055.40	1330.50	2161.05	2121.45	2131.05	2434.80
		R_1	84.00	—	—	65.25	130.35	42.90	52.35	27.45	372.90
		R_2	386.85	703.05	809.85	990.15	1200.15	2118.15	2069.10	2103.60	2061.90
	粳稻	R	524.40	1144.50	789.15	1734.75	1858.95	1806.75	1842.00	2399.55	2655.30
		R_1	101.85	37.65	4.50	12.90	16.05	—	50.85	10.50	283.95
		R_2	422.55	1106.85	784.65	1721.85	1842.90	1806.75	1791.15	2389.05	2371.35

注：R 表示土地成本，R_1 表示流转地成本，R_2 表示自营地折价，$R = R_1 + R_2$。

数据来源：2005~2013 年《全国农产品成本收益资料汇编》。

从表 4 - 15 来看，河南省中籼稻与粳稻的土地成本及其增长变化同样存在差异性。2004 年，每公顷中籼稻与粳稻土地成本分别为 470.85 元、524.40 元；2004 ~ 2012 年，二者土地成本的增长率分别为 417.11%、406.35%，至 2012 年，每公顷中籼稻与粳稻的土地成本分别攀升至 2434.80 元、2655.30 元。从土地成本构成来看，河南省中籼稻与粳稻自营地折价占比均居高，始终处于 80% 以上。比较而言，黑龙江省粳稻生产经营中的初期土地成本较高且增速较快，2004 ~ 2012 年净增长 321.50%，至 2012 年达到每公顷 5851.50 元，显著高于湖南省及河南省的土地成本水平。在黑龙江粳稻土地成本的内部构成中，流转地成本水平居高且上涨迅速，流转地成本的占比从 2004 年的 34.62% 增加至 2012 年的 55.26%，成为超自营地折价且影响土地成本水平的重要因素。

二、小麦主产区

（一）播种面积

从表 4 - 16 来看，小麦播种面积存在地域差异性，且动态变化趋势明显。早在 1978 年，河南、山东、河北、内蒙古、江苏、安徽、四川、湖北等省份的小麦播种面积均在 100 万公顷以上，而辽宁、吉林、江西、湖南等省份的小麦播种面积则在 100 万公顷之下。经过 1978 ~ 2012 年的非均衡增长变化，各省区的小麦播种面积及相应的排名位次发生了变化。其中，河南省、山东省小麦播种面积的增长率分别为 38.70%、- 2.37%，至 2012 年分别为 534.00 万公顷、362.59 万公顷，在 2004 年、2012 年的排名分别为第 1 位、第 2 位，位次未变；安徽省小麦播种面积的增长率为 39.00%，至 2012 年增至 2415.50 万公顷，由此排名从 2004 年的第 4 位升至 2012 年的第 3 位；河北小麦播种面积的增长率为 - 15.58%，其小麦播种面积减少至 2012 年的 241.00 万公顷，从 2004 年的第 3 位落至 2012 年的第 4 位；江苏省小麦播种面积增长 50.95%，在 2004 年、2012 年均排名第 5 位，位次未变。与此同时，就播种面积而言，江苏、四川、湖北、内蒙古、黑龙江、湖南、吉林等省份位次虽然不变，但其小麦播种面积均有不同程度的下降，降幅分别为 50.95%、39.51%、5.06%、43.87%、89.26%、88.52%、98.52%；辽宁省、江西省的位次互换，小麦播种面积有大幅度下降，降幅分别为 89.96%、90.18%。小麦播种面积总体呈现增长省份少而减少省份多、增幅偏小而降幅偏大的格局,实现播种面积稳定增长的目标存在难题。

表4-16 小麦主产区小麦播种面积及位次变化状况

单位:万公顷,位次

年份	河南	黑龙江	山东	辽宁	河北	内蒙古	吉林
1978	385.00	195.69	371.41	6.77	285.48	108.60	21.73
1979	388.82	185.93	372.12	5.03	284.40	95.20	16.84
1980	392.69	210.52	366.85	4.09	276.02	95.73	13.75
1981	399.00	219.03	350.99	3.46	251.77	90.30	12.37
1982	412.00	190.43	334.32	2.95	224.31	87.80	10.51
1983	431.93	209.63	358.70	2.13	234.59	91.13	8.07
1984	445.63	198.02	380.27	1.52	237.35	93.23	8.10
1985	456.78	203.80	395.21	1.18	235.19	92.70	7.11
1986	463.83	196.91	421.79	2.05	249.24	93.71	4.97
1987	468.75	158.70	400.44	2.72	235.02	92.11	3.74
1988	467.46	123.90	405.19	3.44	242.13	97.42	3.33
1989	473.34	168.20	399.15	5.51	245.31	100.81	5.04
1990	478.27	178.11	414.72	11.45	250.84	115.40	6.03
1991	479.67	173.70	419.75	14.72	252.80	119.23	7.14
1992	471.32	161.50	412.97	16.57	254.18	133.40	8.09
1993	484.00	133.70	415.60	18.31	252.55	118.90	11.36
1994	481.75	119.85	404.90	16.24	245.55	103.44	10.09
1995	481.40	111.63	401.09	17.13	250.07	101.70	8.04
1996	486.82	123.70	403.16	17.79	259.12	109.45	7.66
1997	492.73	107.44	403.76	16.79	272.07	116.50	6.35
1998	496.40	96.14	398.20	15.02	276.40	109.30	7.45
1999	488.46	95.34	400.68	15.30	272.99	93.80	6.75
2000	492.23	59.02	374.82	11.76	267.88	61.71	7.73
2001	480.16	38.30	354.58	8.61	257.98	51.62	5.38
2002	485.57	24.50	339.75	4.72	244.96	46.50	2.30
2003	485.60	21.40	310.51	2.01	219.29	31.80	2.21
2004	485.60	24.70	296.82	1.99	216.15	41.90	1.14
2004 年位次	1	9	2	11	3	8	13
2005	496.27	25.90	327.87	2.14	237.71	46.10	0.95
2006	520.84	24.90	355.65	0.80	250.45	48.36	0.11
2007	521.33	23.30	351.91	1.24	241.24	56.78	0.54
2008	526.00	26.60	352.52	1.03	241.61	45.22	0.57
2009	526.33	33.70	354.52	0.88	239.45	52.82	0.41
2010	528.00	37.80	356.19	0.75	242.03	56.62	0.36
2011	532.33	29.78	359.35	0.69	239.61	56.79	0.32
2012	534.00	21.01	362.59	0.68	241.00	60.96	0.32
2012 年位次	1	9	2	12	4	8	13

续表

年份	江苏	安徽	江西	湖北	湖南	四川
1978	141.28	173.78	12.12	112.23	30.76	204.03
1979	149.63	195.03	13.61	125.47	26.70	228.55
1980	154.95	191.61	12.13	129.23	22.16	216.49
1981	169.89	190.51	11.63	127.39	21.93	227.27
1982	186.69	196.79	10.40	134.18	21.61	227.31
1983	201.41	202.54	9.84	137.51	21.10	225.04
1984	223.56	206.43	9.87	138.45	20.81	219.29
1985	217.04	195.50	9.42	133.14	18.58	200.00
1986	226.59	195.43	8.68	130.56	17.69	199.54
1987	221.82	198.62	8.37	134.87	17.45	201.45
1988	224.71	201.65	8.01	133.07	17.63	207.67
1989	235.35	203.42	7.82	134.13	19.99	214.93
1990	239.92	207.43	7.49	135.21	20.13	222.12
1991	236.49	206.33	7.19	134.75	22.28	228.07
1992	236.63	196.53	7.25	128.79	21.50	229.61
1993	228.17	208.49	7.40	127.13	17.70	233.81
1994	211.43	201.66	7.33	122.56	17.83	230.95
1995	215.04	199.27	6.00	118.00	16.87	233.20
1996	221.63	206.58	7.23	123.01	17.04	236.49
1997	234.14	213.76	7.35	127.67	16.31	182.45
1998	231.50	209.58	6.33	121.21	14.46	186.50
1999	225.17	205.71	6.15	107.47	12.97	181.83
2000	195.46	193.12	5.14	84.53	11.86	160.50
2001	171.28	196.12	3.83	73.60	11.00	150.30
2002	171.59	183.54	2.85	67.90	9.98	145.69
2003	162.05	177.68	2.06	60.34	8.63	131.87
2004	160.12	183.96	1.91	60.51	7.62	125.57
2004 年位次	5	4	12	7	10	6
2005	168.44	198.95	1.59	73.06	6.57	126.23
2006	191.27	230.78	1.24	101.69	1.35	128.72
2007	203.91	233.03	1.12	109.63	1.36	131.68
2008	207.31	234.67	1.02	100.06	1.36	128.65
2009	207.76	235.53	0.99	99.34	2.84	127.75
2010	209.31	236.57	1.04	100.01	3.92	126.57
2011	211.24	238.30	1.09	101.36	4.04	125.93
2012	213.26	241.55	1.19	106.55	3.53	123.41
2012 年位次	5	3	11	7	10	6

数据来源：1979～2013 年《中国统计年鉴》。

（二）生产性投入

以 2004 年和 2012 年小麦播种面积排名第 1 位与第 9 位的河南与黑龙江为例，二者小麦单位面积上的生产性投入水平、结构及其增长变化的区域差异性极为明显（见表 4 - 17）。2004～2012 年，黑龙江省小麦单位面积上的生产性投入增长 116.47%，由每公顷 2332.80 元增长至每公顷 5049.90 元，其中，物质与服务费用在生产性投入中的占比由 82.04% 波动增加至 85.70%，而人工成本在生产性投入中的占比则相应下降。其间，物质与服务费用中的种子费、化肥费、农药费、租赁作业费、工具材料费以及雇工费用均有不同程度的增加，推动了小麦生产性投入的增加，并在一定程度上形成并强化了物质投入替代人工投入、雇佣劳动替代家庭劳动的格局。

表 4 - 17　小麦生产性投入结构及其变化趋势

单位：元/公顷

项目	年份	2004	2005	2006	2007	2008	2009	2010	2011	2012
黑龙江	物质与服务费用	1913.85	2204.10	2179.05	2571.45	3293.85	3217.20	3841.50	4140.75	4327.65
	直接费用	1775.85	2063.85	2027.85	2269.65	2890.50	2892.60	3072.60	3369.30	3532.35
	种子费	461.70	659.40	611.70	805.20	815.40	974.40	1272.00	1291.35	1190.70
	化肥费	643.50	721.35	689.40	691.80	1061.25	871.05	726.75	936.00	1016.55
	农药费	34.80	38.25	32.10	47.55	135.45	64.65	64.35	52.95	134.55
	租赁作业费	566.25	580.50	649.50	718.65	878.40	930.30	985.35	1055.70	1155.30
	工具材料费	16.80	13.50	23.40	3.75	–	52.20	24.15	33.30	35.25
	修理维修费	19.80	14.70	21.75	2.70	–	–	–	–	–
	人工成本	418.95	445.50	696.30	809.10	559.95	604.95	641.55	771.60	722.25
	家庭用工折价	269.25	314.40	339.75	244.05	32.40	26.10	–	–	–
	雇工费用	149.70	131.10	356.55	565.05	527.55	578.85	641.55	771.60	722.25
	用工数量	149.70	131.10	356.55	565.05	527.55	578.85	641.55	771.60	722.25
	家庭用工天数	26.70	25.20	31.95	29.40	14.70	11.10	7.65	7.35	6.15
	雇工天数	19.65	20.55	20.10	13.05	1.50	1.05	–	–	–
河南	物质与服务费用	2504.85	3084.90	3244.35	3343.50	3860.10	4670.70	4539.90	4942.50	5746.20
	直接费用	2250.60	3066.45	3228.90	3324.15	3847.35	4661.40	4524.30	4928.85	5738.55
	种子费	357.30	425.40	439.05	440.25	494.85	509.25	580.75	629.85	760.20
	化肥费	661.80	1308.00	1397.10	1399.35	1611.75	2246.85	1970.10	2139.60	2568.30
	农家肥费	108.45	77.85	70.35	50.85	56.55	68.70	85.65	73.80	138.00
	农药费	133.50	142.80	129.15	146.10	156.90	184.20	226.05	230.25	296.55

续表

项目 \ 年份		2004	2005	2006	2007	2008	2009	2010	2011	2012
河南	租赁作业费	960.30	1080.45	1166.10	1259.85	1495.65	1622.70	1603.05	1803.75	1916.55
	工具材料费	23.55	28.50	25.50	23.40	31.50	29.10	33.60	36.75	46.35
	修理维修费	5.25	0.45	–	–	0.15	–	25.50	14.85	12.60
	人工成本	1329.60	1574.40	1404.15	1410.45	1672.20	1866.30	2368.80	3198.45	4112.25
	家庭用工折价	1329.60	1574.40	1368.90	1371.60	1662.15	1864.05	2264.85	3187.80	4084.05
	雇工费用	–	–	35.25	38.85	10.05	2.25	103.95	10.65	28.20
	用工数量	97.05	102.90	82.80	75.15	77.25	75.30	75.00	79.95	73.50
	家庭用工天数	97.05	102.90	81.00	73.35	76.95	75.15	72.30	79.65	72.90
	雇工天数	–	–	1.80	1.80	0.30	0.15	2.70	0.30	0.60

数据来源：2005～2013年《全国农产品成本收益资料汇编》。

比较而言，河南省小麦单位面积上的生产性投入较高，并且增长速度较快。2004～2012年，河南省小麦单位面积上的生产性投入的增长率为157.10%，由每公顷3834.45元增长至每公顷9858.45元，其中，物质与服务费用在生产性投入中的占比由65.32%波动减少至58.29%，而人工成本在生产性投入中的占比则有相应增加。在生产性投入构成中，种子费、化肥费、农家肥费、农药费、租赁作业费、工具材料费、修理维修费、家庭用工折价等费用均有不同程度的增长，而其中化肥费与家庭用工折价的增长尤为突出；物质与服务费用的增加并未形成对人工成本的有效替代，反而使生产性投入步入物质与服务费用与人工成本双升、生产性投入快速增长的轨道，在销售价格既定的情形下严重挤压了小麦生产的利润空间，加速了小麦的农地边际化进程。

（三）土地投入

随着生产性投入的快速增长，小麦单位面积上的土地成本也有较快上涨（见表4－18）。2004～2012年，黑龙江省小麦单位面积上的土地成本投入增长114.85%，由每公顷1321.88元增长至每公顷2877.90元，其中，流转地租金在土地成本中的占比快速上升，由2004年的28.18%递增至2008年的100%，此后这一比值不变，由此流转地租金成为农户小麦单位面积土地成本的决定性因素。

同期，河南省小麦单位面积土地成本快速上涨，增幅高达289.26%，由每公顷606.15元递增至每公顷2359.50元。其中，自营地折价在土地成本中的占比较高，由2004年的87.73%波动增长为2012年的89.76%。小麦生产以自营地构成为主，其机会成本业已成为土地成本的决定性因素。

表 4-18　小麦土地成本及其变化趋势

单位：元/公顷

项目	年份	2004	2005	2006	2007	2008	2009	2010	2011	2012
黑龙江	土地成本	1321.80	1290.45	1339.50	1395.15	1692.15	2250.00	2279.25	2788.05	2877.90
	流转地租金	372.45	537.60	565.20	1239.60	1692.15	2250.00	2279.25	2788.05	2877.90
	自营地折价	949.35	752.85	774.30	155.55	0.00	0.00	0.00	0.00	0.00
河南	土地成本	606.15	922.80	894.90	1311.90	1425.75	1978.50	2507.85	2144.25	2359.50
	流转地租金	74.40	-	7.05	44.40	61.20	6.75	117.15	24.45	241.65
	自营地折价	531.75	922.80	887.85	1267.50	1364.55	1971.75	2390.70	2119.80	2117.85

数据来源：2005~2013 年《全国农产品成本收益资料汇编》。

三、玉米主产区

(一) 播种面积

从表 4-19 来看，当前玉米播种面积由大到小排名前五位的省份为黑龙江、吉林、河南、河北、山东。1978~2012 年，黑龙江、吉林、河南、河北、山东玉米播种面积快速增长，增幅分别为 160.00%、74.49%、84.09%、36.35%、41.39%，排名位次从 2004 年分别为第5、第1、第4、第2、第3 位转变为第1、第2、第3、第4、第5 名。至 2012 年，上述五省份玉米播种面积均超过了 300 万公顷，黑龙江的则高达 519.06 万公顷。内蒙古、辽宁、四川、安徽、湖北、江苏、湖南、江西等省份玉米播种面积排名位次介于第6 名至第13 名，1978~2012 年，除江苏、四川的玉米播种面积为负增长 (-5.87%、-12.48%) 外，其他省份的玉米播种面积均有程度不等的增长，其中内蒙古、安徽省玉米播种面积的增长幅度高达 324.21%、253.16%，增长势头强劲。我国玉米主产区玉米播种面积总体呈现增加的省份较多而减少省份较少，且增幅偏大而降幅较低的格局。

表 4-19　玉米主产区玉米播种面积及位次变化状况

单位：万公顷，位次

年份	黑龙江	河南	山东	辽宁	河北	内蒙古	吉林
1978	199.64	168.40	213.46	134.07	223.62	66.80	188.22
1979	196.10	169.77	213.62	139.17	230.64	67.01	159.56
1980	188.40	168.01	214.27	141.62	234.09	65.30	168.19
1981	157.70	169.67	220.07	126.78	228.54	59.20	155.13

续表

年份	黑龙江	河南	山东	辽宁	河北	内蒙古	吉林
1982	136.34	159.84	216.72	115.55	207.33	50.50	160.55
1983	164.20	176.87	219.15	121.99	200.16	49.40	171.49
1984	192.01	152.13	207.02	123.08	181.65	46.40	185.48
1985	157.70	166.37	208.75	119.80	174.95	43.40	167.96
1986	168.90	188.55	224.38	125.85	189.96	54.80	198.99
1987	197.60	193.67	231.45	134.11	198.33	66.01	212.22
1988	182.80	183.36	232.37	131.80	194.46	66.90	198.73
1989	190.40	203.52	239.81	131.32	199.52	69.60	198.31
1990	216.90	217.69	240.52	136.57	204.08	77.40	221.91
1991	223.01	208.76	240.26	137.24	205.57	81.20	228.01
1992	216.60	196.43	234.59	138.41	198.69	77.50	223.40
1993	177.70	195.70	243.98	141.62	212.87	76.24	203.90
1994	196.42	187.15	245.46	146.46	210.37	83.70	210.01
1995	241.12	195.75	269.48	151.75	229.08	99.21	234.41
1996	266.60	215.02	282.67	157.67	252.49	111.61	248.13
1997	254.50	195.24	262.68	157.34	242.59	127.93	245.42
1998	248.72	215.27	278.19	163.80	258.10	147.10	242.13
1999	265.20	219.37	276.82	167.78	266.38	157.20	237.55
2000	180.13	220.13	241.39	142.25	247.86	129.82	219.73
2001	213.27	220.00	250.52	136.63	254.34	151.90	260.95
2002	223.70	231.99	253.01	139.51	257.74	156.22	257.95
2003	205.38	242.00	240.59	140.14	248.88	159.12	262.72
2004	217.95	242.00	245.51	183.59	263.06	167.60	290.15
2004 年位次	5	4	3	6	2	7	1
2005	273.00	250.83	273.14	207.67	267.74	180.60	277.52
2006	330.51	275.16	284.44	198.31	279.99	191.55	288.07
2007	388.40	277.92	285.42	199.86	286.26	201.25	285.37
2008	364.70	282.00	287.42	188.49	284.11	234.00	292.25
2009	485.40	289.54	291.73	196.41	295.05	245.12	295.72
2010	523.20	294.60	295.53	209.30	300.86	248.60	304.67
2011	458.74	302.50	299.59	213.46	303.58	266.96	313.42
2012	519.06	310.00	301.81	220.67	304.91	283.37	328.43
2012 年位次	1	3	5	7	4	6	2

续表

年份	江苏	安徽	江西	湖北	湖南	四川
1978	44.50	23.29	1.04	40.31	14.57	156.67
1979	41.00	19.83	0.88	41.22	15.65	164.61
1980	38.62	16.39	0.79	40.69	14.79	160.07
1981	44.49	14.91	0.70	41.57	13.22	178.97
1982	48.33	12.27	0.71	42.81	11.97	180.08
1983	45.71	13.16	0.69	41.77	11.55	171.60
1984	43.08	17.48	0.79	41.10	11.65	166.67
1985	65.96	22.39	0.71	37.42	10.18	158.33
1986	48.29	24.61	0.85	38.23	10.37	161.81
1987	49.55	29.06	0.77	39.40	11.27	164.95
1988	47.49	28.84	0.69	38.43	11.16	165.39
1989	50.12	33.37	0.81	38.93	11.55	166.27
1990	46.10	41.49	1.19	38.61	12.18	171.15
1991	42.65	42.86	3.22	39.53	13.87	174.93
1992	42.12	43.60	2.78	37.62	14.05	172.26
1993	47.24	46.23	1.87	36.60	12.68	170.56
1994	45.90	49.03	1.44	37.43	13.24	171.06
1995	46.20	55.24	4.11	39.40	13.79	171.58
1996	46.78	61.72	4.02	40.51	16.33	176.21
1997	43.90	51.22	3.10	40.03	17.18	129.04
1998	47.35	57.03	3.27	44.28	22.18	136.50
1999	45.43	58.85	2.73	46.08	28.01	135.92
2000	42.32	48.66	2.53	42.41	27.85	123.55
2001	42.98	58.93	1.99	40.11	26.98	120.10
2002	43.65	61.18	1.68	39.08	27.29	120.79
2003	45.19	64.35	1.75	34.98	28.98	116.13
2004	38.91	59.16	1.44	35.75	27.65	117.26
2004 年位次	10	9	13	11	12	8
2005	37.02	59.51	1.65	42.88	28.22	119.66
2006	37.87	62.32	1.48	43.19	19.61	129.17
2007	39.12	71.04	1.55	43.63	22.02	133.05
2008	39.85	70.51	1.56	47.04	24.13	132.38
2009	39.98	73.08	1.61	50.73	28.20	133.44
2010	40.37	76.11	1.82	53.14	29.30	135.54
2011	41.43	81.88	2.57	54.97	32.71	136.31
2012	41.89	82.25	2.81	59.33	34.20	137.11
2012 年位次	11	9	13	10	12	8

数据来源: 1979~2013 年《中国统计年鉴》。

（二）生产性投入

同样以黑龙江省与河南省为例，其玉米单位面积上生产性投入的水平、结构及其增长变化存在区域差异性（见表4－20和表4－21）。2004～2012年，黑龙江省玉米单位面积上生产性投入的增长率为128.32%，由每公顷2935.65元增长至每公顷7642.5元，其中，物质与服务费用在生产性投入中的占比由66.59%递减至62.53%，而人工成本在生产性投入中的占比则相应增加。其间，物质与服务费用中的种子费、化肥费、农药费、租赁作业费、工具材料费，以及人工成本中的家庭用工折价及雇工费用，均有不同程度的增加，而物质与服务费用中的农家肥费、技术服务费大幅度降低，在一定程度上缓解了生产性投入的过快上涨。

表4－20 黑龙江省玉米生产性投入结构及其变化趋势

单位：元/公顷

项 目 ＼ 年份	2004	2005	2006	2007	2008	2009	2010	2011	2012
物质与服务费用	1954.80	2190.15	2206.65	2338.20	3096.45	3036.15	3424.35	4000.35	4779.15
直接费用	1754.10	2011.50	2076.75	2206.65	2977.65	2920.65	3274.05	3830.40	4577.10
种子费	227.70	223.65	255.75	333.75	329.55	371.70	556.35	685.50	845.85
化肥费	818.55	961.20	977.70	991.80	1476.75	1367.40	1344.90	1548.00	1751.55
农家肥费	10.95	6.75	6.30	6.00	29.25	8.25	3.30	2.70	0.30
农药费	83.70	90.90	92.55	106.95	127.95	130.65	145.35	164.40	200.85
租赁作业费	562.50	615.60	682.35	719.70	977.40	1003.50	1188.00	1389.30	1754.10
技术服务费	1.80	3.90	1.50	3.00	1.95	2.25	2.70	3.45	0.00
工具材料费	13.65	19.80	19.05	14.10	15.15	22.35	27.45	29.25	23.55
人工成本	980.85	1129.65	1140.60	1231.80	1336.80	1569.00	1789.50	2305.65	2863.35
家庭用工折价	828.15	938.70	986.10	1060.35	1169.70	1333.95	1555.95	1900.80	2383.05
雇工费用	152.70	190.95	154.50	171.45	167.10	235.05	233.55	404.85	480.30
用工数量	67.50	70.20	64.05	62.25	58.65	58.95	53.55	52.35	47.10
家庭用工天数	60.45	61.35	58.35	56.70	54.15	53.85	49.65	47.55	42.60
雇工天数	7.05	8.85	5.70	5.50	4.50	5.10	3.75	4.80	4.65

数据来源：2005～2013年《全国农产品成本收益资料汇编》。

比较而言，河南省玉米单位面积上的生产性投入较高，并且增长速度较快。2004～2012年，河南省玉米单位面积上生产性投入的增长率为170.52%，由每公顷3547.05元增长至每公顷9595.65元，其中，物质与服务费用在生产性投入中的占比由52.13%波动减少至47.02%，而人工成本

表 4 - 21　河南省玉米生产性投入结构及其变化趋势

单位：元/公顷

项　目 ＼ 年份	2004	2005	2006	2007	2008	2009	2010	2011	2012
物质与服务费用	1848.90	1860.15	2010.90	2246.40	2849.70	2866.95	3174.60	3741.15	4512.00
直接费用	1604.55	1813.65	2001.30	2230.20	2771.40	2849.70	3158.40	3725.70	4507.35
种子费	264.30	345.15	358.80	352.50	407.85	467.55	521.40	626.55	692.25
化肥费	869.55	916.35	981.45	1153.95	1519.50	1407.45	1497.00	1825.05	2154.15
农家肥费	22.50	10.20	9.75	11.25	19.65	26.70	28.50	5.25	19.65
农药费	104.55	117.30	109.05	140.55	178.95	202.65	209.10	232.35	251.40
租赁作业费	340.05	396.45	522.00	552.00	614.85	708.00	861.00	956.85	1314.75
技术服务费	0.15	0.45	2.40	0.30	–	–	–	–	–
工具材料费	0.30	12.00	15.75	18.60	30.45	37.05	36.45	74.70	65.25
人工成本	1698.15	1778.70	1813.50	1854.15	2153.25	2550.15	3102.90	3798.00	5083.65
家庭用工折价	1695.45	1778.70	1810.05	1854.15	2135.10	2490.90	3041.85	3798.00	4979.55
雇工费用	2.70	–	3.45	–	18.15	59.25	61.05	–	104.10
用工数量	123.90	116.25	107.25	99.15	99.15	101.70	98.85	94.95	91.20
家庭用工天数	123.75	116.25	107.10	99.15	98.85	100.50	97.20	94.95	88.95
雇工天数	0.15	–	0.15	–	0.30	1.20	1.65	–	2.25

数据来源：2005~2013 年《全国农产品成本收益资料汇编》。

在生产性投入中的占比相应增加，并超过了物质与服务费用的占比。其间，在生产性投入的构成中，种子费、化肥费、农家肥费、农药费、租赁作业费、技术服务费、工具材料费、家庭用工折价、雇工费用等费用均有不同程度的增长。其中，以家庭用工折价为主的人工成本的过快上涨已成为生产性投入增长的主因。

（三）土地投入

由表 4 - 22 可知，2004~2012 年，玉米生产的土地成本有较快上涨。黑龙江省玉米单位面积土地成本的增长率为 151.04%，由每公顷 980.85 元增长至每公顷 2863.35 元，其中，流转地租金在土地成本中的占比由 2004 年的 84.43% 波动减少至 2012 年的 83.23%，但仍然是农户玉米生产土地成本的决定性因素。其间，河南省玉米单位面积土地成本快速上涨，增速高达 186.86%，由每公顷 562.35 元递增至每公顷 2533.95 元。其中，自营地折租在土地成本中的占比较高，由 2004 年的 89.54% 波动增长为 2012 年的 88.98%，玉米生产中自营地机会成本的高低仍是土地成本的决定性因素。

表 4 - 22　玉米的土地成本及其变化趋势

单位：元/公顷

项　目 ＼年份		2004	2005	2006	2007	2008	2009	2010	2011	2012
黑龙江	土地成本	980.85	1129.65	1140.60	1231.80	1336.80	1569.00	1789.50	2305.65	2863.35
	流转地租金	828.15	938.70	986.10	1060.35	1169.70	1333.95	1555.95	1900.80	2383.05
	自营地折租	152.70	190.95	154.50	171.45	167.10	235.05	233.55	404.85	480.30
河南	土地成本	562.35	855.90	883.35	1301.10	1487.25	2042.10	2159.70	2279.25	2533.95
	流转地租金	58.80	–	4.80	52.35	57.00	8.10	64.05	5.25	279.30
	自营地折租	503.55	855.90	878.55	1248.75	1430.25	2034.00	2095.65	2274.00	2254.65

数据来源：2005～2013 年《全国农产品成本收益汇编》。

第三节　小结

　　在农地边际化的区域进程与程度存在差异的情况下，各地区农户农地投入也出现分异。总体上，农户在粮食与经济作物上的投入的差异性在扩大。农户在粮食与经济作物上的土地投入大致经历了以下阶段性变化：1978～1999 年的缓慢增长、1999～2004 年的波动增长，以及 2004～2012 年的快速增长。比较而言，农户在经济作物上的土地成本投入增长速度较快，其中的人工成本及土地成本占比较高，特别是近年来呈加速态势。由此，农户在经济作物经营中，受农地投入成本显著上升的影响，利润被成本加速挤压、摊薄，农地边际化风险也在相应上升。

　　在粮食主产区中，在稻谷、小麦、玉米生产的优势地区，农户农地投入并未有相应的优势。湖南省农户在稻谷上的投入的优势性不明显，物质成本与人工成本同步增长，仅土地成本较低，作为稻谷主产区并未形成稻作经营上的低成本优势。河南省农户在稻谷（除中籼稻外）、小麦、玉米上的投入的优势性均较弱，其人工成本构成中家庭用工折价居高，且物质成本投入的增加并未形成对人工成本的有效替代，农地边际化风险较为突出。黑龙江省农户在稻谷、小麦、玉米上的投入的优势性各异，其中小麦、玉米的相对优于稻谷的，形成并强化了物质成本有效替代人工成本、流转地租金为土地成本主要构成的成本格局。

第五章
农地边际化下粮食主产区农户
粮作经营行为及效应

第四章总体分析了农地边际化下的农户农地投入行为，发现无论是小麦主产区、稻谷主产区还是玉米主产区，其农户农地投入并未随主产区作物优势而表现出集约经营优势，低端与高端农地边际化交错并存。在此情形下，本章对粮食主产区农户的粮食生产、储售行为及其效应进行分析。

第一节　农户粮食生产行为

近年来，在国家对粮农的大力扶持下，中国粮食产量稳定增长。2014年，全国粮食播种面积为11273.83万公顷，比2013年增加78.27万公顷，增长0.70%，其中谷物播种面积为9462.28万公顷，比2013年增加85.41万公顷，增长0.91%；全国粮食总产量为60709.9万吨，比2013年增加516.0万吨，增长0.86%，其中谷物总产量55726.9万吨，比2013年增加457.7万吨，增长0.83%。其中13个粮食主产省（区）的粮食播种面积达8108.01万公顷，粮食总产量达到46021.3万吨，分别占全国播种面积和总产量的71.92%和75.81%，粮食主产区农户对国家粮食安全的贡献越发凸显。然而，随着粮食主产区工业化、城市化与全国同步推进，农地边际化现象不容忽视。在农地边际化演进中，一部分农户农地经营规模缩减，一部分较为稳定，另一部分则在扩张。在此，分析不同类型农户的粮食生产行为,有助于分类引导农户的生产经营,有效分流农地边际化对国家粮食安全及农户收入的影响。

一、数据来源及统计描述

(一) 数据来源

本节样本数据来源于 2011 年暑期河南财经政法大学本科生对中部五省(河南、安徽、湖北、湖南、江西)农户追叙式调查 2007～2011 年粮作经营活动的基本情况。此次发放问卷 1887 份,收回有效问卷 1861 份。其中,纳入本节研究的样本农户共计 1427 户,主要分布于河南,河南农户占75.26%,安徽、湖北、湖南、江西农户分别占 7.64%、9.95%、4.84%、2.31%。在样本农户中,处于平原、丘陵、山区的分别占 76.10%、16.47%、7.43%,农户所在村经济收入状况处于较高、中等、较低水平的分别占 32.10%、61.88%、6.03%,自认为家庭收入处于所在村较高、中等、较低水平的农户分别占 23.49%、56.17%、20.34%。样本农户中从事粮作经营的农户占 76.68%。2007～2011 年,有农地流转的农户占到72.53%,其中有转包出、转包入行为的农户占到 58.40%、41.67%。在样本农户家庭中,户主作为家庭决策的核心人物,高达 96.64% 是男性,平均年龄为 50.77 岁(其中,男性户主的为 50.81 岁,女性户主的为49.78 岁),平均受教育年限为 7.58 年(其中,男性户主的为 7.63 年,女性户主的为 6.04 年),男性户主接受的技术培训普遍多于女性。总体看,样本能够反映当前农户的现实,代表性较好。

对于粮食主产区,农地耕作面积变化主要由粮食生产决策调整所致。为此,依据农户实际耕作面积与承包地面积的相对比较,分别将农地耕作面积较承包面积累计调减 0.5 亩以上、累计调减 0～0.5 亩、累计调增的农户划分为粮食生产缩减户、维稳户与扩张户。据此,对不同类型农户加以分析。

(二) 样本农户的分布及配置结构

从农户分布特征来看,粮食生产的缩减户、维稳户与扩张户分别占30.27%、54.94%、14.79%,形成了以维稳户为主体而扩张户较少的偏正态分布。与缩减户和维稳户相比,扩张户家庭人口规模为 3.97 人,家庭劳动力人数为 2.30 人,均高于缩减户、维稳户的平均水平。比较而言,扩张户家庭劳动力的平均受教育年限略高，而其家庭成员中最高学历者的平均受教育年数为 14.52 年，显著高于其他类型农户（见表 5 - 1）。由此推断，由教育程度反映的家庭核心成员的人力资本水平，可能是扩张户成长发育的关键性因素。

表 5 - 1　2011 年不同类型农户的家庭人口与收入状况

单位：人，年，元

农户分类	家庭人口规模	家庭劳动力数	最高受教育年	劳均受教育年	家庭总收入	家庭农业收入	劳均农业收入	劳均非农收入	务农日均收入	非农日均收入
缩减户	3.84	2.16	10.63	7.15	31349.07	6528.63	3022.74	11491.82	41.93	124.71
维稳户	3.81	2.10	10.80	7.08	33973.58	6323.29	3015.88	13187.76	61.52	110.93
扩张户	3.97	2.30	14.52	7.17	29741.76	8273.76	3595.96	9330.48	65.41	96.88
总体平均	3.84	2.15	11.30	7.11	32546.98	6703.74	3123.44	12041.03	54.83	112.41

注：务农日均收入 = 农业收入/年务农天数；非农日均收入 = 非农业收入/年非务农天数。

农户的成长发育是一个渐进过程，扩张户家庭无论是年劳均农业收入，还是务农劳动日均农业收入计算，均处于较高水平，由此使得其农业收入显著高于缩减户家庭与维稳户家庭。与此同时，在非农业收入占绝大比重的情形下，扩张户非农业收入的绝对与相对水平均表现出相对劣势，致使扩张户家庭总收入及其劳均收入均呈弱势格局。扩张户家庭在农业上的专业化与规模化程度较高，形成了在农业上的劳动效率优势。基于效率优势的要素收益实现，是扩张户成长发育的先决条件。然而，由于扩张户在农业上的微弱优势不足以弥补其在非农产业上的比较劣势，其总体收入水平却大大落后于非农分化程度较高的缩减户与维稳户。

二、种粮农户的要素投入

（一）农地投入

农地是农户从事粮食生产的基本要素，农户农地结构状况及动态变化可反映其粮食生产行为变化。从表 5 - 2 来看，三种类型农户的农地资源有一定的差异性。就承包土地面积、土地块数及块均农地面积看，缩减户的承包土地面积略高于平均水平，而土地块数偏多、块均农地面积小的状况使其面临窘境；承包土地面积、土地块数的"双低"格局使维稳户在农地资源方面处于相对劣势地位。比较而言，扩张户的承包土地面积、块均农地面积均显著高于平均水平及其他类型农户，而土地块数则低于平均水平及缩减户，从而为扩张户农地规模经营与管理效率的实现提供了基础与可能。囿于农地制度的延续性及相对稳定性，农户承包地禀赋的动态变化不明显。从承包土地面积、土地块数及块均农地面积的动态变化看出，各类型农户所拥有的农地资源均未有显著变化。

表 5 – 2　不同类型农户的农地投入变化

农户分类	农地资源（亩；块；亩/块）			小麦耕种规模（亩）			玉米耕种规模（亩）		
	承包土地面积	承包土地块数	亩数/块数	2007 年	2009 年	2011 年	2007 年	2009 年	2011 年
缩减户	6.14	3.85	2.08	2.85	2.84	2.85	2.31	2.33	2.41
维稳户	5.10	2.35	2.62	4.76	5.02	5.02	4.11	4.41	4.37
扩张户	7.29	2.79	3.10	6.44	7.14	7.86	4.65	5.31	5.58
总体平均	5.82	2.93	2.52	4.40	4.67	4.78	3.60	3.89	3.95

注：表中未将调查的 5 个年份的数据一一列出，而主要采取隔年或首尾年的方式列出相应，下同。

农地资源禀赋状况是影响农户粮食生产行为的重要因素，但并非决定性因素。实践中，通过转包流转等形式动态调整农地资源规模及构成，是农户家庭经营决策变化的重要表征之一。鉴于小麦与玉米是农户最为广泛种植的粮食作物，在中部区域粮作中占绝对主体地位，故将小麦与玉米作为主要粮作品种，考察不同类型农户粮作耕种亩数及其动态变化。就小麦而言，缩减户户均耕种面积接近 3 亩，远低于其承包土地面积（约 6.1亩），且年度波动变化幅度较小；维稳户户均耕种面积徘徊于 5 亩，大体相当于其家庭承包农地面积；扩张户户均小麦耕种面积远高于其他类型农户，逐年递增趋势明显，且在 2007 年以后，由之前的低于其承包地面积，开始转变为高于其承包地面积，扩张户动态增加小麦耕种面积的粮食生产行为得以强化。与小麦情形相似，各类型农户在玉米耕种面积及其动态变化上同样具有明显的差异性。其中，缩减户在不同年份的户均玉米耕种面积均不足 2.5 亩，远低于其承包土地面积。维稳户户均玉米耕种面积低于4.5 亩，略低于其家庭承包农地面积，年际变动幅度不大。而扩张户户均玉米耕种面积虽高于其他类型农户，且有逐年递增趋势，但仍然低于其承包土地面积。由此可见，农户虽然有通过转包入农地来突破家庭承包地规模约束的可能条件，但未必会将其付诸实践。

（二）资金投入

农户拥有的生产性固定资产代表其家庭经营的资金集约化程度与技术先进程度，农机具等生产资料是农户粮食生产现代化水平的客观反映。从绝对水平来看，各类型农户农机具及农资投入的差异明显，且有渐增之势（见表5-3）。2007年，扩张户农机具投入居次高位（略低于维稳户），远远超越缩减户的投入水平。2011年，缩减户农机具投入有较大增长，超过了农机具投入有所缩减的维稳户的农机具投入水平，而扩张户农机具投入增幅更大，并远远超出其他类型农户的农机具投入水平。与农机具投入情形相似，化肥、用电、用油等流动资产性质的农资投入在不同类型农户间的差异显著（见表5-3）。2007年，维稳户、缩减户、扩张户的农资投入渐次递增，在总体投入水平均不高的情形下，扩张户农资投入相对较高。2011年，各类型农户的农资投入均有所上升，并且它们之间的差异进一步拉大。扩张户农资投入水平位居首位，远高于其他类型农户的农资投入水平，维稳户农资投入水平最低。较其他类型农户而言，扩张户在粮食生产中的资金总量投入优势明显。科学评价资金要素投入的作用途径及作用强度，需结合资金要素与农地等要素的合理化配置来进行。

表5-3 不同类型农户的农机具及农资投入

农户分类	农机具投入（元/户）		农资投入（元/户）		按承包面积计算的亩均农资成本（元）		按播种面积计算的亩均农资成本（元）	
	2007年	2011年	2007年	2011年	2007年	2011年	2007年	2011年
缩减户	3584.97	5731.27	816.14	1200.61	162.74	187.98	158.27	229.07
维稳户	6773.71	5486.46	776.41	1001.12	150.87	221.64	86.69	122.67
扩张户	6363.32	9405.13	976.46	1492.06	287.07	382.31	169.25	135.24
总体平均	5736.07	6142.00	823.41	1135.05	190.32	234.80	143.35	154.03

注：表中的农机具包括拖拉机、农用车、水泵、喷雾器、收割机、脱粒机、增氧机、板车、耕牛、船只、塑料大棚等，农资投入包括用电、氮肥、磷肥、钾肥、复合肥、柴油等。

事实上，总量意义上的农资投入，不能准确反映农户在单位面积上的农资投入力度。在此，分别按承包面积及播种面积来测度不同类型农户的亩均农资投入。从依据承包面积计算的亩均农资成本来看，无论是在2007年还是在2011年，扩张户的亩均农资成本明显较其他类型农户的高，并且其增加幅度也相对较高（见表5-3）。农户粮食生产中要素投入的合理化配置，是实现资金产出效率的关键。为此，依据播种面积计算的亩均农资成本，更能合理反映农户粮食生产中的资金投入集约度。然而数据结果显示（见表5-3），按照播种面积计算的扩张户亩均农资投入水平反而未见明显优势；各类型农户按播种面积计算的亩均农资成本较低，且并未有较大幅度提高。另外，农机具及农资投入在农户粮食生产过程中共同发挥作用。由于固定资产性质的农机具与流动资产性质的农资的价值转化形式不同，二者转移成本的计算也各不相同。在此，仅按照农资投入价值加农机具折旧计价，来测度不同类型农户的粮食生产成本。在农机具规模与农资投入保持高位的情形下，扩张户的粮食生产成本历年均远高于其他类型农户，并呈现逐年稳定递增态势。比较而言，缩减户与维稳户的粮食生产成本相对较低，虽有一定程度的增加，但波动幅度均较大。其中，维稳户的粮食生产成本水平最低，且稳定增长性最差（见表5-4）。

表5-4　不同类型农户的粮食生产成本

农户分类	粮食生产成本（元）			按播种面积计算的亩均经营成本（元）		
	2007年	2009年	2011年	2007年	2009年	2011年
缩减户	862.50	506.75	1274.73	151.32	89.22	223.64
维稳户	864.01	495.72	1072.07	90.76	49.37	106.78
扩张户	1058.75	1315.56	1613.69	82.20	92.13	102.65
总体平均	897.59	735.88	1214.48	102.00	78.79	127.04

　　注：农户粮食生产成本通过农机具成本乘以系数0.012932（依据全国农村固定跟踪观察点调查资料汇编2000~2009年资料，参照中部地区农户粮食生产中固定资产折旧及修理费占固定资产原值的比重来推测）折算成的固定资产折旧成本加上当年农资投入得来。

　　按照播种面积计算的亩均经营成本能够真实反映农户在粮食生产中的物质资本的投入强度与实际资金耗费，是计算、比较农户粮食生产成本收益与投入产出效率的基础依据。从表5-4来看，扩张户在保持粮食生产总成本最高且增幅最大的同时，并未实现单位播种面积上经营成本的同步增长。表面上的原因是播种面积的增幅快于粮食生产总成本的增幅，由此使得扩张户单位播种面积上的经营成本反而增长缓慢。在此情形下，扩张户单位播种面积上经营成本的绝对水平与增长速度均相对较低，远低于缩减户的相应水平，并显著低于平均水平。可见，在目前的粮食生产领域，扩张户的成长发育仍然举步维艰。虽然在一定程度上有粮食生产规模扩展的意愿及选择，但囿于资金约束等方面的原因，扩张户并未在总量农资投入增加的同时，相应提高单位播种面积上的农资投入水平，其单位播种面积上的经营成本增长缓慢。若考虑农业生产资料物价指数因素，扩张户单位播种面积上的农资投入增长幅度较小甚至有所下降。这反映出当前扩张户的分化成长仍然呈现初级性、粗放性及不稳定性特征，粮食生产中资金与技术投入的集约化程度远未得到提高。

（三）劳动投入

相对于现行农地制度下的农地要素与农村金融抑制下的资金要素，农户家庭中的劳动要素更具能动性。通过家庭劳动力的非农就业转移，农户可以在获取劳动要素收益最大化与保障家庭生计稳定之间寻求一种平衡。分析结果显示（见表5-5），在家庭劳动力数量与质量呈一定优势的情形下，扩张户家庭务农用工的绝对量却低于缩减户，其户主务农天数远低于非务农天数，其单位承包地面积上的家庭务农天数低于平均水平，且在各类型农户中最低，而按照播种面积计算的亩均家庭务农天数则更为不足。与其他类型农户相似，扩张户单位农地面积上的劳动投入弱化，其兼业化倾向明显。

表 5-5 不同类型农户的家庭务农劳动投入

农户分类	家庭年总务农天数（天）	户主务农天数（天）	户主非务农天数（天）	家庭务农天数/承包地亩数（天/亩）	家庭务农天数/播种地亩数（天/亩）*
缩减户	391.10	156.30	199.03	63.70	74.25
维稳户	263.76	103.27	249.26	51.72	28.07
扩张户	336.74	125.71	221.59	46.19	25.05
总体平均	313.01	122.62	229.90	53.78	35.82

注：此处播种地亩数仅以占比较大的小麦与玉米播种面积来表示，由此可能引致对于以非粮种植为主农户单位播种面积上的务工天数测算偏高的问题，但对以小麦与玉米种植为主的扩张户而言，偏差甚微。

从粮食生产中的劳动投入的动态变化来看，不同类型农户间的差异性显著。维稳户在粮食生产中的劳动投入水平最低，但稳中有升。缩减户在粮食生产中的劳动投入，则从 2007 年的次高逐步增加，并于 2011 年跃为最高水平。值得注意的是，扩张户在粮食生产中的劳动投入由最高水平大幅波动递减，到 2011 年仅为次高水平，略高于总体平均水平（见表 5-6）。综合来看，扩张户在粮食生产中的农机具规模与农资投入，及由此折算的经营成本总量，均保持相对较高优势，并可能由此产生资金对劳动要素的技术替代效应，从而使得扩张户的劳动投入反而有所减少。

表 5-6 不同类型农户粮食生产的劳动投入

农户分类	粮食生产中的劳动投入（工日）			按播种面积计算的亩均劳动投入（工日/亩）		
	2007 年	2009 年	2011 年	2007 年	2009 年	2011 年
缩减户	324.31	329.89	391.10	56.90	58.08	68.61
维稳户	203.50	218.71	263.76	21.38	21.78	26.27
扩张户	380.88	330.81	336.74	29.57	23.17	21.42
总体平均	259.07	263.00	313.01	29.44	28.16	32.74

按照播种面积来计算，各类型农户的亩均劳动投入及其动态变化的差异性更大（见表 5-6）。其中，缩减户亩均劳动投入保持高位且呈增长态势，缩减户亩均劳动投入较低，并略有所增，而扩张户则由次高逐步递减为 2011 年的最低水平，且其亩均劳动投入明显低于其他类型农户与总体平均水平。扩张户的上述情形，同样可能缘于其粮食生产中资金对劳动的技术替代效应。

三、种粮农户粮食生产效率

农户要素投入为其粮食生产产出的必要保证，处于规模报酬递增阶段的要素投入增量，往往能够推动粮食产量以更大的幅度增长。从调查数据的分析结果看，随着要素投入增长，农户粮食产出增长的波动变化趋势明显。相对于缩减户与维稳户而言，扩张户粮食产出随其要素投入增长而逐年递增的稳定性较高，总体呈现相对高投入高产出走势。特别是在个别年份，在缩减户与维稳户粮食生产的要素投入增速减缓（甚至绝对下降）、产出微增的情形下，扩张户的要素投入及产出仍然保持较快的增长速度。然而仅依据粮食生产中要素投入及产出的相对变化，难以判别出农户粮食生产的综合绩效及全要素生产率的相对变化。为此，借助数据包络分析法

（DEA）对农户粮食生产的综合效率做一分析。

（一）效率测度方法

1. 效率的含义

（1）投入方向的效率衡量

假定在规模报酬不变的条件下一个生产部门使用两种投入 X_1、X_2 生产一种产品 Y，其生产的等产量线可表示为图 5 – 1 中的 SS' 曲线。

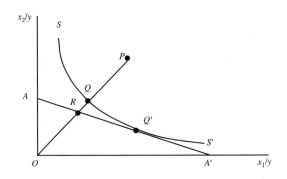

图 5 – 1　技术效率与配置效率

若 P 点表示该生产部门实际生产要素的投入水平，PQ 则表示该生产部门的非技术效率量，因生产要素的投入量按比例减少到 Q 点，产出不会减少，所以该生产部门的技术效率 TE_1（Technical Efficiency）为：

$$TE_1 = \frac{OQ}{OP} \qquad (5-1)$$

TE 的值为 $0 \sim 1$，TE 值越接近于 1 说明该生产部门的技术效率越好。当 TE 值 $=1$ 时（如图 5 – 1 中的 Q 点），说明在产出一定的情况下，该部门的技术效率达到最大，且投入了最小的生产要素。如果投入要素价格已知，该生产部门的要素配置效率 AE_1（Allocatively Efficiency）为：

$$AE_1 = \frac{OR}{OQ} \qquad (5-2)$$

若在 Q' 生产，则表示该部门在技术效率为 TE 的条件下，由于配置效率的提高生产成本还可减少 RQ 量。因此该生产部门总体的经济效率 EE_1（Economic Efficiency）为：

$$EE_I = \frac{OR}{OP} = \frac{OQ}{OP} \times \frac{OR}{OQ} = TE_I \times AE_I \tag{5-3}$$

可见，总的经济效率由技术效率和配置效率综合的结果，这三个效率值都为 0 ~ 1。

（2）产出方向的效率衡量

若假定要素投入量不变，以获得的产出量来衡量其效率，则可称该效率为产出方向的效率。图 5 - 2 中的 $f(x)$ 表示报酬递减（DRTS）的生产函数，P 点为生产部门的实际投入水平，从投入方向分析，技术效率 $TE_I = AB/AP$，从产出方向分析，技术效率 $TE_O = CP/CD$，$TE_I \neq TE_O$（当生产规模报酬处于递增时也不等）。若当生产的规模报酬不变（CRTS）时，$TE_I = TE_O$，如图 5 - 3 所示。

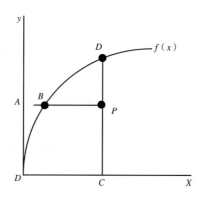

图 5 - 2　DRTS 的效率

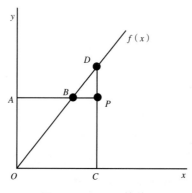

图 5 - 3　CRTS 的效率

假设用一种投入要素 X_1 生产 Y_1 和 Y_2 两种产品，并假定规模报酬不变，以图 5 - 4 表示。

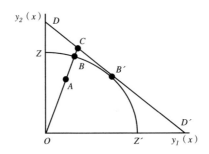

图 5 - 4　产出方向的效率

ZZ' 为生产可能性曲线，该曲线表示在投入一定时所生产的两种产品的最大组合。若 A 点表示生产部门的实际产出，AB 则表示非技术效率量，即在投入为 X_1 时，实际产出与最大产出之间的差距。因此，产出方向的技术效率 TE_O 为：

$$TE_O = \frac{OA}{OB} \qquad (5 - 4)$$

若产品价格已知，可以得到等产量曲线 DD'，则产出方向的配置效率 AE_O 为：

$$AE_O = \frac{OB}{OC} \qquad (5 - 5)$$

这样有总的经济效率：

$$EE_O = \frac{OA}{OC} = \frac{OA}{OB} \times \frac{OB}{OC} = TE_O \times AE_O \qquad (5 - 6)$$

与投入方向的效率一样，EE_O 的值也为 $0 \sim 1$，EE_O 的值越接近 1，说明生产部门的效率越好。

上述分析表明，度量技术效率、要素配置效率和经济效率的关键问题是确定生产前沿面。目前估计生产前沿面的方法主要有两大类：参数方法（Parametric Estimation Method）和非参数方法（Non-parametric Estimation Method），本书运用非参数估计方法。

2. 度量效率的 DEA 非参数估计方法

DEA 模型是采用非参数方法估计前沿生产函数的方法模型。1978 年 A. Charnes、W. W. Cooper 和 E. Rhodes 首次采用数据包络分析方法测算了基于投入并假设规模报酬不变 (CRS) 的效率。之后，1984 年 R. D. Banker、Charnes 和 Cooper 又提出了可变规模报酬模型 (VRS)。

(1) 规模报酬不变模型 (CRS)

DEA 是从线性规划方法衍生出来的，所得到的生产可能边界是多个线性边界的包络。在进行效率分析时，假定有 N 个生产单元，以 K 种投入，生产 M 种产品。就一个决策单元 (DMU)，若用 X_i、Y_i 来表示第 i 个 DMU 的投入和产出向量，则有：

$$X_i = (X_{1i}, X_{2i}, \cdots, X_{ki})^T > 0 \qquad (i = 1, \cdots, N) \qquad (5-7)$$

$$Y_i = (Y_{1i}, Y_{2i}, \cdots, Y_{Mi})^T > 0 \qquad (i = 1, \cdots, N) \qquad (5-8)$$

由于各种投入和产出的作用不同，在对不同生产单元进行评价时，需要赋予每个投入和产出一定的权重。若以 V、U 表示投入和产出的权向量，则有：

$$V = (V_1, V_2, \cdots, V_k)^T \qquad (5-9)$$

$$U = (U_1, U_2, \cdots, U_M)^T \qquad (5-10)$$

对于每一个生产单元，用产出/投入表示生产效率值，则可建立效率的约束方程：

$$\max_{u,v} \frac{u' \cdot y_i}{v' \cdot x_i}$$
$$st \quad \frac{u' \cdot y_j}{v' \cdot x_j} \leq 1, j = 1,2,3\cdots n \qquad (5-11)$$
$$u, v \geq 0$$

为克服上述方程寻找最有解的困难，将上述方程中的约束条件进行修正，则有：

$$\max_{u,v} u' \cdot y_i$$
$$st \quad v' \cdot y_i = 1 \qquad (5-12)$$
$$u' \cdot y_j - v' \cdot x_j \leq 0, j = 1,2,3\cdots n$$

为消除上述方程引起的多重共线性问题，用数据包络法将方程写为：

$$\min_{\theta,\lambda} \quad \theta$$
$$st \quad -y_i + Y\lambda \geqslant 0 \qquad (5-13)$$
$$\theta \cdot x_i - X\lambda \geqslant 0$$

式中：θ 是一个标量，λ 表示常数向量，θ 表示第 i 个单元的生产效率值，θ 值为 0~1。当 $\theta = 1$ 时，则说明该生产单元的效率值是最高的。

DEA 非参数前沿的分线段形式在进行效率测量时存在松弛变量。如在图 5-5 中，C、D 是有效率的 DMU，A、B 是无效率的 DUM。如在 X_1 不变的情况下，减少 X_2 的投入量（从 A' 到 C），产出则仍然不变，这就表明 A 点的技术效率为弱有效，存在投入松弛（Input Slack）变量。

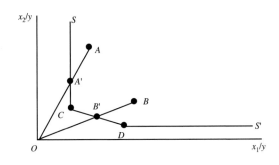

图 5-5　DEA 的有效与弱有效

为了解决松弛变量的问题，A. I. Ali 和 L. M. Seiford 等人提出两阶段线性规划，有如下方程：

$$\min_{\lambda,OS,IS} \quad -(M_1' \cdot OS + K_1' \cdot IS)$$
$$st \quad -y_i + Y\lambda - OS = 0$$
$$\theta \cdot x_i - X\lambda - IS = 0 \qquad (5-14)$$
$$\lambda \geqslant 0, OS \geqslant 0, IS \geqslant 0$$

式中，OS 是 $M \times 1$ 所产出向量矩阵，IS 是 $K \times 1$ 所投入向量矩阵。在实际经济活动中，若存在松弛变量，则说明生产单元的配置效率不是最优的。

（2）可变规模报酬模型（VRS）

CRS 模型假定所有的生产单元都在最优的规模下进行生产活动。但在实际生产活动中，受不完全竞争市场等因素的限制，DMU 不可能在最优的规模下进行，如果不是最优规模，使用 CRS 度量的技术效率就不准确，因为在 CRS 模型下计算的技术效率包括了规模效率（SE）。所以，Banker、Charnes 和 Cooper（1984）提出了可变规模报酬的 DEA 模型，即 VRS 模型。在 VRS 模型下，计算技术效率时可以排除规模效率的影响。VRS 的线性规划模型为：

$$
\begin{aligned}
&\min_{\theta, \lambda} \quad \theta \\
&st \quad -y_i + Y\lambda \geq 0 \\
&\qquad \theta \cdot x_i - X\lambda \geq 0 \\
&\qquad N_1'\lambda = 1 \\
&\qquad \lambda \geq 0
\end{aligned}
\tag{5-15}
$$

运用 DEA 模型估算效率时，可将 TE 分成两部分：一部分是纯技术效率，一部分是规模效率。如果生产单元的规模是处于最优状态下，由 CRS 和 VRS 所计算的 TE 是相等的；当生产单元的规模未达到最优时，则 CRS 和 VRS 计算所得的技术效率是不同的，二者之间的倍差就是规模效率。因此，它们三者之间的关系为：

$$
TE_{CRS} = TE_{VRS} \times SE
\tag{5-16}
$$

为了确定生产单元处于递增规模报酬（IRS）阶段还是处于递减规模报酬（DRS）阶段，可运用 DEA 的非递增规模报酬（NIRS）模型来判断。NIRS 的前沿模型只是把 $N_1'\lambda = 1$ 写成 $N_1'\lambda \leq 1$。若 NIRS 的 TE 与 VRS 的 TE 相等，则该生产单元处于递减规模报酬阶段，如不相等则处于递减规模报酬阶段。

（二）综合效率

根据效率测定的含义，确定效率模型中的投入指标为播种面积、经营费用、劳动用工，产出指标为粮食总产量、粮食总收入。其指标值如表 5-7 所示，基于这些指标值计算的农户粮作经营投入产值效率值如表 5-8 所示。

从表 5-8 来看，扩张户与维稳户粮作经营的综合效率（TE_{CRS}）较高，除部分年份外，扩张户与维稳户均保持相对有效率状态，而缩减户的 TE_{CRS} 则较低。究其原因，并非缘于各类型农户之间纯技术效率（TE_{VRS}）的差异（各类型农户 TE_{VRS} 均保持了最优状态），而是取决于它们的规模效率损失趋异。其中，缩减户粮作经营处于规模报酬递增阶段，尚未达到规模经济最优状态，不存在规模效率损失；而扩张户处于规模报酬递减阶段，部分年份

表 5 - 7 不同类型农户的投入产出变化

年份	农户分类	播种面积（亩）	经营费用（元）	劳动用工（工日）	粮食总产量(公斤)	粮食总收入(元)
2007	缩减户	5.70	862.50	324.31	2036.17	1314.00
	维稳户	9.52	864.01	203.50	3674.18	2377.30
	扩张户	12.88	1058.75	380.88	4580.71	2844.98
	总体平均	8.80	897.59	259.07	3271.47	2097.45
2009	缩减户	5.68	506.75	329.89	2119.68	1445.89
	维稳户	10.04	495.72	218.71	4172.55	2927.25
	扩张户	14.28	1315.56	330.81	5461.09	3641.79
	总体平均	9.34	735.88	263.00	3717.4	2561.02
2011	缩减户	5.70	1274.73	391.10	2262	1747.07
	维稳户	10.04	1072.07	263.76	4329.63	3348.21
	扩张户	15.72	1613.69	336.74	6084.92	4702.58
	总体平均	9.56	1214.48	313.01	3952.03	3056.71

表 5 - 8 不同类型农户粮作经营的投入产出效率

年份	农户分类	TE_{CRS}	TE_{VRS}	SE	drs/ivs
2007	缩减户	0.926	1	0.926	irs
	维稳户	1	1	1	-
	扩张户	1	1	1	-
2009	缩减户	0.898	1	0.898	irs
	维稳户	1	1	1	-
	扩张户	0.92	1	0.92	drs
2011	缩减户	0.92	1	0.92	irs
	维稳户	1	1	1	-
	扩张户	1	1	1	-

注：TE_{CRS}、TE_{VRS} 分别表示规模报酬不变、可变条件下的技术效率，SE 表示规模效率（其中，TE_{CRS} 为 TE_{VRS} 与 SE 的乘积）；drs 表示规模报酬递减状态，- 表示最优规模状态，irs 规模报酬递增状态。

出现规模效率损失。可见，农户粮作经营的理性化程度较高，要素投入产出优势明显，尽管存在"规模"瓶颈（尤其是扩张户），但农户粮作经营的综合效率整体趋优。这也说明，农地资源在某种意义上已经成为制约扩张户发育壮大及其效率优化的首要因素。

（三）全要素生产率

在目前的全要素生产率指数测算中，一般有拉氏指数、帕氏指数、费氏指数、汤氏指数和莫氏指数。在此运用莫氏指数进行测算，其计算模型为：

$$mO(Y_{t+1},X_{t+1},y_t,x_t) = \left[\frac{d_0^t(X_{t+1},Y_{t+1})}{d_0^t(X_t,Y_t)} \times \frac{d_0^{t+1}(X_{t+1},Y_{t+1})}{d_0^{t+1}(X_t,Y_t)} \right]^{\frac{1}{2}}$$

将农地播种面积、经营费用、劳动用工等作为要素投入组合，粮食总产量和粮食总产值作为农户粮作经营产出衡量指标，来计算各类型农户粮作经营的全要素生产率及其变化。

依据产量指标的计算，2007 年到 2011 年缩减户、维稳户与扩张户的生产率指数变化率分别为 4.76%、0.19%、3.74%，而对应的技术效率变化率分别为 -0.60%、0.00%、-0.01%，技术进步率增长速度分别为 5.43%、0.19%、3.63%（见表 5-9），技术进步率提高是农户粮作经营生产效率增进的主要贡献因素。由于技术效率与技术进步率的非均衡变化，各类型农户依据产量指标测度的粮作生产效率的差异性相应扩大。

表 5-9 不同类型农户莫氏生产率指数

年份	农户分类	依据产量指标计算					依据产值指标计算				
		effch	techch	pech	sech	tfpch	effch	techch	pech	sech	tfpch
2008	缩减户	0.972	1.037	1	0.972	1.008	0.969	1.069	1	0.969	1.036
	维稳户	1	1.137	1	1	1.137	1	1.176	1	1	1.176
	扩张户	0.911	1.08	1	0.911	0.984	0.893	1.123	1	0.893	1.003
2009	缩减户	0.998	1.038	1	0.998	1.036	0.976	1.092	1	0.976	1.066
	维稳户	1	1.267	1	1	1.267	1	1.333	1	1	1.333
	扩张户	1.01	1.038	1	1.01	1.049	1.003	1.092	1	1.003	1.096
2010	缩减户	0.963	0.964	1	0.963	0.928	0.974	1.023	1	0.974	0.996
	维稳户	1	0.717	1	1	0.717	1	0.761	1	1	0.761
	扩张户	1.053	0.951	1	1.053	1.002	1.062	1.009	1	1.062	1.071
2011	缩减户	1.064	1.016	1	1.064	1.081	1.081	1.055	1	1.081	1.141
	维稳户	1	0.97	1	1	0.97	1	1.008	1	1	1.008
	扩张户	1.032	0.972	1	1.032	1.003	1.077	1.009	1	1.077	1.086

注：effch 表示固定报酬规模下的技术效率，techch 表示技术进步率，pech 表示在变化的报酬规模下技术效率，sech 表示分配效率，tfpch 表示莫氏生产率指数。

作为对照，2007～2011 年，缩减户、维稳户与扩张户依据产值指标计算的生产率指数的变化率分别为 25.51%、20.25%、27.86%，而对应的技术效率变化率分别为 -0.32%、0.00%、2.45%，技术进步率增长速度分别为 25.99%、20.25%、24.85%（见表 5-9），技术进步率提高为农户粮作经营生产效率增进的重要原因。与此同时，各类型农户规模效率的相对改善，也在一定程度上使其技术效率得以改善，也因此成为农户粮作经营生产效率增进的推进因素。值得关注的是，依据产值指标计算的农户粮作经营技术进步率增长速度更高，生产效率及其增长更具优势。

第二节　农户粮食储售行为

粮食主产区农户生产粮食不只是为了满足自己的需求，更多的是为了满足市场的需求。因此，农户储存与销售粮食的时空节点势必影响其收入，进而影响农地边际化的滑入与滑出。基于这样的判断，下面选取 2005 年和 2012 年农户的储售粮活动进行比较分析。选择 2005 年作为对比基年，主要是考虑 2005 年样本区还未实施最低收购价政策，之后就开始实施该政策。鉴于粮食最低收购价政策作为价格支持政策，对农户储售粮行为的影响较大，因而在考虑其他因素影响的同时不能忽略这一因素。

一、数据来源及统计描述

本节样本数据来源于 2012 年对河南农户所做的"关于惠农政策下农户营粮行为"的调查（包括对 2005 年农户情况的追叙调查）。此次调查发放问卷 591 份，收回有效问卷 580 份，有效问卷率为 98.14%。从样本农户来看，户均人口规模为 4.54 人，劳动力数为 2.48 人。家庭劳动力资源的非农化配置倾向使得农业收入占总收入的比重较低。在农户资源非农非粮配置背景下，户均粮食播种面积为 8.12 亩，粮作收入为 6797.46 元，粮作收入仅占总收入的 30%。即使是大规模营粮户，该比重也不超过 40%，粮作经营边缘化问题突出。调查样本基本符合当前粮食主产区农户粮作经营的现实。

由于不同种植规模农户的粮食储备与销售存在差异，再加之样本区是小麦主产区，故分别以样本农户小麦种植面积小于 2 亩、为 2～5 亩、为 5～8 亩、为 8～12 亩、大于等于 12 亩为阈值区间，将农户分别划分为小规模营粮户（SSF）、中小规模营粮户（MSSF）、中等规模营粮户（MSF）、中大规模营粮户（MBSF）、大规模营粮户（BSF）。在样本农户中，以上各类型农户的频度分别为3.79%、25.34%、43.27%、17.93%、9.66%。样本农户分布呈现中等规模营粮户居多，较小与较大规模营粮户较少的正态分布格局。

二、农户储粮行为

随着粮食市场化改革的深入，农民消费意识发生变化，农户层面的粮食储备水平不断下降[1]，如曾广伟、黄岩岩在对河南农户2009~2010年粮食储备情况的分析中发现，农户存粮总量平均每户由647.22公斤减少为610.11公斤，减少了5.7%，农户粮食储备量下降成为不争的事实[2]。2009年以来，国家对农户储粮开始出台相关的补贴政策，但笔者在河南的调查中并没有发现农民的储粮条件有明显改善。

从表5-10来看，2005~2012年，农户户均小麦储备下降明显，净减少415.24公斤，而家庭自给率却有所提升，净增加57.78个百分点。这一变化主要由于户均小麦储备的减少在一定程度上抵消了户均产出下降的负向效应，以至于在小麦产量减少及消费增加的情形下，农户家庭消费的自给率显著提升。就各规模农户而言，农户小麦储备与其小麦产量与家庭口粮消费之间有一定的关联性，即较大规模营粮户的小麦经营面积较大，家庭人口数较多，小麦消费量大，小麦储备量也相应较大，而较小规模营粮户则反之。2005~2012年，除大规模营粮户小麦产量与小麦储备量有所增加外，其他规模农户的小麦产量均有所减少；而各规模营粮户的小麦储备量均有所减少，且随经营规模扩大而减幅增大，但仍呈现大规模营粮户储备水平居高局势。

表5-10　不同规模营粮户的小麦储备行为变化

单位：公斤，%

年份	类型	SSF	MSSF	MSF	MBSF	BSF	总体平均
2005	小麦产量	1123.83	1675.03	3273.43	4029.12	11484.38	3300.02
	小麦消费	646.12	738.18	925.71	970.03	1065.50	877.97
	小麦储备	532.50	742.48	950.25	1205.88	2156.52	979.58
	小麦自给率	82.42	100.58	102.65	124.31	202.40	111.57
2012	小麦产量	388.05	1376.75	2506.4	3752.21	11562.03	2795.37
	小麦消费	455.00	641.79	959.64	1161.76	2287.50	955.73
	小麦储备	415.31	474.48	595.02	623.51	684.88	564.34
	小麦自给率	109.56	135.26	161.28	186.33	334.00	169.35

农户的储粮行为取决于对家庭粮食安全与收入最大化目标的双层考量，在农户家庭储粮设施条件未有明显改观的情况下，粮食市场供求与价格预期仍然是影响农户储粮行为的关键因素。中小规模营粮户营粮收益占比下降，储粮的获利动机趋弱。与 2005 年相比，之后在托市收购政策下，粮价波动性降低，供求稳定性增强，中小规模营粮户选择降低储粮水平，依托市场调剂消费余缺，能够在满足家庭效用最大化的前提下尽可能节约储粮成本。而对于较大规模营粮户，营粮收益仍占较大比重，储粮的获利性动机依然处于主导地位。特别是在小麦托市收购政策下，托市收购执行期之后中储粮公司的顺价销售，提升了农户对小麦涨价空间的预期，保有相当的小麦储备待价而沽以期获得价差增量收益，符合其经济上的理性选择。

三、农户售粮行为

粮食流通体制改革经历了从统购统销、双轨制、保护价到最低收购价的变化，在政策变迁中农户销售粮食的动机与目标也发生了变化[3]。在传统时期，农户售粮主要是为了满足家庭即期生存需要；在集体化时期，农户为履行国家分派的任务而售粮；在市场化初期，农户为了摆脱货币压力而售粮；在市场发展时期，农户为了谋求发展，出现了经营分化，售粮行为分异[4]。可见，伴随政策的调整，农户售粮也由追求生存最大化、义务最小化、货币最大化变化到行为多元化[4]。下面将分析在农户售粮行为进入多元化时期后，农户粮食销售的规模、时间、地点及对象。

（一）售粮规模

农户售粮行为多元化表现在需求的多元化上，既有为基本生存、生活性消费、社交等需要而销售粮食，也有为获得最大利润而销售粮食[5]。前三种需求为刚性需求，基于这些需求的售粮行为对粮价的敏感性较弱，后一种需求为弹性需求，农民可以择机而售，从而获取最大利润[6]。不论哪种售粮需求，农户都期望有一个理想的售粮价格，以提高其收入。

从表 5-11 来看，2012 年农户户均小麦销售量较 2005 年有所下降，降幅为 11.59%，而小麦商品率则有所提升，由 2005 年的 43.71% 增为 2012 年的 45.62%。分不同规模营粮户来看，售粮规模在各类型农户间的分异拉大。2005～2012 年，小规模营粮户早已退出小麦供给者行列，在总产量锐减的同时，持续转型为小麦"净需求者"；较小规模营粮户的小麦总产量有所下降，而售粮规模有一定提升；占比较大的中等规模营粮户在小麦总产量减少 23.43% 的同时，售粮规模的减幅高达 31.89%，是各类型农户中售粮规模唯一趋减者；较大规模营粮户的小麦总产量减少 6.87%，而售粮规模增加 6.14%；仅有大规模营粮户实现双增，在小麦总产量增加 0.68% 的同时，售粮规模增加 3.96%。由于各规模农户（除较大规模营粮户）小麦销量的产出支撑趋弱，小麦商品率增长乏力。

表 5 - 11　不同规模营粮户的小麦销量及其商品率变化

单位：公斤，%

农户分类	2005 年			2012 年		
	总产量	销售量	商品率	总产量	销售量	商品率
SSF	1123.83	－	－	388.05	－	－
MSSF	1675.03	194.37	11.60	1376.75	260.48	18.92
MSF	3273.43	1397.47	42.69	2506.40	951.75	37.97
MBSF	4029.12	1853.21	46.00	3752.21	1966.94	52.42
BSF	11484.38	8262.36	71.94	11562.03	8589.66	74.29
总体平均	3300.02	1442.47	43.71	2795.37	1275.30	45.62

注：上表中小麦商品率由小麦总产、年均小麦储备、年小麦消费量指标折算而来，具体计算公式为：小麦商品率 = 100% × （小麦总产 - 年均小麦储备 - 年小麦消费量）/小麦总产，其中，农户年小麦消费量通过各规模户户均人口数乘以人均小麦消费量计算而来，人均小麦消费量取自《河南统计年鉴》数据中 2005 年、2011 年河南省农民家庭人均小麦消费量，分别为 170.48 公斤、109.58 公斤（缺乏 2012 年数据，故以 2011 年河南省农民家庭人均小麦消费来计算）。

（二）售粮时间

小麦最低收购价政策启动运行于小麦收获后的上市集中期，该政策在微观层面的影响可通过托市收购前后农户小麦集中销售次数的分布频度来反映。从图 5 - 6 可以看出，无论是在托市收购前还是在托市收购后，相当比重的农户集中于 5 ~ 9 月份售粮。但对比托市收购之前的 2005 年，2012 年农户集中于 5 ~ 9 月份售粮的比重显著提高，由 2005 年的 66.67% 提升至 75.82%。然而，不同规模营粮户对最低收购价政策的响应并非一致。中大及以下规模营粮户中集中售粮的比重均有明显提升，而大规模营粮户中集中售粮的比重则有一定程度的下降。

2005 年之后，粮食最低收购价政策强化了价格预期以及使农户实现了营粮的价值目标，方便了农户集中售粮而减免了其存储搬运粮食的成本支

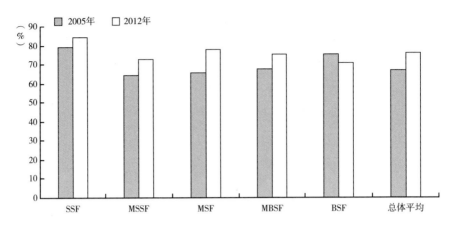

图 5 - 6 不同规模营粮户小麦集中销售次数的分布频度趋势

出，故此引导了更多农户于粮食收获期集中交售粮食。然而，对于大规模营粮户而言，追求效益最大化为其理性选择，如何合理实现营粮的时间价值、空间价值以及储运加工价值为其核心诉求。因此，大规模营粮户出于自身利益的考虑，集中售粮的比重不升反降是其市场化趋向的理性抉择。

（三）售粮地点

售粮地点是农户粮食的交易场所，主要与买方/卖方市场格局及销售渠道有关。从表 5 - 12 来看，2005 年在中储粮直属库或国有粮库（以下简称中储粮）售粮的农户比重最高，而后依次为本村村庄、地头收购、自己家及粮食加工企业。然而，在小麦最低收购价政策实施七年后的 2012 年，农户售粮地点的选择发生了显著变化。与 2005 年相比，将本村村庄、地头与粮食加工企业作为粮食交售点的农户的比重上升，分别提高了 28.63 个、4.68 个、3.45 个百分点，而将中储粮及自己家作为交售点的农户的比重下滑，分别下降了 35.12 个、1.23 个百分点。

另外，不同规模营粮户的售粮地点选择存在差异。2012 年与 2005 年相比，中等及以上规模营粮户售粮地点格局转换明显，在就近便利交售动机的驱使之下，本村村庄、地头成为农户"直售"主阵地。相比较，大规模营粮户在对本村村庄、地头及自己家等售粮地点有所倚重的同时，对中储粮销售点的依赖性仍然较高，对粮食加工企业售粮地点的依赖性甚少。上述变化表明，农户（特别是较大规模营粮户）在托市粮交售上逐步由被动接受转向主动选择，这表现在他们对多交售地点的灵活把握上。

表 5 – 12　不同规模营粮户在不同售粮地点交售托市粮的农户次数分布频度

单位：%

年份	农户分类	中储粮直属库或国有粮库	粮食加工企业	本村村庄	自己家	地头收购
2005	SSF	5.88	5.88	47.06	17.65	5.88
	MSSF	24.11	2.68	39.29	7.14	22.32
	MSF	59.38	1.57	19.79	4.17	12.04
	MBSF	37.88	6.06	16.67	3.03	31.82
	BSF	25.00	0.00	35.00	15.00	25.00
	总体平均	42.26	2.71	26.54	5.90	18.47
2012	SSF	11.76	0.00	35.29	11.76	23.53
	MSSF	10.71	6.25	48.65	7.14	22.32
	MSF	3.65	6.25	69.27	2.08	15.18
	MBSF	7.69	9.23	34.85	4.55	43.94
	BSF	15.00	0.00	40.00	10.00	35.00
	总体平均	7.14	6.16	55.17	4.67	23.15

注：本表中的"粮食加工企业"指的是企业场所。

（四）售粮对象

粮食流通体制的市场化改革导致粮食购销主体多元化。从表 5 – 13 来看，2005 年和 2012 年，粮食经纪人都是农户售粮的重要对象，售粮对象为粮食经纪人的农户的占比由 2005 年的 57.99% 增加为 2012 年的 63.43%；而粮食加工企业、中储粮公司及国有粮食收购企业（以下简称中储粮）的市场主导性在 2005 年后发生了逆转，前者成为继粮食经纪人之后的重要售粮对象。从不同规模营粮户来看，2005～2012 年，较小规模营粮户中以中储粮为直接销售对象的农户进一步减少，而以粮食加工企业、粮食经纪人为依托的农户相应增加，形成并强化了重粮食经纪人、轻中储粮与粮食加工企业的格局；中等规模营粮户售粮从政策之前偏重中储粮，转向政策之后偏向粮食经纪人，兼而对中储粮与粮食加工企业均有倚重；较大规模营粮户以中储粮为直接销售对象的农户的比重下降，由政策实施前居首下降为次于以粮食经纪人为售粮对象的农户的比重，但仍然显著高于以粮食加工企业为售粮对象的农户的比重。

表 5 – 13   不同规模营粮户的售粮对象构成及其变化趋势

单位：%

农产分类	2005 年			2012 年		
	中储粮公司及国有粮食收购企业	粮食加工企业	粮食经纪人	中储粮公司及国有粮食收购企业	粮食加工企业	粮食经纪人
SSF	27.14	38.57	68.57	23.19	46.38	71.01
MSSF	43.33	33.33	53.33	17.24	34.48	68.97
MSF	49.02	41.18	45.10	41.18	43.14	52.94
MBSF	47.22	25.00	61.11	44.44	36.11	58.33
BSF	56.25	21.88	56.25	41.94	25.81	64.52
总体平均	42.01	33.79	57.99	32.87	39.35	63.43

注：不同规模营粮户售粮对象可以多选，因而其售粮对象百分比构成超过了 100%；本表中的"粮食加工企业"指的是粮食收购主体单位。

总体而言，中储粮作为农户直接销售对象的重要性有所下降，而民营性质的本地粮食加工企业及多成分的粮食经纪人对农户售粮的重要性显著上升。与此同时，中储粮以其托市粮价在粮食初级交易市场的直接导向作用弱化，而在粮食次级交易市场对中间交易商的间接传导作用增强。以粮食经纪人为代表的中间交易商以其"内生根植"优势，采用灵活、多样、贴近服务的购销方式，活跃在乡村田野及不同经济组织之间，发挥农户粮食交易层面的集并与整合功能，在某种程度上业已成为中储粮等组织化交易机构的延伸组织。在收购主体多元格局下，不同规模营粮户的售粮对象构成也将发生适应性变化。

四、农户储售粮效应

在农户粮食产量既定的情况下，售粮价格高低引致的销售收入高低直接影响农地边际化的发生与否。与 2005 年相比，2012 年农户的储售粮行为主要是增加了最低收购价政策的影响。因而，农户储售粮行为往往是对最低收购价政策的理性反应。农户是否按照托市价销售粮食，受其对集中交售期实际售价与托市价价差判断的影响。从图 5 – 7 来看，2012 年在绝大多数农户感觉托市粮价偏低的同时，相当部分的农户认为集中交售期小麦实际售价与托市价的差额在缩小，且认为这一差额缩小的农户的比重高于认为这一差额拉大的农户的比重。然而，不同规模营粮户对上述价差变化的认知存在较大差异。其中小规模、大规模营粮户认为价差维持不变的居多，而认为价差拉大、缩小的占比较少；中小规模营粮户认为价差拉大与缩小的占比相当，且远低于认为价差维持不变的占比；中规模营粮户认为价差不变和缩小的占比相当，且远高于认为价差拉大的占比；中大规模营粮户认为价差拉大和缩小的占比相当，略低于认为价差维持不变的占比。比较而言，中等规模营粮户对粮食最低收购价政策运行效果（价格实现）的满意度较高。

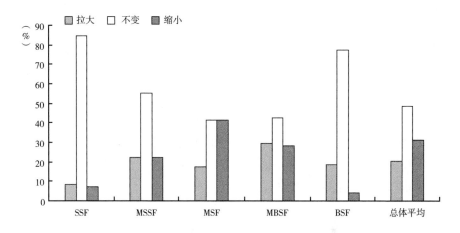

图 5 - 7　最低收购价施行以来营粮户对小麦实际交售价差变化评判的频度分布

另从表 5 - 14 来看，2005～2012 年，农户集中交售期小麦实际售价与托市价价差由 0.017 元/公斤缩减为 0.0105 元/公斤，不同规模营粮户的小麦实际售价与托市价的差额均有一定程度的减幅，且存在差异性。在未实行小麦最低收购价的 2005 年，农户集中交售期小麦实际售价与托市价的差额随其营粮规模变化的变化趋势明显，呈现中等规模营粮户的小麦实际售价与托市价差额较大，而其他规模营粮户小麦实际售价与托市价差额较小格局。2012 年，在各规模营粮户总体格局未发生显著变化的情况下，呈现中等规模营粮户小麦实际售价与托市价差额缩减幅度较大，其他规模营粮户小麦实际售价与托市价差额缩减幅度较小的状况。

依据 2005～2012 年集中交售期农户小麦实际售价与托市价差额的缩减值来测算农户储售粮行为演进的增收效应。结果表明：随营粮户规模的扩大，农户的增收效应渐次增大，但总体水平偏低。然而，结合营粮户，特别

表 5 – 14　不同规模营粮户小麦实际售价与托市价的差额及其变化趋势

单位：元/公斤，元

农户规模	集中交售期小麦实际售价与托市价(国家收购牌价)差额		2005 ~ 2012 年集中交售期小麦实际售价与托市价差额的减小值	托市收购价政策的增收效应
	2005 年	2012 年		
SSF	0.0105	0.0100	0.0005	0.0000
MSSF	0.0125	0.0100	0.0025	0.6000
MSF	0.0200	0.0115	0.0090	8.3300
MBSF	0.0175	0.0100	0.0075	15.1450
BSF	0.0125	0.0095	0.0030	25.7700
总体平均	0.0170	0.0105	0.0060	7.9050

注：集中交售期小麦实际售价与托市价（国家收购牌价）差额由调查数据得来，托市收购政策的增收效应通过 2005 ~ 2012 年集中交售期小麦实际售价与托市价差额的减小值与 2012 年农户托市粮销量的乘积计算而来。

是较大规模营粮户近年来呈现出的交易地点就近化、交易时期集中化、交易方式便捷化的特点，可以判断随着农户储售粮行为的逐渐理性化，规模较大农户的增收效应明显。

第三节　小结

从对农户粮食生产行为及其效率的分析中可得以下结论。①现阶段营粮农户的分布呈现以维稳户为主体而扩张户较少的偏正态分布。扩张户家庭人口规模、劳动力数及其平均受教育年限均高于缩减户与维稳户的平均水平。在非农业收入占绝大比重的情形下，较缩减户与维稳户而言，扩张户非农业收入的绝对与相对水平均表现出相对劣势，致使其家庭总收入及其劳均收入呈弱势格局。②不同营粮农户在土地、资金与劳动上的投入产出表现出较大的差异性。与缩减户和维稳户相比较而言，扩张户的营粮投入产出呈现总量投入高、单位土地面积上的资金与劳动力投入低、农业产出总量高的特征。③从综合效率来看，扩张户与维稳户粮作经营的效率较高，而缩减户的则较差。这种状况并非缘于各类型农户之间纯技术效率差异，而是取决于它们的规模效率损失趋异。进一步从产量指标和产值指标计算的全要素生产率表明，提高技术进步率是农户粮作经营生产效率增进的主要途径。可见，农地边际化的存在，非农就业收益提高，拉高了农户营粮的机会成本，农户经营分化成为必然。一些农户缩减粮作经营规模，并逐步演变为非粮户、非农户，另一些农户则借力农地流转扩大经营规模，逐步成长为种粮大户。适度的农地规模是粮食生产吸纳资金、技术和管理等现代生产要素的必要条件。市场化经营的农户，重视比较效益，而通过对农地规模的适度调整，对非职业农民进行"剔苗"，使农地向有志务农、有能力务农的专业农户集中，是提高粮作经营集约化、投资长期化，降低农地配置效率损失的关键。因此，充分认识营粮扩张农户的经济运行规律，有效拓展规模化营粮的利益空间，优化粮作经营的社会化服务，提升粮食相关产业链环节的制度效率，是优化农户粮作经营行为、提升营粮绩效，调控农地边际化，保障国家粮食安全的必由之举。

对农户粮食储售行为及其效应的分析表明：农户粮食储量呈现整体下滑且各规模农户粮食储量之间呈现分异格局。大规模营粮户趋向于扩大产能与提高储量，而非大规模营粮户则有缩减产量与储量的倾向。农户的售粮规模、时间、地点及对象也因农户规模不同而呈现差异性，与 2005 年相比，2012 年较大规模营粮户的交易地点就近化、交易时期集中化、交易方式便捷化趋势较其他规模农户的明显。随着农户储售粮行为的理性演进，大部分农户认为集中交售期粮食的实际售价与托市价差额在缩小，中等规模营粮户对价格实现的满意度较高；且随农户经营规模的扩大，托市收购价政策的增收效应渐次增大，但增幅偏低。因而，对于较大规模营粮户而言，可以通过委托标准化物流仓储企业来存储销售粮，并据此获得便于上市交易的存货单。在集中交售期间，其粮食存货单交易价与托市价价差，由粮食行政管理机构核发补贴，储粮费用全部由财政资金补偿；而在非集中交售期间，价差仍由粮食行政管理机构核发补贴，但储粮费用可部分由财政资金补贴。同时以科学的制度设计使其能够通过延期（跨越集中交售期）委托储备，合理实现售粮季节差价的收益。在发挥大规模营粮户储售调节功能的同时，也要兼顾中小等规模营粮户的利益。在托市粮收购环节上，集中交售期间中小等规模营粮户应该与大规模营粮户享受同等待遇，而非集中交售期间的储粮费用可由中小等规模营粮户自行承担。此举旨在考量农户分化与合理财政负担基础上，科学甄选政策运行的核心组织依托，切实保护种粮农户的收益，有效调控农地边际化。

参考文献

[1] 史清华、徐翠萍：《农家粮食储备从自我防范到社会保障》，《农业技术经济》2009 年第 1 期。

[2] 曾广伟、黄岩岩：《河南省农户存粮售粮情况调查分析》，《种业导刊》2009 年第 9 期。

[3] 姚增福、郑少锋：《种粮大户售粮方式行为选择及影响因素分析》，《西北农林科技大学学报》（社会科学版）2013 年第 1 期。

[4] 熊靖：《农户粮食销售行为的逻辑与变迁》，硕士学位论文，华中农业大学，2008。

[5] 徐芳：《农户售粮储粮行为的形成及引导》，《农村经济》2002 年第 6 期。

[6] 徐雪高：《农户粮食销售时机选择及其影响因素分析》，《财贸研究》2011 年第 1 期。

第六章

粮食安全战略下粮食主产区农户
农地投入的合理估计及绩效

第一节 确保国家粮食安全的微观基础：粮食主产区农户

一、国家粮食安全的新战略

随着工业化、城市化的加快，我国粮食安全问题也呈现新的特点。黄季焜、杨军、仇焕广认为，我国粮食安全的含义有广义与狭义之分，广义的粮食安全与国际社会提到的食物安全（Food Security）同义，指粮食和其他所有能够满足人体营养需要的食物的供应在当前基本得到保障；狭义的粮食安全主要是指大米、小麦、玉米、大豆和薯类的国内自给率，目前我国粮食自给率已经突破了国家95%自给率的既定目标，其中，2008年粮食自给率下降到95%以下，2009年下降到92.5%，2010年更下降到90.6%[1]。粮食安全模式是实现粮食安全目标的方式、方案与途径。龙方、曾福生以我国粮食供求状况和发展趋势为依据，从粮食供给来源角度对内部自给型（自给率98%以上）、对外依赖型（自给率80%以下）与内外结合型（自给率80%以上）的粮食安全模式加以比较得出：鉴于我国人均耕地量只有世界平均水平的1/3（人均耕地面积为1.41亩），且随着我国人口的增长、工业化的推进，我国自产粮食成本将逐渐提高，内外结合型的粮食安全模式较合适；自给率控制在92%左右，对外依存度控制在8%左右为宜。同时从粮食安全程度的角度对紧安全型粮食安全模式（自

给率为 80% ~85%)、过度安全型粮食安全模式（自给率在 92% 以上）和
适度安全型粮食安全模式（自给率为 86% ~92% ）加以比较得出，当前我
国采取适度安全型粮食安全模式较为合理，即人均粮食占有量为 390 公斤
左右，粮食储备率为 20% 左右，粮食自给率为 92% 左右[2]。与此不同的
是，黄季焜、杨军、仇焕广采用全球贸易分析模型（GTAP）和中国农业
政策分析与预测模型（CAPSiM）对 2020 年我国粮食供需变化和粮食安全
水平进行预测后提出：建议我国食物总体自给率保持在 95% 以上；大米和
小麦自给率基本达到 100% ；作为饲料粮的玉米自给率保持在 85% 以上；肉
蛋奶保持基本自给[1]。关于粮食安全水平和粮食需求的预测还有很多，如比
较权威的《国家粮食安全需求中长期规划纲要（2008 ~2020 年)》和国务院
粮食白皮书《中国的粮食问题》，前者预测：2020 年人均粮食消费量为 395
公斤，需求总量为 57250 万吨；后者预测：2030 年人口达到 16 亿峰值，按
人均占有 400 公斤计算，总需求量达到 64000 万吨左右。综观这些统计和预
测结果，关注的焦点基本上集中在国内粮食的供给上。

新时期我国粮食安全面临一系列新的挑战。随着城乡居民收入水平快
速提高，饮食结构悄然发生了改变，饲料粮需求持续增加。同时，随着城
镇化水平的提高，新增城镇人口将进一步带动这一需求的增长，再加之人
口总量的增加，需要适时调整国家的粮食安全目标。改革开放以来，我国
在城镇化快速推进中较好地保障了粮食安全，但也付出了巨大的代价。为
此，2013 年中央经济工作会议和中央农村工作会议明确提出，要实施"以
我为主、立足国内、确保产能、适度进口、科技支撑"的国家粮食安全新
战略，明确提出确保"谷物基本自给、口粮绝对安全"的国家粮食安全新
目标，2014 年中央一号文件再次强调了这一新目标。中央农村工作办公室
主任陈锡文如是解释：按照国际上对谷物（只包括小麦、稻谷和玉米）的
界定，2013 年我国粮食总产 6000 亿公斤以上，进口小麦、稻谷和玉米的
数量不足国内生产谷物（包括大豆和薯类）总量的 2.7% ，可以算得上谷
物基本自给；对于口粮绝对安全，我国 2 亿多吨玉米产量中真正作为主食
被消费的比重不到 20% 。口粮要绝对安全，强调的是小麦和大米。小麦和
大米的进口比重为 2.5% ~2.6% ，而且进口小麦和大米也并不是因为国内
不够，而是因为品种调剂和价格因素。可见，在未来一段时间，我国粮食
安全的新目标将不会改变。

二、粮食主产区对粮食安全的贡献

不管采取哪种粮食安全模式，核心是粮食的自给率。要达到一定的自给率，就必须提高粮食的供给能力。当前，我国粮食供给的区域差异较大，2003年12月财政部下发的《关于改革和完善农业综合开发政策措施的意见》，依据各地主要农产品的产量等主要指标确定了黑龙江、吉林、辽宁、内蒙古、河北、河南、山东、江苏、安徽、江西、湖北、湖南、四川等13个省区为我国的粮食主产区；北京、天津、上海、浙江、福建、广东、海南为粮食主销区；重庆市、山西、广西、贵州、云南、西藏、陕西、甘肃、青海、宁夏、新疆为粮食平衡区。从主产区、主销区、平衡区粮食产量的位次变化可以看出，粮食综合生产能力提高还需依赖于粮食主产区（如表6－1）。对于粮食主产区，若不考虑全国粮食安全责任，区域粮食产出供给量无疑能满足区内人口的粮食需求量，但仅满足区内是不够的，从全国区域粮食安全格局的角度来看，粮食主产区的粮食生产必须定位于全国的粮食安全。当然，对于粮食平衡区，其粮食也应基本达到自给，但不排除粮食品种结构性贸易的存在；对于主销区，除自产粮食外，其调入粮食的总量也不应超过全国粮食安全格局定位的数量[3]。

表6－1　粮食主产省区的粮食产量位次

年份 \ 省份位次	黑龙江	河南	山东	江苏	吉林	四川	安徽	河北	湖南	内蒙古	湖北	江西	辽宁
1952	7	4	1	5	12	2	6	9	3	20	10	13	14
1955	8	2	1	3	14	6	4	9	5	20	7	11	12
1978	10	4	3	1	15	2	9	7	5	23	6	12	13
1985	12	4	1	2	13	3	7	8	5	21	6	11	15
1990	8	2	1	4	10	3	7	6	5	19	6	12	14
1995	8	2	1	4	10	3	7	6	5	18	9	12	15
2000	7	1	2	4	11	3	8	6	5	15	9	12	18
2005	4	1	2	5	9	3	7	8	6	13	10	11	12
2006	3	1	2	4	7	5	6	9	8	12	10	11	13
2007	3	1	2	5	9	4	7	6	8	13	10	11	12
2008	3	1	2	4	8	5	6	7	9	11	10	13	12
2009	2	1	3	4	9	5	6	7	8	12	10	13	11
2010	2	1	3	4	9	5	6	7	8	11	10	13	12
2011	1	2	3	4	7	5	6	8	9	11	10	13	12
2012	1	2	3	4	5	6	7	8	9	10	11	12	13

数据来源：根据历年《中国农村统计年鉴》整理。

我国粮食主产区大多处于平原和浅丘区，气候湿润，雨量充沛，自然条件禀赋适合粮食作物等农作物生产，有较大的粮食生产潜力。从粮食生产地位和经济地位来看，粮食主产区都具有明显的比较优势。13 个粮食主产区的耕地面积达 7850.93 万公顷，占全国耕地面积的 63.3%[4]。新中国成立以来，我国粮食产量波动增长，从不足 2 亿吨增长至 5 亿吨以上，其中粮食主产区粮食产量的走势呈加速态势，在全国粮食产量中的占比由 1952 年的 65.28% 波动增长至 2012 年的 75.66%（见图 6 - 1）。粮食主产区的粮食生产总量在国内粮食供给中的占比逐渐增加，粮食主产区已成为全国重要的粮食生产集中地，在全国粮食产能中的地位举足轻重。

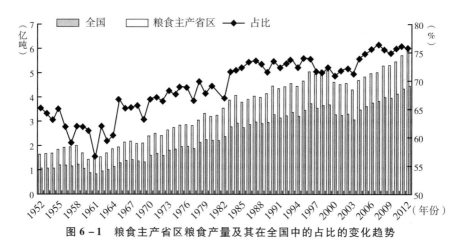

图 6 - 1　粮食主产省区粮食产量及其在全国中的占比的变化趋势

数据来源：根据《中国农村统计年鉴》整理。

再从粮食产量位次来看，各粮食主产区经历了不平衡变化。自新中国成立初期的 1952 年至改革开放伊始，江苏、河北、湖北、江西、辽宁五省的粮食产量位次有所提升，河南、四川两省的粮食产量位次保持不变，而黑龙江、山东、吉林、安徽、湖南、内蒙古六省份的粮食产量位次有不同程度降低。其间，各粮食主产区粮食产量位次变化基本上处于降低 3 位至提升 4 位之间。之后的 1978 ~ 2012 年，各粮食主产省区粮食产量位次的不平衡变化加剧。其中，粮食产量位次提升的主产省份有黑龙江、河南、吉林、安徽、内蒙古等五省份，提升值分别为 9 位、2 位、10 位、2 位、13 位，山东、江西、辽宁等三省份的粮食产量位次保持不变，而江苏、四川、河北、湖南、湖北等五省份的粮食产量位次有所下降，下降值分别为

3 位、4 位、1 位、4 位、5 位。经过半个多世纪的调整变化，当前 13 个粮食主产区在全国粮食产量贡献中的核心地位得以形成与强化。

三、粮食主产区农户粮作经营分化

粮食主产区是实现国家粮食安全目标的核心依托，其农户粮作经营分化关系自身微观粮作经营主体的重构。在转型期，工业化、城镇化的加速发展，极大地增加了农户的非农就业机会。与此相适应，农户多业别从业选择会加大农户间的效率优势差异，从而加速其经营分化。现阶段，粮作经营性收入与外出务工收入仍然是农户家庭的重要收入来源，外出务工与粮作经营均为农户决策的主要方面。在农户家庭外出务工重要性日益提升的背景下，厘清外出务工与粮作经营抉择之间的依存竞合关系，能够为相关的宏观政策提供基础理论依据。下面依据农户家庭劳动力时间配置划分了农户类型，根据对 2006 年河南省农户的跟踪调查数据，分别将家庭劳动力外出务工天数在总劳动天数中的占比为 0、低于 20%、为 20%~40%、为 40%~60%、为 60%~80% 及在 80% 以上者，确定为非外出、低外出、中低外出、中等外出、中高外出、高外出务工农户。在此基础上，深入分析粮食主产区农户粮作经营分化的特征及效应。

（一）分化特征

在农户家庭劳动力外出务工收入占比较小时，粮作经营为农户实现就业及维持生计的主渠道，非农劳动时间配置对农户家庭营粮决策的影响较弱。在该占比水平达到较高程度之时，外出务工一方面会与粮作经营争夺劳动要素，由此形成对粮作经营的替代效应；另一方面会通过影响农户资金投入状况及营粮资本结构对农户粮作经营形成收入效应。

1. 家庭劳动力资源

现阶段，农户家庭劳动力仍然为其核心生产要素，是家庭经营决策的基本依托。从表 6-2 来看，外出务工程度不同的农户家庭之间的人口与劳动力资源状况呈现差异性。外出务工程度较高的农户家庭的人口与劳动力资源优势明显，中低及以上程度外出务工农户家庭的人口数与劳动力数高于整体平均数，户主年龄低于整体平均水平，而户主受教育程度则明显高于平均水平。上述结果表明，外出务工程度较高的农户家庭在人力资本积累上具有一定的优势。

171

表 6 - 2　农户家庭的人口及劳动力状况

外出务工程度	家庭人口数（人）	家庭劳动力数（人）	人均年龄（岁）	户主年龄（岁）	户主受教育年限（年）
非外出	3.63	1.79	38.12	54.93	6.71
低外出	2.98	1.43	52.52	52.52	3.03
中低外出	4.17	2.79	38.59	49.13	7.20
中等外出	4.50	2.99	40.18	49.62	6.98
中高外出	4.48	2.73	33.40	45.33	6.94
高外出	4.35	2.53	30.34	46.59	7.72
总体平均	3.99	2.28	36.79	52.62	6.85

2. 家庭农业经营资产

农户家庭农业经营资产既是其以往经营决策的累积结果，也是其进一步做出决策的条件依据。从表 6 - 3 来看，外出务工程度较高的农户家庭户均拥有的耕地面积接近或高于整体平均水平，由于家庭劳动力数居高，其劳均耕地面积处于明显劣势，依托经营有限耕地难以实现劳动力的充分就业。与此相适应，外出务工程度较高的农户家庭承包田面积呈现累积减少态势，减少农地经营面积成为其增加外出务工时间比重的"影子决策"。从年末生产性固定资产原值来看，中低及以上程度外出务工农户的较低，其亩均生产性固定资产原值更是显著低于低外出及非外出务工农户的水平。由此表明，外出务工劳动时间配置比重增加，会在很大程度上降低农户在农业经营上的专用性资产投资积极性，加速粮作经营的粗放化，进而加剧农地边际化进程。

表 6 - 3　农户家庭的农业经营资产

外出务工程度	家庭年末经营耕地面积（亩）	劳均年末经营耕地面积（亩）	承包田净增加（亩）	转包田净增加（亩）	年末生产性固定资产原值（元）	大中型铁木农具（元）
非外出	3.37	1.90	-0.06	0.63	9471.74	466.08
低外出	3.74	2.64	0.07	0.61	9163.13	671.94
中低外出	4.04	1.44	0.02	0.37	4879.81	479.99
中等外出	4.38	1.45	-0.08	-0.61	6256.66	458.66
中高外出	4.62	1.69	-0.08	0.48	6104.97	578.03
高外出	3.87	1.52	-0.03	-0.36	4307.20	302.60
总体平均	3.88	1.71	-0.05	0.26	7020.53	466.80

3. 劳动时间配置

外出务工程度是反映农户家庭劳动力非农就业转移的重要指标。从表6-4来看，农户家庭劳动力均已实现了一定程度的非农化转移。其中，非外出务工家庭在本村从事非农劳动的时间占比高达44.17%，而随外出务工时间配置比重的增加，其他类型农户的外出从业时间及外出从业收入显著增加，特别是中等以上外出务工程度农户的外出从业时间及外出从业收入明显高于整体平均水平。上述趋势表明，现阶段依托本村实现非农就业转移仍然存在局限，外出务工则是农户实现充分就业与增加收入的重要途径。由此可推测，外出务工可能从劳动配置、投入能力、资产结构、比较优势等方面影响农户粮作经营决策。

表6-4　农户劳动时间配置

外出务工程度	总劳动时间（日）	劳动时间占比（%）			外出从业时间（日）	外出从业收入（元）
		外出从业	本村非农	本村农业		
非外出	414.75	0.01	44.17	55.83	0.01	-
低外出	261.38	11.96	11.10	76.94	31.26	1027.90
中低外出	793.16	30.75	26.33	42.92	243.91	4964.47
中等外出	758.22	50.22	17.17	32.61	380.77	7387.43
中高外出	627.14	69.11	6.09	24.80	433.43	9374.21
高外出	660.74	92.22	0.27	7.51	609.32	13777.94
总体平均	555.26	44.39	20.16	35.45	246.47	5485.17

可见，在土地及资金要素相对匮乏而劳动要素相对富余的情况下，农户选择以外出务工为主的经营模式，为其追求要素报酬最优以及收入状况改善的理性决策。在此情形下，农户家庭劳动力的非农及外出转移必将对其家庭粮作经营产生较大影响。

4. 要素投入水平

在不同外出务工程度农户的劳动时间配置差异拉大的同时，它们的粮作经营投入趋异。从表6-5来看，随外出务工程度的提高，农户用于小麦的劳动投入及物质投入呈现两级偏低而中间偏高态势，总体平均值低于稻谷而高于玉米、大豆、薯类。农户用于稻谷的劳动投入随外出务工程度的提高而呈现先增后减态势，而物质投入则有渐增趋势，且各类型农户间的差异性较大。在玉米经营上，中等外出及中高外出务工农户的劳动投入较高，而其他类型农户的劳动投入较低，而低外出及中高外出务工农户的物质投入较高，而其他类型农户的物质投入水平较低。同样，不同外出务工程度农户在大豆与玉米上的劳动及物质投入呈现差异性，其中的高外出务工农户在粮作经营上的劳动投入偏低，显著低于整体平均水平，而其物质投入低于或趋近于整体平均水平。由此推断，低外出务工程度农户由于自身资源约束及收入来源渠道等原因，在粮作经营上的要素投入较低，而较高外出务工程度农户的劳动时间的非农化配置，将降低粮作经营在家庭决策中的重要性，弱化粮作经营的要素投入，挤压粮作经营的利润空间，加速农地边际化进程。

表 6 – 5　农户的粮作经营投入

外出务工程度	劳动投入（工日）					物质投入（元）				
	小麦	稻谷	玉米	大豆	薯类	小麦	稻谷	玉米	大豆	薯类
非外出	47.56	80.31	38.50	16.35	12.65	606.49	154.51	342.84	84.46	56.76
低外出	66.31	53.39	36.57	17.76	9.26	663.14	198.87	369.05	194.44	29.52
中低外出	57.47	130.70	37.31	18.61	15.99	700.44	207.17	320.07	90.23	48.79
中等外出	64.11	81.26	41.62	20.55	11.93	773.50	201.88	324.87	112.08	53.90
中高外出	65.47	–	46.37	23.21	8.56	822.62	–	369.99	125.61	52.00
高外出	51.52	54.19	37.35	12.12	9.72	678.45	291.41	341.09	75.65	57.32
总体平均	55.47	84.96	39.98	18.41	11.86	690.85	222.10	343.83	106.11	57.16

注：表中物质投入费用以种子、化肥、农药及机械作业费等费用总和来反映。

（二）分化效应

农户经营分化伴随其要素配置变化，劳动力非农转移影响粮作经营上劳动要素与资金要素的结构关系。在此情形下，外出务工农户劳动与资金的非均衡配置将引起要素间的替代、收入与综合效应，并对粮作经营效率产生影响。

1. 替代效应

替代效应是指农户家庭劳动力外出务工参与度提高对其营粮劳动投入的替换强度。在此，以不同类型外出务工农户的劳动投入系数表示外出务工对粮作经营的劳动替代效应。将非外出务工农户亩均劳动投入作为基础对照，而后求各类型农户亩均劳动投入与非外出务工农户亩均劳动投入的比值，以此劳动投入相对值表示不同类型外出务工农户的劳动投入系数。计算结果显示：伴随劳动力外出务工程度的提高，农户家庭在粮作经营中的劳动投入系数趋减，且在不同粮作上呈现差异性。不同类型外出务工农户在小麦上的劳动投入系数未有较大差异，劳动投入系数在其他类型粮作上呈现明显差异。这可能因为小麦的机械化种植程度高，它属于偏节省劳动型的作物，劳动力的非农配置对其劳动投入系数的影响不明显。而稻谷、薯类等作物的机械化种植程度较低，它们属于偏耗费劳动型的作物，劳动力的非农配置对其劳动投入系数影响较大。由此表明，在粮作经营上劳动力外出务工产生的替代效应与相应作物的机械化耕作特性相关。

2. 收入效应

收入效应是指外出务工农户家庭收入水平提升对其粮作经营资本投入水平的影响。该指标以外出务工农户家庭经营性资本投入系数来测度。具体而言，测度农户家庭经营性资本投入系数，先计算不同类型农户亩均生产性资本投入，再将非外出务工农户亩均生产性资本投入作为对照组，测算出不同类型农户在对应粮作经营项目上的资金投入相对值。计算结果显示：外出务工程度较高的农户家庭的粮作经营资金投入偏少，并且不同类型农户在不同作物上的粮作经营资金投入之间存在差异。较非外出务工农户而言，外出务工农户在劳动"节省"型的小麦上的资金投入系数偏低，且未有随外出务工程度提高而递进减少。在玉米上，除低外出务工程度农户的资金投入系数较高外，其他类型外出务工农户的资金投入系数均较低。在大豆与薯类作物上，低外出务工对农户资金投入系数提升有正效应，中低及以上程度外出务工对农户资金投入系数提升则产生抑制效应。对于劳动"耗费"型的稻谷而言，不同类型外出务工农户的资金投入系数差异拉大，低外出与高外出务工农户的资金投入系数较高，而中低及中等外出务工农户的资金投入系数则偏低。由此反映出劳动"耗费"型作物与劳动"节省"型作物的收入效应呈现差异性。

3. 综合效应

综合效应反映外出务工农户家庭粮作经营性投入中劳动与资金的要素比例关系，以农户粮作经营性投入中的技术系数及产生效率来测度。

（1）技术系数

由技术系数测度农户粮作经营的要素投入比例关系，若该系数大于1，表明农户经营投入为偏资金密集型投入；若该系数小于1，则表明农户经营投入为偏劳动密集型投入。从表6-6来看，外出务工农户在不同粮作经营上的资金与劳动投入比呈差异性，比较而言，小麦及玉米上的技术系数偏高，其他类型作物的技术系数偏低。与此同时，随着家庭劳动力外出务工程度的提高，农户更趋向于减少劳动投入而增加资金投入，导致技术系数的相对提高，并且劳动"节省"型与"资金"节省型粮作经营中的技术系数差异拉大。

表6-6　农户粮作经营的技术系数

外出务工程度	小麦	稻谷	玉米	大豆	薯类
非 外 出	12.75	1.92	8.91	5.17	4.49
低 外 出	10.00	3.73	10.09	10.95	3.19
中低外出	12.19	1.59	8.58	4.85	3.05
中等外出	12.06	2.48	7.81	5.45	4.52
中高外出	12.57	–	7.98	5.41	6.07
高 外 出	13.17	5.38	9.13	6.24	5.89
总体平均	12.46	2.61	8.60	5.76	4.82

注：技术系数由亩均资金投入除以劳动投入所得，亩均资金投入仅由种子费用、化肥费用、农药费用和机械作业费用等主要费用构成。出于保留有效样本的原因，主要费用未包括农家肥折价、农膜费用、种苗费、水电及灌溉费用、其他材料费、固定资产折旧及修理费、小农具购置费、畜力费及其他间接费用，由此计算出的技术系数值较实际水平偏低，却不会影响总体趋势分析。

（2）产出效率

产出效率为农户在投入产出结构既定条件下的效率水平，以粮作经营收益表示。从表6-7来看，不同类型农户在小麦、玉米、稻谷、大豆与薯类上存在产出效率差异，其中小麦与玉米上的产出效率高于其他类型作物上的产出效率。除低外出务工农户外，粮作经营产出效率随农户家庭劳动力外出务工程度的提高而提高，且在稻谷、大豆与薯类上表现得尤为明显。这可能因为较高外出务工程度的农户在农地流转中转出低等级农地，而保留自然生产力较高的高等级土地，与此同时，实行劳动要素替代战略提升了劳动生产效率，而这些都会对农户的产出效率产生显著影响。

表 6 - 7　农户粮作经营的产出效率

单位：元/公顷

外出务工程度	小麦	稻谷	玉米	大豆	薯类	工价
非外出	5954.85	-5149.95	3403.20	51.00	-4798.35	-
低外出	5381.40	857.85	4490.70	2488.05	-14127.90	492.15
中低外出	5410.80	-5055.90	3424.20	-1719.60	-7751.70	304.65
中等外出	5191.05	-992.55	2916.00	-170.25	-227.25	290.40
中高外出	5642.25	0.00	3252.90	-47.25	1518.15	323.85
高外出	5630.70	1324.80	3793.95	823.05	62.10	338.40
总体平均	5635.20	-2516.85	3402.30	53.55	-1837.20	333.30

　　综观替代效应、收入效应与综合效应，农户粮作经营效率与劳动要素投入水平紧密相关，劳动要素投入与技术系数存在逆反关系，劳动要素投入与产出效率之间也存在同样的逆反关系。外出务工程度提高对农户粮作经营技术系数与产出效率存在一定的负向作用。

　　总体而言，粮食主产区农户粮作经营分化是其针对自身与外界环境所做出的适应性调整及其比较优势的客观反映，集中表现在以下方面：①农户家庭劳动力外出就业与其家庭经营要素投入结构匹配，随外出务工程度的提高，农户在粮作经营中实行资本对劳动要素的替代战略；②既有的家庭要素产业配置结构会强化农户的经营决策选择，随农户外出务工程度的提高，不仅营粮户比重在减少，营粮比重在下降，而且粮作经营中的技术系数与产出效率也在相应变化；③外出务工对营粮绩效的影响在不同作物上呈现差异性，比较而言，在大宗作物小麦上，外出务工产生的劳动替代效应较小，而在玉米、稻谷、大豆与薯类上，外出务工产生的劳动替代效应则较大。与此同时，外出务工对劳动"耗费"型作物的产出效率提升的作用较为明显，而在劳动"节省"型作物上表现为弱化效应。

　　因此，粮食主产区农户粮作经营分化必将对农户增收及国家粮食战略目标实现产生长远影响。就农户层面而言，农户外出务工势必会伴随非粮化与非农化，减少农地经营规模，弱化农业要素投入，在粮作经营中实行劳动替代，均为农户追求利益的理性行为表现。农户微观主体选择必然会影响到国家宏观经济战略目标的实现，若不能合理化解外出务工产生的轻农、弃农效应，它将对粮地经营效率以及国家粮食安全产生不利影响[5][6]。为此，宜采取以下对策：①统筹城乡社会保障，为农村劳动力转移就业创造好的社会环境，因地制宜地推行农地流转新模式，积极引导农地向新型农业经营主体集中，实现粮作的规模化经营；②强化农业技术对粮作经营的支持作用，主要通过水土保持、农地改良、良种良法配套等技术大力扩充农户营粮的利益空间，改变粮作经营比较利益偏低的格局；③加大对农地流转的制度支持力度，为最大限度地避免外出务工农户弃耕撂荒农地，提高农地利用效率，应推行严格的农地保护制度，通过农地地力监测网络与农地动态利用系统，达成农地的合理高效开发利用目标；④提升对农业的社会化服务的水平，优化农资领域的资本投入结构，最大限度地降低农资投入成本[7]，为优化农户要素结构提供物质支撑；⑤完善惠农政策体系，主要针对粮食主产区发展需要，实行按农户计税面积核算的存量补贴与以粮食产能增加额为依据的增量补贴向规模经营户倾斜的两级补贴办法[8]，切实改变农户的种粮收益预期，促进农户的经营分化，在农地高效利用的基础上达成粮食产能的持续稳定提升。

第二节　粮食主产区农户农地投入力度及粮食产能贡献：以农资为例

近年来，国家相继出台的诸多惠农政策，在提高农民种粮积极性、稳定粮食价格与提高粮食产量等方面产生了积极影响。从微观层面看，粮食补贴政策未能有效抵消农用生产资料价格上涨、种粮劳动力机会成本上升等对农户营粮成本的影响。在此背景下，分析粮食主产区不同类型农户的农地投入力度问题意义重大。在农户农地投入中，农资投入所占比重较大，故本节以农户农资投入为例来对农户农地投入加以考察。本节所用数据来源于课题组组织河南财经政法大学学生的实地调研，发放问卷479份，收回451份有效问卷，有效率接近95%。本问卷中的农资未包括农作物作业机具等生产性固定资产，仅包括化肥、种子、农膜、农药、机械作业费、技术服务费等当年投入当年收益的流动性资产，不包括农户自留种子、自制绿肥、农家肥等自有自备的生产资料。

一、农户农资购入

（一）农资购入意愿与倾向

对调查数据的分析表明，农户甄别农业生产资料的关键性指标为其品质、价位及安全标准，农户对这三个指标的关注度均超过了 70%，所受关注度居其次的是基于农业生产资料的技术服务，比较而言，农户对农资外包装与仓储运送服务的重视度较低。受制于其投资水平，农户对农业生产资料的需求主要停留在农资产品本身，而对相关农业服务的需求尚未上升至主导型诉求。对应于农户对农资质量与价格的高关注度，农户对种子、农药、化肥、农膜等主要农业生产资料质量和价格的满意度不高。其中，对农资质量满意的农户仅占 20.06%，而认为农资质量一般、不满意农资质量的农户分别占 34.13%、45.81%；仅有 14.56% 的农户对农资价格满意，认为农资价格一般的农户占 21.61%，而对农资价格不满意的农户高达 63.74%。农户对农资产品"质次价高"的总体主观感受会在多大程度上影响其农资投入行为，值得深入研究。

（二）农资购入决策方式

农户在购入农业生产资料时，可以凭既往经验、听技术人员推荐、农资店铺销售、媒体推介宣传、亲朋好友介绍及其他途径来选择。分析表明，过半数农户购买农资是依据自己的既往经验，超 1/4 的农户通过农技人员推荐来选择，略超 1/4 的农户在农资店铺购买，超 16% 的农户基于媒体推介宣传做决策，超 15% 的农户经由亲朋好友介绍"跟风"购入，而通过其他方式做决策的不足 3%。农户自身素质偏低以及农资信息来源渠道单一，可能是上述情形的主要成因。

（三）农资购入渠道选择

多样化的农资销售渠道为农民购买农业生产资料提供了较大的选择空间。从表 6 - 8 来看，个体商贩是目前农户购买农业生产资料的主渠道，其次是农资市场（包括农资店铺），分别有超六成、超五成的农户通过以上两种途径购入农资。合作社、农资公司以及村集体在农户购买农业生产资料中处于辅助地位，对应的农户占比均不足两成。就分类型农资而言，化肥与种子购买的主要渠道集中在个体商贩与农资市场，并且个体商贩与农资市场具有明显的主渠道优势，而农药与农膜的购买渠道较为分散，主渠道作用并不突出。可见，农资公司、村集体以及合作社等组织在农业生产资料供应上的主渠道效应不突出，农户的农资购买渠道分散，农资市场资源整合力度不高，仍然是当前农资销售渠道存在的突出问题。

表6-8 农资购买主渠道的农户分布频度

单位：%

主渠道 农资类型	农资公司	农资市场	个体商贩	村集体	合作社
化 肥	12.79	56.44	68.84	15.00	21.45
农 药	15.59	39.00	53.94	7.51	15.51
农 膜	13.57	32.73	35.24	8.76	10.50
种 子	11.23	44.29	59.30	17.14	19.31
总体平均	13.74	51.91	63.90	13.14	19.07

注：农资购买的主渠道可多选。

二、农户农资投入

（一）农资投入决策方式

农户农业生产资料投入具有内在关联性。分析表明，农户在化肥投入、农药施用与接受良种的决策方式上存在一定的差异性。具体而言，农户在施药、施肥的决策上，首先依靠既往经验来判断，其次是接受农业技术人员的指导，再次是依据农资销售商或亲朋好友推介。同样，农户选购良种主要表现出了从众心理，而较少部分农户依据农业技术人员推广介绍而做出购买决定。在河南许昌、商丘等地区的实地走访调查发现，农户现金购买优质小麦种子的比重偏小，这主要由于其自留种行为。

（二）农资投入水平

农业生产资料存在多种类型，适宜用价值量指标来测度农户农资投入水平。在此，按照兼业化程度将农户区分为Ⅰ兼户、Ⅱ兼户、Ⅲ兼户，其农业收入占其家庭经营性收入的比重分别为30%以下、30%~70%、70%以上。按农户经营的农地面积将其分为小规模经营户、中小规模经营户、中规模经营户、中大规模经营户、大规模经营户，其各类农户的农地经营规模分别为不足2亩、2~5亩、5~10亩、10~15亩、15亩及以上。

1. 分兼业类型农户农资投入水平

农户兼业经营对其农资投入有双层影响：一是持续的非农就业转移可能会弱化粮作经营，从而减低农资投入总量，二是非农经营转移增强了农户资金实力，对农户购买农资能够产生收入延展效应，由此农户兼业经营的实际效果取决于两种作用的综合。对于不同类型农户而言，Ⅰ兼户非农收入较高，且具有较高的农资投入能力，Ⅱ、Ⅲ兼户农资投入水平显著低于平均值。

2. 分农地规模农户农资投入水平

农资投入及农地经营面积是衡量农户粮作经营状况的重要指标。从表6－9来看，农户农资投入总量随粮作经营规模的扩大而显著递增，而亩均农资投入水平则是中小规模户的最高，中大规模户的居其次，中等规模户及小规模户的再次，大规模户的最低。规模经营户总投资力度与单位面积上的投资强度的逆反关系说明，在一定的制度经济条件下，粮作经营规模有其适度性要求。

表6－9　分播种面积的农户农资投入水平

单位：元

农户类型	农资投入总量	亩均农资投入水平	农户类型	农资投入总量	亩均农资投入水平
小规模户	1462.86	440.99	中大规模户	4654.32	509.33
中小规模户	3208.43	556.54	大规模户	5417.21	432.20
中等规模户	4122.78	455.99	总体平均	3099.22	494.07

（三）农资投入结构

农户农资投入结构反映其经营的技术方向变化。粮食生产的自然再生产周期长，经济再生产呈现明显的季节性，这决定了农资结构的系列性、复杂性与非一致性。大多数农户，并没有精确记账的习惯，不能较为精确地描述其粮食生产经营过程中的投入产出变化。在此，以主要农资投入项及亩农资成本投入增长项所对应的农户频度（见表6－10和表6－11）来间接反映。在农资投入项中，农机具及机械作业费可以被看作机械技术进步类型的农资投入，种子、农药、化肥、农膜可被视为生化技术进步类型的农资投入，而技术服务费则兼具两者特性。

表 6 – 10   农资投入的农户频度

单位：%

农户类型	种子	农药	化肥	农膜	技术服务费	机械作业费	小型农机具
小 规 模 户	83.07	94.94	98.33	27.13	5.08	42.38	13.11
中小规模户	75.97	87.36	98.75	53.17	13.92	51.91	2.53
中等规模户	65.54	83.12	94.44	28.91	2.68	30.48	5.59
中大规模户	76.62	100.02	97.89	17.02	1.14	53.20	21.28
大 规 模 户	100.02	100.02	100.02	33.34	16.67	16.67	16.67
总 体 平 均	79.72	93.42	98.50	35.54	8.12	47.22	11.06

表 6 – 11   亩农资成本增长的农户频度

单位：%

农户类型	种子	农药	化肥	农膜	技术服务费	机械作业费	小型农机具
小 规 模 户	63.09	78.43	102.29	22.16	10.23	32.40	32.40
中小规模户	60.64	66.29	108.59	33.85	4.24	59.24	19.75
中等规模户	59.06	74.53	97.97	36.54	7.61	48.66	34.52
中大规模户	57.53	95.15	101.78	15.49	15.49	37.62	15.49
大 规 模 户	52.50	105.00	105.00	17.50	1.01	17.50	17.50
总 体 平 均	59.96	79.24	104.44	24.62	8.56	42.82	22.48

在农资投入项构成中，化肥、农药占绝对比重，种子费用居其次，机械作业费、农膜方面的成本支出也占一定的比重，而农机具以及农业技术服务费所占比重较低。不同类型农户的农资投入项构成存在差异性，较中小及以下规模农户而言，中等以上规模农户在化肥、种子、农药、农机具等项上的投入较高。上述结果可能与粮作规模经营农户更加专注于专用性资产积累，更为注重技术进步类型的农资投入有关。在亩农资成本增长项中，农户普遍认为确有增加的首要项目为化肥，而后分别是农药、种子、机械作业费、农膜、农机具以及农业技术服务费，且不同规模农户对亩农资成本增长项的认知趋同。

三、农户农资投入力度

农户家庭在粮作经营中的农资投入力度受家庭人口、家庭经济、区位、制度等因素的综合影响，前两者可被归结为自身内部因素，后两者可被归结为外部环境因素。其中：家庭人口因素包括主要成员年龄、有无男性劳动力、主要成员受教育年限等指标；家庭经济因素包括农户家庭耕地面积、家庭人均收入、粮作经营累计投入工日数、资金是否紧张等指标；区位因素包括地形地貌、距中心集镇或集市的里程、交通是否便利等指标；制度因素包括亩均粮食补贴、农资商的售后服务、有无农业技术服务、是否加入已有的经济组织、是否有农资假冒现象等指标。

在此基础上，应用最小二乘法分析各个指标对农户亩均农资投入的影响，估计结果显示：在家庭人口因素中，主要成员年龄对其亩均农资投入的影响作用明显，主要成员受教育年限与有男性劳动力对其亩均农资投入的影响作用弱于主要成员年龄；在家庭经济因素中，人均收入对其亩均农资投入的正向影响作用显著，充分说明资金实力是农户农资投入力度的基础条件，耕地规模与投入工日数对农户农资投入的正向影响作用较弱，而资金紧张会制约农户农资投入；在区位因素中，地形地貌因素的影响较弱，区位条件较好的粮作经营农户增加农资投入的倾向性较高，与中心集镇或集市距离对农户农资投入有负向影响，而交通便利有利于农户加大农资投入力度，且影响作用较大；在制度因素中，亩均粮食补贴、农资商的售后服务、农业技术服务、加入已有的经济组织等对农户农资投入的正向影响作用较弱，而农资假冒的负向作用较为显著。制度因素更大可能是通过配套、协调、优化农资投资环境而在间接环节、长远效应上发挥支撑作用。

四、农户农资投入的粮食产能贡献

农户粮作经营绩效可通过其农资产出效率来衡量，在此选取单位农业生产资料投入净收益和单位产出所费农资指标来测度。研究结果显示，农户单位农资投入实现的净收益为每元 1.91 元。从不同兼业类型来看，农户单位农资投入净收益率随其兼业化程度由高到低呈现递增变化趋势，Ⅰ兼户、Ⅱ兼户、Ⅲ兼户单位农资投入净收益率分别为每元 1.31 元、2.12 元、2.43 元，比较而言，以农业为主的兼业户在农资投入上更具有效率优势；从不同粮作经营规模来看，农户单位农资投入净收益率随其粮作经营规模的提高呈现递减变化趋势，其中，中大规模与大规模粮作经营农户单位农资投入净收益率分别为每元 1.71 元、1.27 元，均低于平均水平。总体上看，农户农资投入强度及收益回报随其农资总投入水平的提升反而呈现下降趋势。

农户农资投入收益为其粮作经营的必要保证。从表6-12来看，随着农户粮作经营规模的扩大，其实现的粮食产出量也相应增长，亩均粮食产出水平则减低，且单位粮食产出的农资耗费水平在增加。尤为突出的是，中小及以下规模经营农户的亩均产出及单位耗费均优于其他类型农户，而较大规模经营农户处于亩均产出较低而单位耗费较高的境地。结合劳动耗费情况来看，中等以及中大规模经营农户既定产出下的劳动占用与农资耗费高于或等于总体均值，而其粮食单产低于总体均值。中大规模经营农户的单位产出呈现劳动占用低于均值而农资耗费高于均值，其单位面积产出处于最低水平。由此判断，在一定的制度技术经济条件下，农户有其适宜的规模经营边界，超越该适度边界，受要素边际报酬递减规律作用，农户粮作经营的收益空间收窄；而在适度边界外经营对于农户而言为非理性行为，从宏观层面来看背离可持续发展目标，最终会损害国家粮食安全基础。

表6-12 不同类型农户的农资投入的粮食贡献

指标 \ 农户类型	小规模户	中小规模户	中规模户	中大规模户	大规模户	总体平均
单位粮食产出农资耗费(元/公斤)	1.01	1.04	1.19	1.23	1.21	1.18
单位粮食产出劳动占用(元/工日)	0.06	0.02	0.03	0.04	0.02	0.03
粮食亩产水平(公斤/亩)	465.25	567.20	409.14	439.99	379.65	445.89
粮食播种面积(亩)	1.90	3.49	6.05	9.65	13.78	6.34
粮食产量(公斤)	835.45	1901.45	2402.87	4005.53	4921.45	3015.05

综上所述，可以发现以下内容。第一，农户农资购买及投入行为并不完全符合经济理性原则，主要表现在以下方面：①农户特别注重农业生产资料的质量、价格及安全性，但在购买决策中主要依据以往经验，以至于对购买的化肥、种子、农药等农资的"性""价"满意度较低；②农户购买农资存在渠道单一、组织化程度低、交易费用居高等诸多问题；③农户在不同类别农资投入及施用的自主决策性上存在差异，比较而言，农户在施肥、施药上的自主性决策程度普遍较高，而在采纳良种上的自主决策能力较弱；④不同兼业户在农资投入行为上趋异，表现为中等兼业化程度的农户农资投入水平较低，与兼业化程度较高与较低的农户比较而言，该类

型农户虽具有农资投入的意愿，却较为缺乏农资投入能力；⑤不同规模经营农户的农资投入行为趋异，总体呈现农业生产资料投入随播种面积扩大而增加，而单位面积产出则随播种面积扩大先增后减。第二，家庭人口、家庭经济、区位与制度因素共同作用于农户投资行为，具体表现为：①在家庭人口因素中，主要劳动力受教育年限、有男性主劳动力对农户农业生产资料投入有正向影响且作用显著，而家庭主要成员年龄对农户农业生产资料的影响则具有典型的阶段性特征；②家庭人均收入水平与粮作经营用工工日数正向作用于农户亩均农资投入，而耕地面积、资金紧张对农户亩均农资投入有负向影响；③在家庭区位因素中，地处平原以及交通便利对农户亩均农资投入有正向影响，而交易距离较远对农户亩均农资投入有负向影响，并且交通便利的影响作用较大；④在制度因素中，农资商售后服务、亩均粮食补贴、有参与过经济组织对农户亩均农资投入有正向作用，农业生产资料假冒对农户亩均农资投入有较大负向作用。第三，农户农资投入效率总体偏低。投入效率由所得所费对比得出，相应指标变化趋势为：①农户单位农资投入净收益率随其兼业化程度由高到低呈现递增变化趋势，随经营规模提升而减少；②随着经营规模扩大，农户的农资投入总量增加，单位面积上的农资投入强度与农资投入净收益率在减低；③农户所提供的粮食产量随其粮作经营规模的增加而递增，而单位面积产出则随经营规模的扩大而减低，单位产出的农资耗费却在增加。

　　基于上述研究结论，宜采取如下措施，以优化农户家庭行为决策，提升农资投入产出效率。一是大力保障农资供给。通过加大对农业生产资料生产企业的政策激励与科技扶持，同步提升农资产能与质量，最大限度地保证农户的农资购买需求。二是畅通农资销售渠道。构建重要农业生产资料的国家储备制度，动态调控基于农资供应企业的商业储备，规范农资市场、农资商超及物流仓储企业，为农户提供多样化的农资购入渠道。三是提供优质农资信息服务。现阶段，我国农业信息市场建设严重滞后，广大农户仍然面临农资信息来源闭塞、购买渠道不畅、交易费用居高、决策水平偏低等诸多困境。主要依托市场满足农资需求将是农户的必然选择，农资产品的高技术化与农业生产环节的生化特性决定了为农户提供农资信息服务的必要性。基于此，应规范农资信息发布制度，提升官方媒体及权威网站在农资信息传播中的地位，强化基层农技职能机构与民间组织在农资信息传递的"最后一公里作用"。四是加大惠农政策力度，激励农户农资投入行为。在宏观上应控制农业生产资料价格指数与农业生产价格指数的比例关系，避免不合理的"剪刀差"侵蚀农民的种粮利益。在微观上合理把控农村劳动力的分业分流，使政策扶持更多地倾斜于新型农业经济组织，实现增量农资补贴合理定位于规模经营主体，夯实国家粮食安全的微观基础。

第三节　粮食主产区农户农地投入的适度规模

随着农户粮作经营的分化，不同类型农户的农地投入结构、力度等表现出较大差异。结合以上分析，再通过比较不同规模农户粮作经营的绝对收益与相对收益来确定农户农地投入的适度规模。

农户粮作经营的绝对收益可以从其单位劳动产出与亩均产出来反映。从图 6-2 看出，不同规模经营农户之间的小麦产出效率差异较小，其中小规模、中等规模及大规模经营户的小麦单位劳动产出低于总体平均水平，而中小规模及中大规模经营户的小麦单位劳动产出高于总体平均水平。玉米的单位劳动产出效率随种植规模扩大而提升的趋势较为明显，稻谷的单位劳动产出效率随种植规模扩大呈现先减后增走势。综合考察劳动要素的投入产出关系，较大规模经营户的农地产出效率趋优。同样的趋势反映在亩均产出上（见图 6-3）。

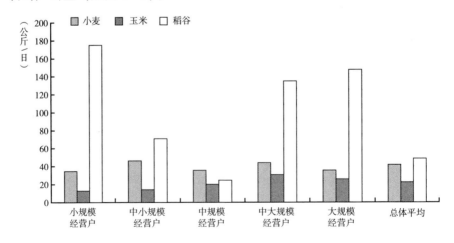

图 6-2　不同规模农户的单位劳动产出变化

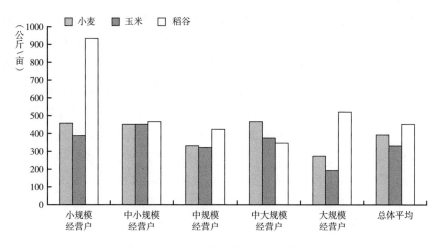

图 6 - 3 不同规模农户的亩均产出变化

与绝对收益不同,农户粮作经营的相对收益涉及种粮农户的机会成本,可通过农户家庭粮作经营收益与其经营的经济作物以及其他非农经营的收益相比较来加以反映。从图 6 - 4 可以看出,总体上,农户的种粮收益与非粮收益的比值大于种粮收益与非农收益的比值,但除大规模经营户外,该比值的差距并不是很大。大规模经营户粮食与经济作物收益的相对收益比为 1∶1.97,而其粮作与非农经营收益之比则达到 1∶3.92,可见,农地规模越大的农户可能越倾向于非农化,故而在保障粮食安全的背景下,适度农地规模经营具有可持续性。

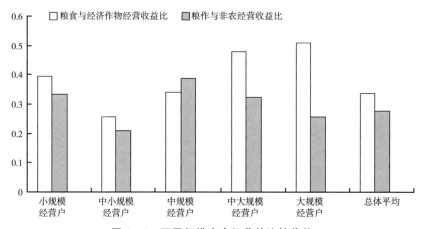

图 6 - 4 不同规模农户经营的比较收益

现阶段，满足自身需要及增加现金来源是农户种粮的主要动机所在，而解决劳动就业、免得农地撂荒是农户的次要营粮动机。就不同规模经营户而言，满足自身需要的种粮动机随粮作经营规模的扩大而减弱，增加现金来源的种粮动机随粮作经营规模的扩大而增强。这反映出了，随粮作经营规模扩大，农户更加趋向于追求经济利益的最大化实现，其决策的经济理性化程度在提升。结合前面的分析，再观察不同规模农户收益的比较，农地经营规模在 2~5 亩和 10~15 亩的中小规模及中大规模经营户表现出较强的规模化经营收益，具有内在的种粮动力。因此，在现阶段小农户居于粮食生产主体的情况下，不宜急于通过行政手段助推农地流转来发展超大规模的种粮大户，而应尊重农民意愿，有序推进农地流转，发展适度规模的种粮农户，这方是提高粮食主产区粮食调出能力，保障国家粮食安全的重要举措。

参考文献

[1] 黄季焜、杨军、仇焕广：《新时期国家粮食安全战略和政策的思考》，《农业经济问题》2012 年第 3 期。

[2] 龙方、曾福生：《中国粮食安全的战略目标与模式选择》，《农业经济问题》2008 年第 7 期。

[3] 孙秀峰：《中国粮食产销平衡区的粮食安全与耕地保护研究——以重庆市为例》，博士学位论文，西南大学，2013。

[4] 王跃梅：《农村劳动力外流与粮食安全问题研究》，博士学位论文，浙江大学，2011。

[5] 高帆：《中国农业的挑战与粮食安全目标的实现》，《江海学刊》2006 年第 4 期。

[6] 万宝瑞：《深化对粮食安全问题的认识》，《农业经济问题》2008 年第 9 期。

[7] 蓝海涛、姜长云：《经济周期背景下中国粮食生产成本的变动及趋势》，《中国农村经济》2009 年第 6 期。

[8] 张建杰：《惠农政策背景下粮食主产区农户粮作经营行为研究》，《农业经济问题》2007 年第 10 期。

第七章

经验借鉴，构建粮食主产区农户农地
投入的利益补偿机制

前面分别从农户多元化目标和粮食安全目标角度考察了粮食主产区农户的农地投入行为，本章将在此基础上，梳理和分析当前粮食补贴政策的效果，并借鉴国际经验，尝试构建粮食主产区农户农地投入的利益补偿机制。

第一节　现阶段粮食补贴政策效果

改革开放以来，我国粮食补贴政策改革经历了三个阶段的演变。

第一是粮食补贴政策改革的起步阶段（1978～1992年）。在这一阶段，国家为了减轻农民经营负担，开始尝试对统购统销政策进行改革，一方面提高粮食的收购价格，另一方面逐步减少统购粮食规模，试点采用议购政策与合同定购政策，并准许粮食集市贸易。与此同时，维持粮食销售价格不变动的购销价倒挂政策，实际上是变明补为暗补的偏向消费者的补贴政策的延续，主要通过对粮食流通部门的间接补贴实现政策目标。于1990年实行的粮食最低保护价制度和粮食专项储备制度，是这一时期粮食流通体制的重大创新。

第二是粮食补贴政策改革的加速阶段（1993～2003年）。随着粮食统购统销制度的彻底取消，国家决定开始实行粮食最低保护价制度，具体措施从提高粮食定购价格发展到其后对农户手中"余粮"的保护价格收购。为配合粮食收购计划的执行，国家恢复了合同定购粮食与少量平价化肥挂钩补贴的做法，对粮食生产者的支持力度与范围相应加大。与此同时，建立粮食风险基金和粮食储备体系，规定中央和地方要将财政节减的粮食加价、补贴款全额用于建立粮食风险基金。由此，粮食补贴由以补贴粮食购销倒挂差价和补贴粮食企业经营费用为主开始转向补贴粮食企业等流通环节的费用，并将粮食风险基金作为其主要的补贴形式。

第三是粮食补贴政策改革的深化发展阶段（2004年至今）。在这一阶段，经过在安徽、吉林、湖北、湖南以及河南等粮食生产大省开展对粮食生产者直接补贴的试点，财政部于2004年在全国范围内实施粮食直接补贴政策，主要包括直接补贴、良种补贴和农机购置补贴等。与此同时，国家继续深化粮食流通体制改革，逐步放开粮食收购价格，由市场决定粮食价格形成。在市场机制的基础上，在粮食供求出现较大波动时，实行最低收购价政策来保证生产者利益，以确保其粮食生产积极性。之后，国家进一步加大了对农业生产资料补贴的财政支持力度，形成了以种粮农民直接补贴、农资增资综合直接补贴为主要内容的综合性收入补贴（又称粮食综合补贴），以良种补贴、农机具购置补贴为主的专项生产性补贴[1]与粮食最低收购价（流通型补贴）相结合的粮食补贴政策体系。

粮食补贴政策的效果表现在宏观、微观两个方面，下面分别对其予以梳理与分析。

一、微观效果

本节所涉及的粮食补贴政策主要包括粮食直补政策、农资综合直补政策、良种补贴政策、农机具购置补贴政策以及最低收购价政策等。分析所用数据同第五章和第六章的相应部分的数据。如粮食直补、农资综合直补、良种补贴、农机具补贴效果的分析数据同第六章第二节的数据；最低收购价政策效果的分析数据同第五章第二节的数据。

（一）农户对粮食补贴政策的认知

在调查农户对粮食补贴政策的认知中，问卷涉及支农惠农政策的六大补贴与粮食政策，旨在了解粮食直补、良种补贴、农资综合直补以及最低收购价等政策在农户层面的落实及农户对其的反应。从问卷回答总体情况来看，被调查者对粮食直补、良种补贴、农资综合直补的回答率较高，其中，对粮食直补的回答率最高。较为有趣的是，农户对粮食补贴政策的关心程度远远高于对粮食价格政策的关心程度。就粮食直补情况来看，近六成的农户对粮食补贴政策满意。相比之下，农户对粮食最低发购价政策的满意度较低，其中，近七成的农户认为自家小麦的售价明显低于最低收购价，这主要因为销售渠道以及交易费用等方面的原因，并非未切实享受到政策优惠。总体来看，对粮食补贴政策的总体评价为非常满意、一般、不满意的农户的比重分别为35.03%、63.28%、1.69%。

从表7-1中可以看出，农户认为激励农民增加粮食供给的有效方式按重要性由高到低排序为降低农资价格、提高粮价、农业技术支持、培养地力、耕地流转以及加大农资补贴力度。就不同粮作经营规模的农户来看，对各有效方式评价存在一定的差异性。其中，中大及以上规模农户中大多数选择降低农资价格、提高粮价等作为其增加粮食产量的有效激励措施，而中小及以下经营规模户，除选择降低农资价格、提高粮价的农户比重较高外，大部分选择培养地力与耕地流转作为其增加粮食产量的有效激励措施。

表7-1　不同规模农户对粮食补贴政策的评价

单位：%

有效方式	农地经营规模					总体平均
	小规模户	中小规模户	中规模户	中大规模户	大规模户	
提高粮价	84.92	93.22	71.43	78.72	83.33	80.51
降低农资价格	76.50	93.22	85.71	100.00	100.00	92.31
耕地流转	23.50	22.03	20.78	21.28	16.67	21.03
培养地力	39.11	30.51	40.26	8.51	0.00	27.18
农业技术支持	13.08	16.95	44.16	31.91	66.67	34.36
加大农资补贴力度	8.01	8.75	12.36	16.47	21.98	14.10

注：表中农户规模的划分同表6-9，本节以下图表同。

1. 不同规模农户对粮食直补政策的评价

农户对粮食直补政策的认知及满意度是反映粮食补贴政策效果的重要指标。问卷资料显示，在有效样本户中，共有336户的农户知道并且得到了粮食直接补贴，占总农户的99.95%，其中，认为粮食直接补贴的发放依据为计税面积、播种面积的农户的比重分别为 5.75%、79.31%，而还有 10.92% 的农户选择不知详情（4.02% 的农户未做回答）。可见，目前仍有部分农户对粮食直补政策不够了解。在此情况下，农户对粮食直补政策的满意度也各不相同。若将满意度划分为满意、一般满意、不满意的话，其农户比重分别为 59.00%、31.00%、10.00%，这说明粮食直补政策得到了大部分粮农的认可。不过，从不同规模的营粮户（同第六章第三节的分类）来看，农户对粮食直补政策的评价存在一定的差异性，即随粮作经营面积的增加，对粮食直补政策满意的农户的比重在下降，认为粮食直补政策效果一般的农户的比重在增加，对粮食直补政策不满意的农户的比重也有一定程度的增加。其中，小规模粮作经营户中对粮食直补政策满意、一般满意、不满意的农户的比重分别为 70.97%、22.58%、6.45%；中等规模粮作经营户中对粮食直补政策满意、一般满意、不满意的农户的比重分别为 56.41%、30.77%、12.82%；大规模粮作经营户中对粮食直补政策满意、一般满意、不满意的农户的比重分别为 28.57%、57.14%、14.29%。

2. 不同规模农户对农资综合直补政策的评价

对于农资综合直补政策，绝大多数农户认为其实施非常有效，但对其补贴标准存在不同的看法。在调查中发现，农户实际获得的农资综合直补少于政府核定的补贴标准，其中的缘由在于农户现在享受补贴的耕地面积主要依据以往农业税计税面积来核定，而实际承包经营的耕地的面积是多于其原来的计税面积的，由此造成调查所得出的亩均农资综合直补偏低。

事实上，近几年来我国农资综合直补的标准在逐年提高，但绝大多数农户还是认为农资价格上涨幅度远远高于农资综合直补的增长幅度，并且对农资综合直补政策的评价呈现较大的差异性。从表 7-2 看出，对农资综合直补标准的评价为较高、适中、较低的农户分别占 4.21%、28.42%、67.37%，认为农资综合直补适中与较高的农户不足 1/3。分不同农地经营规模来看，中规模户对农资综合直补标准的满意度较高，而较小与较大规模户对其满意度则较低。可见，较小与较大规模户相对更加看重农资综合直补。

表7-2 不同规模农户对农资综合直补的评价

单位：%

评价	农地经营规模					总体平均
	小规模户	中小规模户	中规模户	中大规模户	大规模户	
较高	4.55	0.00	10.53	0.00	0.00	4.21
适中	7.27	20.83	34.21	25.93	33.33	28.42
较低	88.18	79.17	55.26	74.07	66.67	67.37

3. 不同规模农户对粮食最低收购价政策的评价

农户总体上对粮食最低收购价政策的认知度不高。从表7-3看出，对该政策非常了解、了解一些的农户的比重仅为3.97%、37.24%，对该政策不太了解与完全不了解的农户居多，比重分别为34.14%、24.66%。值得注意的是，随着农户规模由小到大的变化，对粮食最低发购价政策非常了解与了解一些的农户合计占比分别达到54.54%、45.58%、36.66%、44.23%、39.29%，呈现较小规模农户对粮食最低收购价政策的认知程度较高，而较大规模农户对粮食最低发购价政策的认知程度偏低的现象。与此相对应，较小规模农户对该政策完全不了解的占比却高于较大规模农户，这在一定程度上表明，较大规模农户的政策认知期望与现实满足间存有反差，反映了该规模户对政策认知的渴求以及对政策效果的不满意程度更高。不同规模农户对最低收购价政策的认知程度的差异说明，在扩大粮食最低收购价政策宣传面的同时，确定重点对象能够更好地发挥政策的影响力。

表7-3 不同规模农户对最低收购价政策的认识程度

认知程度	农户数（户）	农户频度（%）				
		小规模户	中小规模户	中规模户	中大规模户	大规模户
非常了解	23	9.09	4.76	3.19	5.77	0.00
了解一些	216	45.45	40.82	33.47	38.46	39.29
不太了解	198	13.64	33.33	33.07	35.58	46.43
完全不了解	143	31.82	21.09	30.28	20.19	14.29

粮食最低收购价政策属于价格支持政策，因而农户对政策执行的托市粮价较为关注。在调查问卷中设置了"你认为现行粮食最低收购价标准是

偏高、适中、偏低"的问题。分析结果如图7－1所示：绝大多数农户认为目前最低收购价标准是偏低的，仅有极少数农户认为该标准偏高，较少数农户认为该标准适中。其中，中等及大规模农户中认为该标准偏低的农户的比重分别高达86.79%、94.74%，而认为该标准偏高的农户则完全没有。调查数据还显示：在实施粮食最低收购价政策以来，认为托市粮价偏低的中等规模农户的小麦播种面积已有调减；而小麦播种面积有所增加的大规模农户，在认同托市粮价偏低的情形下，是否能够保持播种面积不调减或稳中有升，令人担忧。

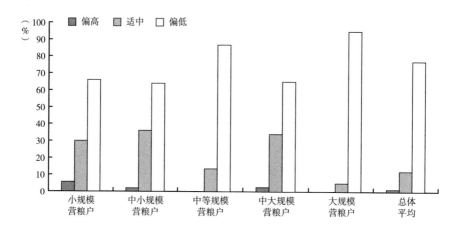

图7－1　不同规模农户对托市收购价标准高低认知的频度分布

可见，作为重要的制度变量，托市收购价政策对不同规模农户售粮规模的影响作用的程度趋异。业已发生非粮甚至非农转移的小规模农户是托市收购价政策作用的边缘群体；兼业转型的中等规模农户是托市收购价政策作用的敏感对象；大规模农户对托市价利益导向的积极响应，已成为托市收购价政策作用的核心载体。

（二）粮食补贴政策对农户营粮决策的影响

粮食补贴政策与其他因素共同影响农户的营粮决策。在对不同规模农户营粮的主要影响因素进行分析中发现（见表7－4）：种粮比较收益、农资成本是影响农户营粮决策的重要因素，对大规模经营户营粮决策的影响尤甚。非农就业机会、农地规模、家庭劳动力数对农户营粮决策的影响较弱，其中非农就业机会对中小及以下规模经营户营粮决策的影响较大，农地规模对中规模经营户营粮决策的影响较大，而家庭劳动力数对中等及以上规模经营户营粮决策的影响较大。值得注意的是，粮食综合直补和良种补贴等专项补贴政策与粮食最低收购价政策对农户营粮决策也具有一定的影响，前者作用大于后者作用，并且两类政策性因素对中等及以上规模经营户营粮决策的影响较大。在粮食补贴政策中，粮食直补对农户种粮的影响作用最大（可能与粮食直补政策的实施稳定、惠及面广及直观便捷等特性有关），而良种补贴与农机具补贴对农户种粮的影响作用较小，尤其是良种补贴，这可能与补贴方式有一定关系。现行的良种补贴方式并非采用现金或银行卡直接补贴到户，而是委托种子经销商代为执行补贴，即农民只有在购买指定的品种种子时，良种补贴才能够以抵作种子款的形式来兑现，因而，在良种补贴的运行实践中，由于存在信息不灵、品种不匹配以及操作方式单一等原因，农民很难得到政策实惠，由此削弱了该政策对农户营粮的影响。

表7-4　农户营粮主要影响因素的户数分布频度

单位：%

农户类型	农户频度						
	种粮比较收益	非农就业机会	农资成本	农地规模	家庭劳动力数	粮食综合直补与专项补贴政策	粮食最低收购价政策
小规模户	52.70	22.97	25.68	17.57	24.32	14.86	9.46
中小规模户	37.93	34.48	27.59	17.24	20.69	20.69	–
中规模户	38.46	19.23	50.00	32.69	26.92	23.08	21.15
中大规模户	38.89	8.33	55.56	13.89	47.22	33.33	44.44
大规模户	62.50	9.38	46.88	18.75	28.13	25.00	15.63
总体平均	46.64	19.28	39.46	20.63	28.70	21.97	17.49

　　进一步单列惠农政策问卷指标项，将粮食补贴政策分列为综合直补、良种直补、农机具补贴与最低收购价政策，分析结果显示（见表7-5）：综合直补政策对农户营粮决策的影响作用最大（可能与粮食直补政策的实施稳定、惠及面广及直观便捷等特性有关），而后依次是最低收购价政策以及农机具补贴政策，良种补贴政策对农户营粮决策的影响作用较小。就不同规模经营户而言，粮食补贴政策对农户营粮决策的激励作用未见规律性变化，其中综合直补政策对小规模与中规模经营户营粮决策的影响较

大,农机具补贴政策对中小规模经营户营粮决策的影响较大,而良种补贴政策对中小及以下规模经营户营粮决策的影响较大。上述补贴政策对较大规模经营户营粮决策的影响并未显著高于对较小规模经营户营粮决策的影响,这可能与不同规模经营户阶段性发展特征有关。比较而言,最低收购价的定位精准,对中等及以上规模经营户营粮决策的影响较大,政策激励作用较为明显。

表 7 - 5 粮食补贴政策对农户种粮的影响作用的户数分布频度

单位:%

农户类型	综合直补	良种补贴	农机具补贴	最低收购价
小规模户	71.05	6.58	2.63	19.74
中小规模户	27.59	6.90	51.72	13.79
中规模户	69.39	2.04	6.12	22.45
中大规模户	57.14	5.71	17.14	20.00
大规模户	54.55	3.03	9.09	33.33
总体平均	60.36	4.95	13.06	21.62

(三) 粮食补贴政策的激励效应

在一定的制度安排下,农户粮作经营决策遵循制度理性原则。当新的制度安排改变了原来的制度成本和制度收益的对比关系,使农户从事粮作经营的净收益有所增加之时,新的制度安排即会形成对农户粮作经营行为的制度激励。

1. 粮食综合直补与专项补贴的政策效应

粮食综合直补与专项补贴政策具有降低农户粮作经营制度成本、增加其制度收益的双重功效,该补贴政策的具体运作直接影响其政策绩效。调查结果表明(如表 7 - 6 所示),按照实际播种面积计算的亩均补贴与按照承包耕地面积计算的亩均补贴较为接近,但前者略高于后者,这缘于农户实际播种面积少于承包耕地面积。就不同类型农户来看,按照承包耕地面积所计算的亩均补贴较为接近,趋于总体平均数,而按照实际播种面积所计算的亩均补贴差异性较大,并且有随粮作经营面积的扩大而递减的趋势,其中,中规模及以下规模粮作经营农户所得补贴高于平均补贴水平,而中大及以上规模粮作经营农户所得补贴则低于平均补贴水平。

表 7 - 6 农户所获得的粮食补贴总额及亩均补贴

农户类型	实际播种面积（亩）	承包耕地面积（亩）	补贴总额（元）	按实际播种面积计算的亩均补贴（元/亩）	按承包耕地面积计算的亩均补贴（元/亩）
小规模户	1.16	4.03	46.45	40.05	11.53
中小规模户	3.59	4.19	52.62	14.66	12.56
中规模户	6.59	7.11	90.36	13.71	12.71
中大规模户	11.08	9.83	128.00	11.55	13.02
大规模户	16.83	14.83	188.42	11.20	12.71
总体平均	7.09	7.94	91.52	12.91	12.53

以上分析表明，粮食补贴政策的实际执行，基本上是按照农户承包耕地面积进行补贴。该政策操作虽简单易行，有助于降低相应的制度实施成本。然而，按照农户承包耕地面积进行补贴使得粮食补贴具有了浓厚的基于农户农民身份的福利色彩，有悖于粮食补贴政策旨在改善粮农生产条件、增加粮食供给的初衷。

2. 粮食最低收购价的政策效应

农户特别是大规模营粮户的收益主要依靠市场交易来实现。从销售渠道来看，农户粮食销售于国有粮食企业、粮食加工企业、集体或合作社、集市贸易、个体商贩的比重分别为 27.38%、26.19%、3.57%、7.14%、83.93%（如表 7 - 7 所示）。其中，个体商贩是绝大多数农户销售粮食的主要渠道，重要性其次的粮食销售渠道是国有粮食企业与粮食加

表 7 - 7 各粮食销售渠道所对应的农户频度

单位：%

农户类型	国有粮食企业	粮食加工企业	集体或合作社	集市贸易	个体商贩
小规模户	0.00	9.09	9.09	9.09	54.55
中小规模户	13.95	25.58	0.00	6.98	81.40
中规模户	32.79	24.59	3.28	9.84	86.89
中大规模户	33.33	30.95	7.14	4.76	88.10
大规模户	54.55	36.36	0.00	0.00	90.91
总体平均	27.38	26.19	3.57	7.14	83.93

注：农户可选择一个或若干个主要销售渠道，而每一销售渠道的农户占该类型农户的比重即为各销售渠道所对应的农户频度。

工企业。就不同类型农户来看，小规模粮作经营户中将粮食销售给国有粮食企业的农户的比重较小，可能与该类型农户粮食自用比重较高，无多少外卖粮食有关；中规模及以上规模粮作经营户中较为集中地将粮食销售于个体商贩、国有粮食企业、粮食加工企业的农户的比重较高。

实际上，农户粮食销售价格低于国家针对粮食主产区实行的最低保护价。可以从农户粮食销售的主要途径揭示这一现象的症结。问卷资料的分析结果显示，认为自己家的小麦销售价格高于、等于、低于 1.44 元/公斤（最低保护价）的农户的比重分别为 4.42%、26.55%、69.03%。也就是说，绝大多数农户认为自己家粮食的销售价格低于最低收购价。造成上述情形的原因可能有以下两个方面。其一是国有粮食企业出于自身利益的目的，存在故意侵害农户利益的行为。依据农户频度排序，农户对国有粮食企业在执行最低收购价政策时的所作所为最为不满意的依次是压级压价、克扣斤两、服务态度差、拒收、打白条及其他。其二是个体商贩利用自己在信息灵通、交易灵活、交易成本节约等方面的内生优势，充当粮食销售的"二传手"。事实上，在一些个体商贩为农户提供便捷服务的同时，也有一些不法个体商贩设法坑骗粮农，致使其利益受到损失。

可见，制度设计中面向粮食生产者实施的粮食最低收购价政策，由于相关利益主体的信息与规模优势及其趋利行为，往往会使粮农处于交易劣势，粮农利益难以得到合理保障。在粮食主产区，由于存在缺乏市场化与规模化的粮食交易主体、粮食市场流通体制不完善、粮食市场体系不健全等诸多方面的"市场瓶颈"，诸多惠农政策在粮食流通领域面临较高的"交易费用"损失，而处于粮价政策效应下游的粮食生产者难以充分享受政策实惠也就不足为奇了。

结合上述和第六章的分析结果可知，营粮动机、耕地资源禀赋、粮作经营绩效以及粮食补贴政策等是影响农户粮作经营行为的重要因素。其中，粮食补贴政策对农户粮作经营行为的实际影响与政策目标存在一定的偏差。首先是政策目标单一。粮食补贴政策的目标旨在在促进粮农增收的基础上实现粮食供给的增加，这本无可厚非，但是，粮食补贴政策的实施还应兼顾实现农民分业分流的目标，也就是说，粮食补贴政策应促进非粮化与非农化经营的农户合理转让与流转土地，从而使较大规模粮作经营户能够通过转包入耕地实现规模化与集约化生产，从根本上实现粮农增收与粮食供给增加的统一。其次是政策手段存在简单化倾向。按照种粮面积补贴在实际操作中被基层组织简单化为按照承包耕地面积补贴，结果是实际种植面积低于承包耕地面积的较小规模的粮作经营户得到相对较多的种粮补贴，理所当然对粮食补贴政策的满意度较高，而较大规模的粮作经营户得到相对较少的种粮补贴，对粮食补贴政策的满意度较低。最后是粮食补贴政策传导机制不完善。例如，基层粮食补贴的发放由村级集体组织来承担，村集体负责人很容易采取机会主义对策行为，从而使得粮食补贴政策的执行有所偏离。同样，粮食最低收购价政策也难以化解市场困境，在粮食市场体系不完善、粮食流通主体难以发育壮大的背景下，以中国储备粮管理总公司为主体、以国有粮食收储企业为依托实施粮食最低收购价政策，极容易使具有信息优势的中介交易者——个体粮贩获得粮食最低收购价政策的大部分利益，也就是说，粮食最低收购价政策的好处难以真正落到粮农，特别是种粮大户手中。

粮食补贴政策绩效的好坏最终要看其是否能够对农户粮作经营行为进行有效调节。针对粮食补贴政策实施中存在的问题，目前亟须采取以下应对性策略：①优化粮食补贴政策目标，即由单纯刺激粮食供给增加，转变为通过促进农民的分业分流以及耕地的合理转让与流转，实现粮农规模化经营与粮食供给稳定增长相统一；②强化粮食补贴政策手段的科学性与可操作性，主要是把现行粮食补贴政策的"普惠制"转变为面向粮食种植大户的"专惠制"，即以粮食种植大户与国有粮食收储企业签约的粮食销售量为依据，核定粮食补贴标准，并同时确保种粮大户受到粮食最低收购价政策的保护；③完善粮食政策传导机制，目前应规范政府对粮食市场的管制，有效防止代理人在政策执行中实施机会主义行为，同时还应大力完善粮食流通体系，发育壮大粮食流通组织，通过规模化的粮食交易主体与规范化的粮食交易环境来降低政策实施成本，最终使粮食补贴政策执行与传导机制得以完善。

二、宏观效果

粮食补贴是政府运用财政资金给予特定对象、特定环节的导向性支出，是实现国家粮食安全目标的财政支农政策手段。从资金来源看，粮食补贴包括中央财政补贴与地方政府配套补贴；从实现形式来看，粮食补贴分为直接补贴与间接补贴；从作用对象来看，粮食补贴包括对特定区域如粮食生产区的补贴、对特定群体如农民的补贴以及对特定环节如生产与流通的补贴。下面分别对收入型补贴政策、生产型补贴政策以及粮食最低收购价政策的实施绩效予以分析。

（一）收入型补贴

在 WTO 规则约束下，粮食直接补贴政策因其较高的补贴效率和较小的市场扭曲，逐渐在世界范围内普及开来。在我国，间接补贴形式下的粮食保护价敞开收购政策的弊端凸显，存在诸如补贴环节多、补贴效率低、财政负担重、农民利益难以得到充分保护等问题。在此背景下，为推进粮食流通体制改革的顺利进行，我国将原来对粮食流通环节的间接补贴转变为对种粮农民的直接补贴，于 2004 年开始实施粮食直补政策，其目的是减轻粮食价格波动对种粮农民收益的影响。2006 年，我国开始实行农资综合直接补贴政策，该政策是在对种粮农民实施直接补贴政策的基础上，对种粮农民因柴油、农药、化肥、农膜等农业生产资料增支而实行的综合性直接补贴政策，其目的是补偿种粮农民因农业生产资料价格上涨导致的支出增加，以稳定种粮成本，保证农民的种粮收益。

上述两种补贴都属于综合性收入型补贴政策，分别从粮食的产出品价格和投入品价格的角度来保障种粮农民的收入。综合性收入补贴的实质是对种粮农民的收入性补偿，是国家财政对种粮农户的直接转移支付，其目标是通过国民收入的再分配，向农民直接发放综合性收入，保障农民收入稳定增长和生活水平持续提高。在政策操作上，重点是补偿种粮农户，而在实际执行中只要求包括种粮农户，却并不要求完全排除非种粮农户。在补贴的具体发放过程中，为了降低执行成本，大多数地方采取了"按照计税土地面积或计税常产向农户发放补贴"的操作办法。如此操作尽管使得少数非种粮农户得到了补贴，但是也大幅降低了对种粮农户的信息甄别成本。由此可见，综合性收入补贴在实际运行中演变成了基于农民身份权利的"普惠制"意义上的补贴。

综合性收入型补贴政策的实施效果表现出了显性效应与隐性效应并存的双面性。政策的显性效应表现为通过财政资金的转移性支付，在一定程度上增加了农民收入，调动了农民的种粮积极性，有效增加了粮食种植面积，并由此为粮食产能增加做出了贡献。与此同时，在粮食需求相对稳定的市场环境下，粮食供给的增加会降低粮食市场的均衡价格，收入型补贴政策事实上通过影响粮食市场均衡价格的形成决定着生产者与消费者之间的福利再分配。作为消费必需品的粮食具有低需求价格弹性特征，粮食市场均衡价格趋低带来的福利效应总是更多地转移给粮食消费者，由此形成了收入型补贴政策的隐性效应。

（二）生产型补贴

近年来实施的专项生产型补贴政策主要有良种补贴、农机购置补贴。良种补贴针对有种植优质粮食作物的农户，在种粮品种上给予补贴，目的是提高优良粮食作物品种的种植规模、粮食品质以及产量。补贴资金的发放可采取直接发放到粮农手中，或者对粮食品种直接进行补贴的方式，从而降低农户购买补贴良种的支付成本。农机购置补贴是国家对从事农业生产的个人或者是组织在购置农机具时给予一定的补贴，主要对政策操作选定的农机具按照一定的比例进行补贴。该补贴政策旨在加快农业的机械化发展，提高粮食生产的机械化装备水平及劳动生产效率。

生产型补贴政策的实施效果受信息甄别、政策操作、生产者响应等诸多方面的影响较大，因而对其政策效应进行评价存在复杂性。王姣、肖海峰通过研究分析指出，良种补贴对农户粮食产量和种植业收入都有正向影响作用，但由于良种补贴仅限定于几个粮食品种并且当前的补贴标准也较低，因此它对农民收入的影响较小[2]。对于农机购置补贴政策而言，李红、马秀华、韩剑锋、李军政等学者认为实施农机购置补贴政策，对农业机械化进程产生了明显的积极影响，既有力地调动了农民和各类农机服务组织购买农业机械的积极性，发挥了财政资金对农机产业发展的引导作用和对农机消费需求的拉动作用，推动了农业技术装备结构升级和关联产业的发展，又对农业生产方式和整个社会结构的调整产生了极大的影响。并且他们认为农机购置补贴政策对经济发达地区农民收入的影响较小，而对经济欠发达地区农民收入的影响较为明显。据此，他们提出政府应适当在经济欠发达地区加大农机购置补贴规模，这不仅能够促进欠发达地区经济的发展及农民增收，而且可以缩小经济发达地区与欠发达地区农民收入之间的差距[3]~[6]。

（三）流通型补贴

粮食最低收购价政策作为国家重要的粮食价格调控政策，于 2004 年开始对粮食主产区重点粮食品种实行预案，并于 2005 年正式启动至今。该政策设计初衷是为了稳定粮食供给，增强国家调控粮食市场的能力，提高农民的种粮积极性及收入等，但实际的执行效果似乎并未得到认可。一种观点认为，最低收购价政策对主要靠提供劳动力获得务农收入的农户的收入的作用甚微或没有作用[7]，且该政策中存在的对市场价格的扭曲效应、流通环节"暗补"的效率损失、托市收购对市场供求调节的滞后效应等应该被立即取消[8]；另一种观点则是在肯定最低收购价政策效果的同时，提出要合理确定定价标准，发挥其价格导向与"影子价格"的作用等[9]。伴随各种褒贬，作为一项重要的支农惠农政策，粮食最低收购价政策没能较好地发挥市场调节功能。事实上，我国小农生产和粮食市场发育不足的现实表明，完全依靠市场配置资源难以构建粮食安全的长效机制，对粮价实施政策干预有其必要性[10]。建立在放开收购价格、收购主体多元化、收购市场充分竞争的市场机制基础上的粮食最低收购价本质上不同于之前的保护价政策，它兼具生产支持与收入支持的双重功能，有助于合理调节工农及城乡（生产者与消费者）之间的利益分配[11]。在见仁见智中，如何客观评价粮食最低收购价政策非常重要。基于此，考虑到最低收购价政策的实施作物品种不同可能会引致不同的效果，下面单以小麦为例，对其最低收购价政策执行前后、执行省区与非执行省区等的情况进行总量、结构与效率方面的动态及静态比较，综合评价小麦最低收购价政策的效果。

1. 小麦最低收购价政策执行省区与非执行省区的产出总量比较

粮食产出是粮食宏观调控政策的重点，一头连着国家粮食安全，一头连着农民收入增长。粮食最低收购价政策在地理空间上的非均衡分布实施，势必对粮食主产区的粮食产出带来影响。就小麦而言，根据历年相关统计年鉴的统计结果，河北、江苏、安徽、山东、河南、湖北、山西、内蒙古、黑龙江、四川、云南、陕西、甘肃、宁夏、新疆等 15 省区的小麦总产占到全国小麦总产的 90% 以上，且该比例在逐步提高（见表 7-8），故将这 15 省区作为小麦主产区。自 2006 年实行小麦最低收购价政策以来，国家一直将小麦主产区中的河北、江苏、安徽、山东、河南、湖北六省作为执行省区，其余省份是否执行该政策则由它们自主决定。为此，本书将国家层面上划定的六省作为小麦最低收购价的执行省区，其余九省作为非执行省区，由此对执行省区与非执行省区的小麦产量及其变化进行分析比对。

表7－8 小麦总产量变化及其区域差异

单位：万吨，%

时期		全国小麦总产量	小麦主产省区		执行省区		非执行省区		CR_n
			总产	环比增长	总产	环比增长	总产	环比增长	
政策前	2000 年	9963.60	9377.20	–	7041.20	–	2336.00	–	70.67
	2001 年	9387.30	8928.40	–4.79	6736.40	–4.33	2192.00	–6.16	71.76
	2002 年	9029.00	8617.90	–3.48	6374.40	–5.37	2243.50	2.35	70.60
	2003 年	8648.85	8306.20	–3.62	6293.20	–1.27	2013.00	–10.27	72.76
	2004 年	9195.18	8856.40	6.62	6772.70	7.62	2083.70	3.51	73.65
	2005 年	9744.51	9389.80	6.02	7274.00	7.40	2115.80	1.54	74.65
政策后	2006 年	10846.59	10083.70	7.39	7889.80	8.47	2193.90	3.69	72.74
	2007 年	10929.80	10614.65	5.27	8607.82	9.09	2006.83	–8.53	78.76
	2008 年	11246.41	10938.97	3.06	8802.42	2.26	2136.55	6.46	78.27
	2009 年	11511.51	11205.55	2.44	8846.39	0.50	2359.16	10.42	76.85
	2010 年	11518.08	11241.45	0.32	8929.28	0.94	2312.17	–1.99	77.52

注：CR_n 表示小麦最低收购价执行省区的小麦产业集中度，即指执行省区的小麦生产量在小麦主产省区中的地位。$CR_n = \Sigma (X_i)_n / \Sigma (X_i)_N$，$X_i$ 表示第 i 个省区小麦生产量；n 表示小麦最低收购价执行省区数（n＝6）；N 表示小麦主产省区数（N＝15）。CR_n 越接近于 100%，反映小麦生产的产业集中度越高。表中指标值由历年《中国统计年鉴》、《全国农产品成本收益资料汇编》以及国研网相关数据计算得出，下同。

（1）总产量比较

粮食市场化改革以来，诸多惠农政策的实施促进了粮食的恢复性增长。2003 年，粮食总产量为 43069.5 万吨，2004～2010 年粮食总产量由 46946.9 万吨增加到 54647.7 万吨。与此同时，作为主要粮食品种之一的小麦的总产量也出现同趋势的变化，由 2001～2003 年的连续下滑转变为之后的逐年增长。尤其在 2006 年实行小麦最低收购价政策之后，小麦总产量均维持在 1 亿吨以上，到 2010 年累计增长 6.19%，呈现平稳增长态势。

从小麦主产省区内部来看，虽然执行省区与非执行省区小麦总产量在实行小麦最低收购价以来，均实现了扭减为增，但执行省区在产量增幅及稳定性方面优于非执行省区。2006 年以来，执行省区小麦总产量累计增幅为 13.18%，年均增长 3.14%，小麦产业集中度由 2006 年的 72.74% 增加到 2010 年的 77.52%，尤其在 2006 年按照托市价收购小麦后，小麦生产的产业集中度出现跳跃性的增长，小麦生产的产业集中度最高年份 2007 年的小麦生产产业集中度高于 2006 年之前的 4.00～8.10 个百分点；而同期，非执行省区小麦总产量累计增幅为 5.39%，年均增长 1.31%，低于执行省区小麦总产量年均增长率 1.83 个百分点。从表 7-8 中还可以看出，自 2006 以来执行省区小麦总产量持续正增长，而非执行省区的小麦总产量增长的稳定性较差，在 2007 年和 2010 年两个年份里出现环比下降。由此可见，小麦最低收购价政策的实施，客观上增强了执行省区小麦经营农户的收益预期，从而有效保障了执行省区以至整个粮食主产省区小麦总产量的持续稳定增长。

（2）总产值比较

最低收购价政策在带来小麦实物产出变化的同时，也使得各省区小麦平均售价趋异（见表 7-9）。自小麦最低收购价政策启动以来，执行省区与非执行省区的小麦售价均在不断提高，但前者提高幅度低于后者。不过，尽管执行省区在小麦售价上存在相对劣势，但其小麦产值在 2006~2010 年持续增长，且增长稳定性好于非执行省区。但非执行省区得益于小麦售价的较快提升，在同期产量出现波动的情况下，其小麦产值在主产省区小麦产值中的占比仍然有所提升。由此使得小麦最低收购价政策执行省区与非执行省区的产量贡献与收益实现出现背离倾向。可见，执行省区小麦最低收购价政策的实施，在一定程度上对非执行省区具有"基准价"参照意义以及政策传导辐射效应，进而引致政策托市效应也"流向"了非执行省区。

表 7-9　小麦售价、总产值变化及其区域差异

单位：元/斤，亿元，%

年份	小麦主产省区			执行省区			非执行省区		
	售价	产值	环比增长	售价	产值	环比增长	售价	产值	环比增长
2006	0.72	1444.09	–	0.70	1134.68	–	0.71	309.41	–
2007	0.76	1604.17	11.09	0.75	1301.04	14.66	0.77	303.13	-2.03
2008	0.83	1806.89	12.64	0.81	1426.19	9.62	0.88	380.70	25.59
2009	0.92	2076.49	14.92	0.90	1634.79	14.63	0.94	441.70	16.02
2010	0.99	2225.50	7.18	0.98	1753.04	7.23	1.03	472.46	6.96

注：主产省区、执行省区与非执行省区农户小麦每斤的售价是依据历年《全国农产品成本收益资料汇编》中各小麦主产省农户小麦平均售价，将各省小麦产量作为权重，加权计算得来。

2. 小麦最低收购价政策执行省区与非执行省区的产出结构比较

小麦总产量与总产值变化是由结构因素的相应变化引起的，分解结构性因子的贡献份额，有助于解释总量变化的成因。

（1）总产量增长的因子贡献

从表7－10看出，小麦产出增量及其因子贡献变化的阶段性特征明显，并且在不同省区呈现差异性。就执行省区而言，2001～2003年为产出增量递减期，2004～2005年为产出增量快速释放期，之后随着小麦最低收购价的启动，其产出增量由快速释放逐步转为平缓增长。从因子贡献来看，执行省区播种面积贡献的走势与产出增量的走势大体相当，2006年以来的正向贡献作用由强变弱，但也没有出现之前的负向效应。同期，执行省区单产贡献作用较为突出，稳定性好，而且在产出增量中的份额也较高，不过与2006年之前纵向相比，单产贡献则在减弱。比较而言，非执行省区产出增量增长的稳定性较差，其中播种面积贡献为负值的年份居多，且波动变化程度较高；与此同时，单产贡献的稳定性较差，特别是2005年以来，其正向作用与负向作用交错出现，处于波动状态。

表7－10　小麦产出增量及其因子贡献的区域差异变化

单位：万吨

项目		政策前					政策后			
		2001年	2002年	2003年	2004年	2005年	2006年	2007年	2008年	2009年	2010年
执行省区	△Q	-304.80	-362.00	-81.20	479.50	501.30	615.8	718.02	194.6	43.97	82.89
	CA	-405.94	-70.89	-351.74	-38.89	417.16	144.4	604.87	5.85	3.96	48.86
	CP	101.14	-291.11	270.54	518.39	84.14	471.4	113.15	188.75	40.01	34.03
非执行省区	△Q	-271.50	3.70	-298.95	66.83	48.03	486.27	-634.8	122.00	221.13	-76.32
	CA	-295.96	-169.00	-326.40	-86.85	94.88	-42.36	-166.24	-37.47	232.72	-43.85
	CP	24.46	172.70	27.44	153.68	-46.85	528.63	-468.56	159.47	-11.58	-32.47

注：本表中计算的产出增量（△Q）为本年度产出与上年度产出的差额，其中的播种面积贡献（CA）、单产贡献（CP）分别为播种面积、单产增加对产出增量的贡献。

总体来看，在实行小麦最低收购价之前，在执行省区与非执行省区，单产是影响小麦总产量变化的重要因素；之后，在执行省区，播种面积和单产合力发挥作用来决定小麦总产量的变化，在非执行省区，小麦总产量波动较大，且也以单产为影响小麦总产量变化的主导因素。可见，最低收购价政策的实行，有利于执行省区小麦播种面积的稳定或扩大，提升单位面积产出能力，在一定程度上助推了执行省区成长为小麦主产区产出稳定增长的主导力量。

（2）总产值增长的因子贡献

小麦价值量变化取决于产量与价格的综合变动。在此，以小麦实物产量及平均售价为依据，分别估算小麦主产省区、执行省区与非执行省区的小麦价值量，以分析其变化及区域差异状况。鉴于数据的可获得性，难以分品种研究小麦价值量变化，仅以白小麦托市价为参照来分析。伴随最低收购价政策的实行，出现了小麦主产省区、执行省区与非执行省区的小麦平均售价越来越偏离托市价的现象（见表 7-9 和表 7-11），其中非执行省区小麦售价渐次走高的趋势更为明显，小麦托市价在某种程度上成为"地板价"。这一现象可能的原因是，最低收购价政策的实施加剧了小麦产销储运的非均衡性分布矛盾，同时非执行省区小麦产不足需，跨区域的交易成本与物流成本推高了当地的小麦市价，助推了非执行省区农户小麦售价水平的提高。

表 7-11　小麦产值增量及其因子贡献的区域差异变化

单位：元/斤，亿元

年份	托市价			小麦主产区			执行省区			非执行省区		
	白小麦	红小麦	混小麦	$\triangle V$	CQ	CP	$\triangle V$	CQ	CP	$\triangle V$	CQ	CP
2006	0.72	0.69	0.69	-	-	-	-	-	-	-	-	-
2007	0.72	0.69	0.69	160.08	76.04	84.04	166.36	103.26	63.10	-6.28	-26.38	20.10
2008	0.77	0.72	0.72	202.72	49.01	153.71	125.15	29.41	95.74	77.57	19.59	57.98
2009	0.87	0.83	0.83	269.59	44.03	225.56	208.60	7.12	201.47	61.00	39.67	21.33
2010	0.90	0.86	0.86	149.02	6.65	142.37	118.26	15.32	102.94	30.76	-8.80	39.56

注：本表中计算的产值增量（$\triangle V$）为本年度产值与上一年度产值的差额，即为 $\Sigma(P_t Q_t - P_{t-1} Q_{t-1})$，其中的产量贡献 $CQ = \Sigma(P_{t-1} Q_t - P_{t-1} Q_{t-1})$，粮价贡献 $CP = \Sigma(P_t Q_t - P_t Q_t)$。其中，$P_t$、$P_{t-1}$ 为本年度和上一年度的价格；Q_t、Q_{t-1} 为本年度和上一年度的产量。

从表 7-11 来看，小麦主产省区小麦产值在稳定增长，其中粮价贡献份额高于产量贡献份额，并且强化趋势明显，前者由 2007 年的 52.50% 攀升到了 2010 年的 95.54%。执行省区小麦产值增量及其粮价贡献、产量贡献变化情况与上述相似，产量贡献的绝对量与相对份额显著下降，而粮价贡献的绝对量与相对份额均有所提升。在非执行省区，小麦产值增量的主要贡献因子仍然是粮价，区别于产量贡献的波动变化，粮价贡献的绝对量与相对份额均稳中有升，粮价贡献对小麦产值增长的作用也非常显著。由此说明，不论是在执行省区还是在非执行省区，粮价在产值增量中的贡献均超过产量贡献。

3. 小麦最低收购价政策执行省区与非执行省区的产出效率比较

小麦最低收购价政策的效应，不仅表现在不同类型省区小麦产出总量、产出结构上，而且表现在小麦产出效率上。对于小麦的产出效率，可以从其相对效率与绝对效率两方面来分析。相对效率反映各地区小麦生产的比较优势状况，而绝对效率反映各地区小麦经营中要素投入的产出绩效。测算小麦产出的相对效率与绝对效率，有利于定量分析小麦最低收购价政策对执行省区与非执行省区带来的影响作用及其程度。

（1）相对效率

粮食生产的规模和效率是地区比较优势的主要体现，作物单产及种植规模指标的相对状况可反映小麦生产的相对效率状况。在此，通过规模优势系数（CSA）和效率优势系数（ESA）来测算综合优势系数法（CAA），以此反映不同类型区域小麦产出的相对效率。

从表7-12来看，小麦最低收购价政策的实施，对不同类型区域造成的影响较为显著。首先是最低收购价政策加速了小麦生产区域化布局基础上的规模优势分化。最低收购价政策实施以来，执行省区的规模优势得以进一步提升，而非执行省区则由有规模优势渐次逆转为缺乏规模优势，规模优势下降明显。其次是最低收购价政策对不同类型区域小麦单位面积产出效率均有弱化作用。最低收购价政策实施后，执行省区虽仍保持效率优

表7-12　小麦最低收购价政策执行省区和非执行省区小麦综合优势变化趋势

地区	指标	政策前						政策后				
		2000年	2001年	2002年	2003年	2004年	2005年	2006年	2007年	2008年	2009年	2010年
执行省区	CSA	1.70	1.77	1.77	1.82	1.86	1.85	1.86	1.93	1.95	1.92	1.94
	ESA	1.20	1.17	1.17	1.22	1.17	1.18	1.10	1.12	1.13	1.12	1.15
	CAA	1.43	1.43	1.44	1.49	1.48	1.48	1.43	1.47	1.49	1.47	1.49
非执行省区	CSA	1.19	1.14	1.09	1.04	1.02	1.00	0.97	0.85	0.83	0.88	0.86
	ESA	0.78	0.75	0.84	0.86	0.81	0.79	0.84	0.70	0.75	0.73	0.74
	CAA	0.96	0.93	0.96	0.95	0.91	0.89	0.90	0.77	0.79	0.80	0.80

注：$CSA = (S_{ij}/S_i) / (S_j/S)$，$ESA = (P_{ij}/P_i) / (P_j/P)$，其中，$S_{ij}$ 和 S_j 分别为第 i 省区和全国小麦播种面积；S_i 和 S 分别为第 i 省区和全国的粮食作物总播种面积；P_{ij} 和 P_j 分别为第 i 省区和全国小麦的平均亩产；P_i 和 P 分别为第 i 省区和全国的粮食作物的平均亩产。$CAA = (CSA \times ESA)^{1/2}$，若 $CAA \geq 1$，说明该地区该种农作物具有比较优势，CAA 值越大，说明比较优势越明显。

势，但优势有明显下降，而非执行省区的效率劣势得以形成，并有小幅降低。最后是最低收购价政策强化了不同类型省区小麦综合优势的分化格局。伴随最低收购价政策的推行，执行省区综合优势稳中有升，而非执行省区综合优势渐次递减，执行省区综合优势与非执行省区综合劣势格局得以形成与强化。

（2）绝对效率

农业科技的支撑作用以及合理的要素投入，是提高小麦生产经营效率的前提。小麦最低收购价政策在空间上非均衡实施，势必引致不同类型省区小麦产出弹性的变化。在此，以小麦产值作为因变量，以各要素的实际投入作为自变量，模拟小麦生产函数，进一步分析小麦最低收购价政策自实施以来对小麦产出效率的影响。

小麦生产过程中的投入产出关系可用柯布道格拉斯生产函数来表示，即 $Y = A_t S^\alpha K^\beta L^\gamma$，其中 Y 是小麦总产值，A_t 是综合技术水平，S 是小麦播种面积，K 是资本投入，L 是劳动投入，α、β、γ 分别是农地、资本、劳动要素的产出弹性系数。在此，分别运用 2006～2010 年执行省区与非执行省区的相关数据进行回归计算，结果均通过了检验（如表 7－13 所示）。

表 7－13　小麦生产要素的产出弹性及其变化趋势

地区	变量	2006 年		2007 年		2008 年		2009 年		2010 年	
		系数	t 值	系数	t 值	系数	t 值	系数	t 值	系数	t 值
执行省区	lnAt	-0.37	-0.33	-1.59	-1.56	-1.57	-1.91	-1.97	-3.10	-1.80	-2.73
	α	1.13*	3.93	0.97**	4.31	1.01**	5.72	0.76**	4.80	0.91**	6.02
	β	0.36	1.64	0.36	1.62	0.57	2.25	0.72*	3.37	0.66*	4.12
	γ	-0.20	-0.75	-0.02	-0.08	-0.26	-0.99	-0.21	-1.06	-0.27	-2.21
		$R^2=0.99$ F=229.38		$R^2=0.99$ F=219.38		$R^2=0.99$ F=445.62		$R^2=0.99$ F=892.76		$R^2=0.99$ F=1036.46	
非执行省区	lnAt	3.03	1.31	2.07	0.75	0.84	0.43	2.63	1.20	-3.45	-1.11
	α	1.20***	4.01	1.24**	2.91	1.09***	4.32	1.13**	3.51	0.91*	2.06
	β	0.36	1.83	0.34	1.23	0.47**	2.60	0.31	1.38	0.79**	2.62
	γ	-0.41*	-2.13	-0.38	-1.54	-0.34**	-2.62	-0.29**	-2.12	-0.33	-1.78
		$R^2=0.94$ F=25.63		$R^2=0.92$ F=19.91		$R^2=0.96$ F=42.48		$R^2=0.95$ F=30.14		$R^2=0.94$ F=23.82	

注：历年小麦总产值与资本投入均被剔除了物价因素的影响。* 表示变量系数通过了 0.10 的显著性检验，** 表示变量系数通过了 0.05 的显著性检验，*** 表示变量系数通过了 0.01 的显著性检验。

从回归计算结果来看，小麦最低收购价政策执行以来，执行省区与非执行省区小麦生产有如下共同特征与变化趋势：一是边际产出贡献重要性由大到小的要素依次为农地、资本、劳动力；二是农地边际产出贡献率有下降趋势，资本的边际产出贡献率动态提升。与此同时，两类型省区呈现了一些趋异特征。首先是执行省区小麦生产的规模报酬递增优势度较高（依据 α、β、γ 之和判断），且较为稳定，但其规模报酬递增优势度提升的幅度明显低于非执行省区。其次是两类型省区各要素边际产出贡献率呈非均衡变化态势，执行省区农地要素产出弹性变化趋势异于非执行省区，且其降幅低于后者。执行省区资金边际产出贡献率的稳定增长性虽略优，但增幅较小，到 2010 年执行省区资金边际产出贡献率低于非执行省区资金边际产出贡献率。执行省区劳动的边际产出贡献的"负向"作用虽小于非执行省区，但其"负向"作用略增，逆于非执行省区劳动边际产出贡献的"负向作用"波动递减态势。最后是执行省区小麦产出的科技贡献度低于非执行省区，但后者的波动性及降幅更大。

可见，小麦最低收购价政策的执行，使得执行省区小麦生产的规模报酬递增优势及其要素边际产出贡献率相对稳定，在一定程度上消减了小麦生产效率的波动变化风险，有助于执行省区小麦产出的持续稳定增长。与此同时，执行省区与非执行省区小麦产出中要素边际产出贡献率的一些趋同趋势，表明市场经济规律发挥了基础决定作用，小麦最低收购价政策通过其传导、辐射及溢出效应，对小麦主产省区的小麦产出效率产生了影响。

上述研究表明，小麦最低收购价政策的实施，在不同类型省区空间上产生的政策效应各异；并且，随着该政策的持续推行，它对执行省区与非执行省区小麦产出总量、结构与效率的影响作用渐趋分化。第一，小麦最低收购价政策对执行省区小麦产业集中度的提升有显著影响，同时执行省区小麦总产量及其增长的稳定性高于非执行省区，但由于执行省区市场价格的相对劣势，其小麦总产值年均增幅低于非执行省区。在某种程度上，执行省区小麦最低收购价政策的实施，对非执行省区具有"基准价"参照意义以及政策"溢出"效应。第二，小麦最低收购价政策实施以来，执行省区总产量增长由播种面积和单产两因子合力发挥作用，而非执行省区小麦总产量波动则以单产为主导因子，这与该政策施行前两类型省区均主要通过单产提高总产量的趋势不同。与此同时，执行省区与非执行省区总产值的因子贡献由偏重于产量逐步转向偏重于单价，最低收购价政策对小麦市价形成及提升的潜力影响作用日益显现。第三，小麦最低收购价政策施行后，执行省区与非执行省区的规模优势分化明显，前者的规模优势逐步提升，后者则由有规模优势渐次逆转为缺乏规模优势。在两类型省区单产效率变化不显著的情况下，形成和强化了执行省区综合优势与非执行省区综合劣势的格局。在产值弹性的变化中，除了表现出上述一致的规模优势外，两类型省区要素边际产出贡献率的趋同性进一步表明，小麦最低收购价政策通过其传导、辐射及溢出效应，对整个小麦主产省区小麦产出效率的提升发挥了重要的作用。

因而，针对小麦最低收购价政策产生的时间效应与空间效应，当前宜在以下方面采取应对性策略或适应性改进。一是适度提升对小麦核心主产省区的托市收购价格，以尽量避免区内供求格局与区际流通成本等因素所造成的小麦核心主产省区产量贡献与产值收益不对称以及托市政策效应的溢出损失；二是重视市场流通对区际粮价形成的基础调节功能，动态调整小麦托市收购粮从核心主产省区向一般主产省区及主销区的市场投放，扭转核心主产省区市场粮价偏低的现状，以合理平衡各省区的利益关系；三是重视最低收购价政策与相关支持政策的协调配套，最大限度地激励种粮农户改善农业设施装备，强化对资源要素的合理配置与优化利用，充分发挥技术进步对提升产出效率的作用，促进种粮农户增产增收。

第二节　国际经验借鉴

一、美国

美国国土面积为937.1万平方公里，耕地面积为1.85亿公顷，是世界上重要的粮食生产国和出口国。20世纪20年代以前，美国政府对包括粮食在内的农产品市场基本采取自由放任不干预的政策，但通过对农业基础设施的投资，促进了农业的发展。之后，随国内国际市场环境的变化，美国通过出台农业法案开始以法律形式来保护农业。

目前美国农业补贴政策主要有直接支付、目标价格和目标收入补贴、灾害保险保费补贴及援助等三种类型。采用的政策工具主要有三种。第一是贷款差额补贴。这是1996年以前美国政府主要实施的农业补贴，即农业部事前确定一个目标价格，如果商品贷款利率高于目标价格或收获后全国平均市场价格低于目标价格，其差额由政府支付给农民，所涉及的农产品主要是大宗谷物产品。这实际上是一种政府为农民提供的保护价格补贴。第二是直接收入补贴。这是1996年以后实施的一种与农产品的生产、价格不挂钩的固定补贴，政府按照基期的补贴产量和补贴面积确定补贴数量，而不与当年的种植面积和市场价格挂钩，农民可以自主决定种植面积和种植种类。第三是反周期补贴。这是2002年农业法案提出的新补贴工具，是用来替代1998～2001年发给农业生产者的临时性的市场丧失援助。单位产品的反周期补贴是由两个价格之差决定的，即目标价格减去该产品的有效价格。其中，2002年颁布的《农业安全与农村投资法案》对各种产品的目标价格做了明确规定，对于"有效价格"的规定则有几种情况：当市场价格高于贷款利率时，有效价格等于全国平均市场价格与直接支付之和；当市场价格低于贷款利率时，有效价格等于贷款利率与直接支付之和；当农产品的有效价格低于政府公布的目标价格时，联邦政府的农产品信贷公司将向农民发放反周期补贴。

在不同时期，美国农业补贴政策的侧重点不同。1933～1995年，美国的农业补贴政策主要是价格补贴政策。该阶段爆发的大危机给美国农业以沉重打击，美国国会通过《农业调整法》开始干预小麦、玉米、水稻等七种主要农产品的市场，其目的是将限额耕作面积、无追索贷款形式的价格支持和储藏计划相结合起来，通过控制的办法提高农产品（包括粮食）价格。二战后，美国农业收入增长缓慢，于是美国政府通过了《1954年农产品贸易开发与援助法》，实施出口补贴来增强其农产品的国际贸易量。随着出口补贴政策的见效，1970年开始实施目标价格补贴政策，并对小麦等粮食作物实施休耕计划，由政府对休耕农场主给予补贴。之后，又制定了由政府向农场主支付一定储存费的农产品储备计划以及食品、农业、环境保护和贸易领域的相关法律等。1996～2001年，美国进入收入补贴政策阶段。在这一阶段，WTO刚刚成立，为规避WTO原则，美国于1996年通过《农业完善和改革法》，取消目标价格和价格差额补贴，取消了对农场主的储备计划；推行农作物收入保险计划，弹性生产合同补贴以及不再与生产挂钩的固定收入支持补贴；同时保留了基本的无追索权贷款制度。2002 年以后，美国进入收入补贴和价格补贴政策的共存阶段。在这一阶段，世界农产品价格不断下跌，为此，美国政府在 2002 年通过《农场安全与农村投资法》，规定增加对农业的投入和补贴，补贴方法由以"绿箱"补贴为主改为以"黄箱"补贴为主，且在 2007 年结束了其有效期。2008 年 6 月，美国众、参两院通过《食物、保护和能源法案》，又进一步加强了对农业的补贴。

美国把立法作为农业补贴的依据，并始终把巨额补贴作为农产品支持政策的基本出发点，且根据形势，不断调整补贴方式。同时把补贴分配相对集中在主要农产品和大农场主上。美国长期执行的农业补贴政策，对促进美国农业发展、提高农民收入起到了积极作用。在农业生产方面，美国政府一方面通过多样化的限产补贴，对已严重过剩的农产品进行强制性或限制性的价格约束，从而减少和限制其产量；另一方面又通过鼓励性补贴来刺激和支持市场短缺农产品的生产，从而缓解供求矛盾，以推动农业生产结构合理化。在出口方面，美国长期对出口导向的农产品（主要是粮食）给予大量补贴。例如，2000 年，美国对小麦的直接补贴为每吨 45 美元（折合成人民币为每吨 370 元），对玉米的直接补贴为每吨 27 美元（折合成人民币为每吨 220 元），这降低了国际市场上美国农产品的价格和提高了国际市场上美国农产品竞争力[12]，进而缓解了美国农业生产与需求之间的冲突和矛盾。在提高农民收入方面，美国政府的多样化补贴不仅为农业生产创造了良好的宏观环境，而且从根本上保证了农业生产主体的收益，最终促进了农业生产持续、稳定发展。

二、欧盟①

欧盟成员国大多人多地少，历史上曾多次发生饥荒，二战期间及战后初期的粮食短缺问题使各成员国把粮食安全置于国家安全的首位。同时由于早期欧盟的农业生产优势并不明显，且当时欧盟的农业经济处于短缺时

---

① 欧洲联盟，简称"欧盟"，成立于 1991 年 12 月，由欧洲共同体发展而来。而欧洲共同体于 1965 年 4 月由欧洲煤钢共同体、欧洲经济共同体和欧洲原子能共同体合并而成。因此，在 1991 年之前，用"欧盟"表述问题不符合事实。但此部分为表述方便，将欧盟及其前身统一称为"欧盟"。

代，于是在 1957 年欧洲联盟的 6 个创始国签订了《罗马条约》。该条约规定了欧洲联盟农产品共同走向市场的三个阶段：第一阶段是用三年的时间来制定政策；第二阶段是在 1970 年以前制定农业规章并完成价格协调；第三阶段是实现农业政策一体化[13]。《罗马条约》明确规定要实施一项在欧盟范围内的共同农业政策。此后，随着欧盟成员国的增加和外界环境的变化，共同农业政策不断丰富，但其基本框架与目标并没发生较大变化。

欧盟在其成员国范围内实施统一的共同农业政策，其主要的农业补贴政策有价格支持和收入补贴政策、农村发展政策和成员国追加的补助政策。其中，价格支持和收入补贴长期以来是欧盟农业政策中最重要的一项制度。在粮食短缺时代，各成员国的粮食生产水平总体较低，粮食的自给率也较低。20 世纪 60 年代中期，各成员国粮食的单产水平不到 3 吨/公顷，粮食的自给率仅为 82%（10 个国家）。因此，发展粮食生产，提高粮食生产率和劳动生产率成为当时重要的农业政策目标[14]。1962 年欧洲共同市场开始实施共同农业政策并于同年建立了"欧洲农业指导与保证基金"，为共同农业政策的实施提供财政保证。其中粮食补贴政策的主要目的是保证粮食供给，主要为粮食价格支持政策。从 1962 年到 20 世纪 90 年代初，欧盟内部均实行内部粮食市场价格支持政策，这种价格支持政策的主要工具是干预价格（Intervention Price）、目标价格（Target Price）和门槛价格（Threshold Price）。干预价格是粮食产品的最低保证价格，欧盟的干预价格是以最大的产粮区法国奥尔姆的粮食生产成本和市场状况为基础制定的。当市场价格低于干预价格时，农民可以把粮食以干预价格交售给欧盟设在各国的"干预中心"，从而获得价格保护。目标价格一般高于干预价格 10% ~ 30%，一般按干预价格加从粮食过剩区奥尔良到最缺粮地区杜伊斯堡的运费，再加上市场因素差价计算。目标价格是农民可以接受的基本价格，也是农民希望的最高价格，又是市场价格的最高界限，即政府抛售农产品的经济界限。目标价格在每个交易年初被确定下来，当欧盟内的粮食供给超出需求时，市场价格会降到目标价格以下，当价格下降到某一点时，欧盟将以事先制定好的价格——干预价格收购粮食产品，以维持市场价格稳定。门槛价格是进口粮食的最低价格，是为了使欧盟主要消费中心得到的进口粮食的价格能与欧盟的目标价格基本一致而制定的。门槛价格的设定是使进口粮食在杜伊斯堡不能以低于目标价格出售。当世界粮价低于门槛价格时，需要对进口粮食收取一项变动关税，征收额与第三国报价（一般是粮食可进口到任何一个欧盟国家港口的最低到岸价）和最低价格之间的差价相等，从而使进口粮食价格提高到欧盟内部的价格水平。门槛价格是在欧盟内部和外部构筑的一道"防火墙"，保证了欧盟内部粮食价格支持政策的顺利执行，避免了因政策效应的溢出而使粮食价格支持政策的作用受到削弱[15]。粮食价格支持政策提高了欧盟成员国的农业生产效率，其效果达到了预期目标，欧盟的粮食短缺时代随着粮食支持政策的顺利实施而宣告结束。

到了粮食自给及过剩时代，欧盟对其粮食价格政策做了一些调整。1973～1988年，欧盟内的农作物产量以每年2%的速度增加，而同期内部消费增长率仅为0.5%[14]。同时过剩产品的管理费等支出费用大量增加，给财政带来了沉重压力，1982～1988年，欧盟的农业补贴支出从124亿欧元增加到252亿欧元[16]。事实上，面对这些问题，1968年，欧盟委员会提出《曼斯霍尔特计划》，建议用"减少用地和农业劳动力"的办法来限制生产，提高效率，解决生产过剩问题[15]，但该计划并未达到其目标。此后，1980～1981年，欧盟委员会制定了一系列解决农业结构性失衡问题的政策措施，提出：取消对市场供求严重失衡的重要农产品的保证价格；农民要负担一部分过剩农产品滞销的成本；缩小欧盟内部与世界市场粮食价格的差额等，但由于这些政策措施仍然偏好价格调节，其预期目标未能达到。面对财政负担的加重和内部农产品价格下行的现实，欧盟于1992年对原有的共同农业政策进行了改革，出台了新的共同农业政策。在新的共同农业政策的框架下，欧盟分阶段大幅度降低粮食产品的干预价格，规定粮食价格三年内降到接近于国际市场价格水平，谷物价格降低29%，谷物种植面积削减15%[17]。通过采取削减粮食的价格支持及对减少粮食生产的农民予以补贴的措施，在主要的谷物领域，市场平衡得到恢复，公共粮食储存量由1993年的3000万吨左右减少到1995/1996贸易年末的300万吨左右，数量明显下降[14]，从而提高了欧盟谷物在内部市场中的竞争力。

1992年欧盟对共同农业政策的变革标志着欧盟农业补贴政策在由价格支持逐步向直接补贴转变。1992年开始的改革并没有大幅度下调对农业的支持和补贴力度，只是改变了资金在不同的支持和补贴手段上的分配，仍然存在较大的局限性。于是在1999年5月，欧盟提出了《2000年议程》，这次改革把欧盟当时实施的市场价格支持政策转变为与粮食等主要农产品总量限制措施相结合的价格补助政策，如休耕计划，同时奖励自愿休耕。同时规定在 2000 ~ 2002 年，使粮食的干预价格水平每年降低7.5%，对支持价格降低导致的农民收入损失，用直接补贴的方式进行弥补。《2000 年议程》改革方案实施以来，欧盟对农业的支持力度虽然有所下降，但和其他国家相比还是较大的。于是欧盟部长理事会于 2003 年6 月 26 日达成协议，从补贴方式、方法上对共同农业政策做进一步完善。2003 年共同农业政策改革新方案规定 2004/2005 年度谷物干预价格比以前只削减 5%，同时继续削减粮食干预价格水平，以减少其对生产和贸易的扭曲作用，并取消对黑麦的价格支持，但继续保留对主要粮食产品的价格支持政策。

总体而言，欧盟农业补贴涉及多产品领域，补贴金额较大，同时政策理念也在不断优化。目前欧盟新的粮食补贴政策不再与生产直接挂钩，而是与生态环境、食品质量、动物健康及动物福利标准等方面相联系，取得了积极成就。一方面是高额的农业补贴使农业获得稳定增长的产能与贸易顺差；另一方面是适应内外部环境、不断调整的农业政策为农业发展博得了很好的内外部环境。

三、日本

日本是一个岛国，可用于耕作的土地不多，耕地总面积只有 504 万公顷，人均耕地面积仅有 0.049 公顷，不足世界水平的 1/10。日本农产品自给率很低，按照热量摄入总量计算，日本食品自给率仅为 40%，日本是世界上最大的农产品进口国。

日本的农业补贴政策主要包括价格补贴政策、收入补贴政策和保险政策三大类，通过农田水利基础设施建设补贴、农业现代化设施补贴、农业贷款利息补贴、农产品价格补贴和农业保险补贴来实施。在农田水利基础设施建设补贴方面，中央政府直接投资兴建大型农田水利设施，对于经过审批达标的一般农田水利基础设施建设项目，中央财政补贴全部费用的 50% 左右；都道府县和市町村财政分别补贴全部费用的 25% 和15%；农户自身仅负担很小部分的费用，若农户自有资金不足，也可从金融机构获得低息优惠贷款。农业现代化设施补贴旨在鼓励农户联合购买一些设施，对于购买农业现代化设施的费用，联合购买的农户可从中央财政得到50%的补贴，从都道府县财政得到25%的补贴，从接受国家补贴的金融机构得到25%的低息贷款，有的还可从地方町村财政得到12.5%的补贴。农业贷款利息补贴一般不直接支付给农户，而是依据农户从金融机构获得低息贷款利率与市场利率的差额向金融机构发放。在农业保险补贴方面，政府直接参与保险计划，该保险计划具有强制性，即凡是生产数量超过规定数额的农民和农场都必须参加保险，政府对农作物的保费补贴50%~80%。对于农产品价格补贴，在很长时间内日本差不多对所有上市的农产品都给予形式不同的价格补贴，由于大米是日本消费者最主要的食物，日本长期实行针对国产大米的高额补贴政策，这也是日本农业补贴政策的最重要项目。

日本在不同时期对稻谷采取不同的价格政策。在战后粮食短缺的背景下，政府对粮食供需和价格进行直接管理，目的是稳定粮食价格和保护消费者利益。同时，为了提高农民种粮积极性，发展粮食生产，解决粮食问题，1946年日本政府颁布了《食品紧急措施法》。该法授权政府征收未交售的稻米，以远低于均衡价的价格购买农民的粮食再以较低的价格出售给消费者，同时对部分按时完成食品交售任务的生产者给予奖励以鼓励生产。这一政策虽然考虑到了遭受食品极度短缺和恶性通货膨胀之苦的大多数城市居民的生存问题，但损害了广大农民的利益。日本政府在压低稻谷价格的同时，积极开展农业基础设施建设，投入大量资金开垦荒地、建设灌溉设施、开展农业研究和技术推广等。随着对农业基础建设投入力度的加强，农业生产能力逐步提高，日本政府逐渐放松和取消了对稻谷等粮食的控制。但此时农业生产明显滞后于工业生产，日本农民的收入水平也开始落后于城市居民。在此背景下，日本政府实施了《生产成本和收入补偿方案》，旨在提高农产品与工业产品比价，改善农民的人均收入状况，缩小农业与非农产业工人收入的差距。随后，日本于1961年开始实施《农业基本法》，主要目的在于提高农业劳动生产率和增加农民收入，以实现农工之间的收入均衡。这一阶段日本的农业保护主要以价格支持政策为中心。不同的农产品对应着不同的价格支持手段和力度，对大米的价格支持最为特殊。因为水稻是日本最为重要的农作物，对大米的价格支持政策有利于缩小工农收入差距。同时，日本的饮食结构使得日本政府一直将大米自给作为追求的目标。通过日本政府对稻米价格的支持，1960～1968年，稻米价格翻了一番，其他粮食产品的价格也有所提高，农民收入状况得到改善，农业与非农业部门人均收入差距显著缩小。随着日本政府对稻谷价格的保护，大米库存激增，用于大米流通的财政支出连年扩大，1968年就高达2683亿日元。在巨大财政支出的压力下，日本政府于1969年修改了《粮食管理法》，允许稻谷直接在指定销售商间自由流动，让稻谷价格由市场供需关系决定。但事实上，在此后二十多年里，大米的价格仍没有实现市场化，而是由全国农协和全国粮联协商决定的垄断价格[14]。1990年，日本设立了自主流通米价格形成中心，规定自主流通米必须进入价格中心进行交易，尽管如此，但由于日本农协对大米的交易影响很大，大米价格仍在高位运行。1993年底，日本加入乌拉圭回合农业谈判，其价格支持政策受到质疑。1995年，日本颁布《粮食法》，取代了实施近半个世纪的《粮食管理法》，并积极构建既能保证农民收入的稳定增长，又不违背WTO原则的新的粮食补贴政策体系。《粮食法》规定，农民不必将大米销售给政府，继而出现了"计划外大米"。此后，日本于1998年颁布《米政策大纲》，出台了稻作经营稳定对策，其目的是防止自主流通米价格下跌对种植大米的农民造成冲击，实质是利用农民和政府共同出资建立的基金，对因价格下跌带来的农民收入损失进行补贴的一项制度。1999年，日本政府出台了《食品、农业、农村基本法》。该法在价格支持方面的调整方向是，逐渐减少价格支持力度，增加直接收入补贴和对农村基础设施建设的投入，设立转作补贴（转作补贴是为了解决大米生产过剩而其他粮食和经济作物的生产又严重不足的矛盾而设立的，补贴的标准略超过大米的收益，农户转作达到了一定规模即可得到补贴），调整价格支持中的农产品结构问题[18]。

日本农业补贴的特点突出表现为：长期实行以大米为核心的巨额农业生产补贴；直接补贴在不同时期侧重于不同地区，如2000年出台《针对山区、半山区地区等的直接收入支付制度》，直接补贴向山区和半山区倾斜；农业补贴始终以价格支持政策为主。总体上，日本农业补贴对日本农业的发展起到了积极作用。首先，在国家财政补贴的刺激下，农田水利基本建设发展迅速，新垦地面积扩大，单位耕地生产率得到较大提高；其次，注重现代农业发展的持续投入，加速农业现代化进程，在许多方面已超过欧美发达国家；再次，巨额财政投入下的农产品价格补贴极大地调动了农民生产积极性，农产品供给大幅增加，同时也促进了农民收入的稳定增长。

四、韩国

韩国是一个新兴工业化国家，农业相对薄弱，政府也制定了一系列有效的农业补贴政策，主要包括价格补贴政策、直接支付政策和其他支持政策等。建国初期，韩国经济不景气，城乡居民收入差距大，粮食也较为短缺。为改变落后的农业状况，韩国在 1948～1967 年建立了农村振兴厅、林业局、渔业局，制定了与农业、林业、渔业相关的法律，包括《粮食管理法》《土地改革法》《农业合作法》等。其中重点构建农业政策制度框架，且将保障粮食供应放在首位。在重视农业发展的同时，韩国于 1960 年开始实行工业化，由此韩国经济有了较大发展。随着经济的持续快速增长，韩国对农业的保护力度在加强，政策措施也在不断发展变化。跟日本较为相似的是，大米也是韩国最主要的农产品，韩国 80% 的农业人口参与稻米生产，全国耕地的 54% 用于生产稻米，因而大米价格政策是韩国农产品价格政策的核心[14]。

建国之初，韩国经济落后，财力有限，无法对农业进行补贴。真正对农业采取补贴是在经历了近 10 年的工业化后，韩国政府财政有了一定积累后才开始的。1968 年，韩国对稻米等粮食实行购销倒挂制度，即政府高价向农民收购大米，低价供应给城市居民，差价由政府补贴。补贴差价的费用来自在《粮食管理法案》（1970 年）基础上建立的粮食管理基金。1970 年，每 80 公斤大米的政府收购价格为 7000 韩元，而卖出价格为 4296 韩元。购销倒挂补贴政策使得政府付出了很大代价。但随着国内外经济和贸易环境的变化，韩国政府的粮价双轨制受到质疑。为此，1984 年韩国政府委托农业协同中央会通过投标来确定政府向市场出售大米的价格，依此来调整该政策的支持方式与程度。但政府的财政压力并没有因此减小，截至 1993 年底，补贴大米造成用于差额补贴的粮食管理基金的赤字高达 7.7 万亿韩元。为了进一步减轻财政负担，韩国在 1984～1994 年一直执行由农业协同中央会按照政府收购价格收购大米的政策，在 1995 年后改为根据市场价格收购大米，农业协同中央会只支付市场价格与政府收购价格的价差及其他成本。同时，韩国在 1994 年废除了粮食管理基金，建立了强化粮食库存基金，决定由该基金承担粮食管理基金的债务。至此，购销倒挂补贴政策的调整将以前完全依靠政府财政补贴农户转变为依靠政府和国内消费者共同补贴农户[19]。2004 年之后，为履行 WTO 新一轮降低综合支持总量（AMS）的义务，韩国政府对大米补贴政策进行了改革，废除了购销倒挂补贴政策，开始按照市场价收购大米，同时向农民发放市场价与政府收购价的差额及其他成本补贴。乌拉圭回合后，韩国加强了直接支付政策，这标志着韩国的粮食补贴政策开始由市场价格支持向直接支付转变。1995 年之后，韩国开始推行的直接支付计划主要包括三方面：第一是亲环境农业直接支付计划，它的对象不局限于稻农，也包括种植蔬菜等的亲环境生产者，目的是保护环境；第二是提前退休农民的直接支付计划，该计划的对象是达到 60 岁的老农，直接支付的期限为 5 年，目的是鼓励老农尽早提前退休；第三是稻田直接支付计划，主要目标是减少政府购买，产生收入支持效果，减少水稻种植面积，发挥稻田的多功能性，并进一步发展亲环境农业。除上述提到的补贴外，韩国购销倒挂的粮食补贴、农业生产资料补贴、加强农业基础设施建设、农业机械补贴等政策的合力作用对保障韩国粮食安全发挥了重要作用。

在工业化进程中，韩国的农业补贴政策调整与日本的较为相似。一方面，补贴政策促进了农业的生产和农民收入水平的提高；另一方面，它也兼顾了工业的发展，成为工业反哺农业的成功典范。韩国的农业补贴政策走过了一个由忽视农业到重视农业的过程。在 20 世纪 60 年代前期，由于优先发展工业，对农业重视不够，补贴政策极少，韩国工农差距拉大和农民收入偏低。到了 20 世纪 60 年代后期，工业化的快速发展提升了政府的财力，韩国政府开始采取积极措施，通过新农村运动、价格双轨制等方式以工业反哺农业，提高了农民收入，促进了农业发展。

第三节　构建粮食主产区农户农地投入的利益补偿机制

在国家战略层面，粮食安全具有公共产品属性，政府提供并保证粮食消费的公平享受及支付能力下的可获得性。基于此，政府在不同历史阶段采取了相应的补偿政策来支持粮食生产，以保障国家粮食安全。改革开放以来，我国先后采取过提高粮食统购价格、合同议购、保护价收购、粮食直补、农资综合补贴、托市收购等政策，并初步形成了以收入支持、价格支持和生产支持为主的粮食支持体系。近年来，面向粮食主产区倾斜实施的诸多惠农政策，在降低粮食生产市场风险的同时提高了农户的种粮收入，并有效提高了粮食生产效率和粮食产量，对实现国家粮食安全战略目标贡献突出。尽管如此，粮食主产区仍然面临农业生产基础设施薄弱，与粮食主销区发展差距逐步扩大，粮食生产的可持续发展堪忧等诸多问题，直接考验现行政策措施的科学性与效率性。逻辑分析表明，构建兼顾宏微观目标的粮食主产区农户农地投入的利益补偿机制，关键在于合理把控政府"要粮"与农民"要钱"的逻辑结合点——农地增产、增值潜力的有效挖掘。在此，从定向机制、传导机制、协调机制、反馈机制四个方面提出粮食主产区农户农地投入利益补偿机制构建的路径。

一、定向机制

由于粮食生产的比较利益偏低，粮食产品呈现低需求价格弹性特征，所以依靠自发的市场调节难以实现粮食的合理有效供给。特别是在基本自给实现国家粮食安全的宏观战略目标下，近年来我国主要粮食作物（如稻谷、小麦、玉米等）生产的生产者成本、财政成本以及生态成本节节攀升，对国家粮食安全目标的可持续实现构成严重威胁[20]~[22]。在此情形下，准确识别粮食安全目标实现的微观组织依托尤为重要。因此，应从粮食生产区域化布局基本形成、农户经营日趋分化以及农地资源优化配置加速推进的大背景出发，将国家粮食安全的主体依托定位于粮食主产区主力农户群上，立足于最大限度地激发其经营积极性以实现农地增产、增值潜能，兼容实现粮食增产与农民增收的宏微观目标。

二、传导机制

首先是甄别粮食主产区粮食生产的主力农户群。鉴于转型期种粮农户分业分流加速，可认为粮食主产区业已发生经营分化的规模营粮户、兼业中待分化的潜力规模营粮户以及成长中的种粮专业合作社是新型粮食生产经营的核心主体，在粮食产能贡献中发挥着重要作用。

其次是基于主力农户群构成分类识别其种粮意愿及能力。在农地边际化下，既有的规模营粮户粮作经营收入占比较高，种粮决策的稳定性较高，然而受粮作经营利益下降及比较利益偏低的影响，此类型农户拓展农地规模或在既定规模下集约经营农地的动因仍然受制度条件的影响较大。比较而言，潜力规模营粮户种粮决策的波动性大，在有利的制度环境条件下成长性较大，且其农地经营决策对政策激励措施的敏感度及响应程度也较高。种粮专业合作社是种粮农户的集合体，基于组织能力与管理创新能力集成寻求种粮农户间的外部规模经济效应，其种粮意愿及能力同时取决于内生成长性及外部制度政策的激励相容性。

再次是采取差别化政策措施以引导、激励各类型主力农户强化农地投入行为。结合粮食主产区粮食补贴政策的运行实践，宜采取存量补贴维持不变、增量财政支持资金主要用于主力农户群的方式，适时建立农田改良建设资金、农资综合补贴与相关的生产支持性财政资金相结合的政策支持体系。其中，生产支持性财政资金同主力农户群粮食播种面积及粮食产量增减挂钩，以三年期粮作播种面积及粮食产量均值为依据，动态调整财政资金支持的标的基数。就既有的规模营粮户而言，应着重加大生产支持性财政资金的总量支持力度，以增强其农地投资实力。针对潜力规模营粮户的欠规模经济性及成长性，应以适度规模经济条件下的经营规模为限，着重对粮作播种面积及粮食产量的增量部分进行累进补贴，以激发其追加农地投资的积极性。考虑种粮专业合作社发展的内生成长性及外部制度环境依存性，应在生产支持性财政资金的总量支持与增量支持并重的基础上，强化财政基金对营粮环节项目的支持力度，通过项目扶持方式拓展、延伸种粮专业合作社的利益空间及发挥其农地投资的综合潜能。

最后是建立健全有利于优化农户农地投入行为的社会化服务体系。农地不仅具有生产要素功能，而且具有资产属性。将农地资源作为生产要素进行市场化配置有利于其价值的最大化实现，而作为专用性资产，农地的资产价值同样受到配置功能优劣的影响，二者相辅相成。由此可见，农地不仅可以作为粮食主产区主力农户群实现产出价值的手段媒介，而且能够成为投资增值对象。为此，应在出台权威性、可操作性的农地质量等级标准的基础上，引入多方社会力量参与农地投入，并积极培育社会化中介机构，通过核准农地权属变更及评估农地资产价值变动，最大限度地服务于农地资产增值及其价值的最大化实现。

三、调节机制

首先是增量财政支持性资金要重点向粮食主产区倾斜。国家粮食局 2011 年统计数据显示，13 个粮食主产省区的粮食产量占全国粮食总产量的比重为 75.4%，特别是其粮食增量占全国粮食增量的 95%，它们在粮食安全战略目标实现中承担了更大的责任。然而，粮食主产区农户在做出重大产能贡献的同时，却未获得相应的收入增长机遇。以 2012 年为例，13 个粮食主产省区粮食产量的平均位次为第 7 位，而农民人均纯收入的平均位次为第 13.15 位，较粮食产量位次整体落后 6.15 位。尤为值得关注的是，粮食产量位次排名居第 1 位与第 2 位的黑龙江省与河南省，农民人均纯收入位次分别仅为第 10 位、第 16 位，分别落后 9 位、14 位。在 13 个粮食主产省区中仅有辽宁省农民人均纯收入位次相对居前，农民人均纯收入位次为第 9 位，较其粮食产量位次的第 13 位居前 4 位。为此，对粮食主产区利益补偿机制的设计，首先要转变其粮食产能贡献大而农民收入偏低的格局。在设计粮食补贴政策时，应合理补偿粮食主产区在做出粮食产能贡献的同时所遭受的收入机会损失，适度向粮食主产区倾斜，优先保障其改善农田基本条件的资金需求，夯实粮食主产区实现粮食产能提升与种粮农民收入增长双层目标的农地基础。

其次是分类设计利益补偿机制以加速新型粮食经营主体的培育。目前，全国各地采取的补贴方式主要有按粮食实际种植面积补贴、按计税常产补贴、按计税面积补贴和按出售商品粮数量补贴等四种，在实际操作中大部分地区是按计税面积补贴，采用"一折通"形式，由财政部门直接发放至农户账户。上述方式属于依据既定信息执行的普惠制意义上的补贴方式，虽能在一定程度上简化程序从而降低政策操作成本，但在某种程度上强化着农民的"身份预期"及其兼业化经营农地的制度理性行为逻辑，不利于促进粮食主产区农户分业分流。事实上，纯农户、农兼户及兼农户在粮作经营中的分化轨迹不同，纯农户、农兼户最大可能演化为新型粮食经营主体，理应被确立为粮食补贴政策激励的主要对象。在实际操作中，将增强两类型农户粮作经营的固定资产投资积累水平为切入点，采取政府差额补贴与农户自愿响应相结合的方式，以适度经营规模为参照补贴起点，对其包括农地资产在内的固定资产存量维护及增量投资，统筹实行存量与增量补贴。与此同时，建立健全能够对营粮农户固定资产进行科学评估的中介服务机构，旨在对涵盖农地在内的农户固定资产价值变动做出合理估算，以此作为生产性财政补贴的基础依据。而兼农户演化成长为新型粮食经营主体的可能性较小，可为生产性财政资金支持的边缘类型农户。兼顾农户粮作经营的固定资产投资存量与增量特征，分类设计利益补偿制度，能够发挥对新型粮食生产主体的自动识别与甄选作用，这既符合 WTO 规则的"绿箱"政策，便于在不扭曲市场价格的生产性支持空间内弹性运作，又能够契合新型粮食经营主体成长发育的路径特征，兼而实现粮食增产与农民增收的双层目标。

最后是基于农地投资增值特性与主力农户利益诉求优化设计利益补偿新机制。农地地力是其产出效率的基础保证，然而由于我国农地产权制度创新的滞后性，对农地过度索取成为常态。依据农业部对全国 107 个国家级耕地质量监测点数据分析显示，2000～2012 年我国基础地力贡献率下降了 5%。欧美国家粮食产量的 70%～80% 靠基础地力，20%～30% 靠水肥投入，而我国耕地基础地力对粮食产量的贡献率仅为 50% 左右。从全国来看，农作物不施肥区域平均产量最低，小麦种植在不施肥情况下的亩均产量仅为 93.7 公斤[23]。耕地基础地力下降不仅导致粮食生产高成本低效益的严重后果，损害了农地质量对于粮食安全的基础支撑，而且挫伤了种粮农户的生产积极性，严重阻滞新型粮食生产经营主体的形成演化。基于农地投资增值特性与主力农户利益诉求优化设计利益补偿新机制，应实现以下方面的制度创新。第一是确立现有农地质量等级维持保有的强制性标准。我国人多地少决定了农地的高度稀缺性，在保卫"十八亿亩耕地红线"的同时，应制定农地质量分等定级的国家强制性标准，将全国耕地，特别是粮食主产区耕地肥力只升不减确立为基本国策。第二是制定农地质量变动的奖惩机制，旨在促进新型粮食生产主体与农地资源的紧密结合。在实践中，对于所经营承包地质量等级连续三年趋于下降的农户，在保留其土地承包权的前提下强制剥离其土地经营权，加速其农地使用权的流转进程。第三是通过创新农地培肥技术提升新型粮食生产经营主体农地投资的技术经济效率。目前应重点通过广泛应用水土保持技术、推广测土配方施肥技术、普及秸秆还田技术以及重点支持生物肥产业发展，实现农地投资重大技术的创新性应用。第四是针对新型粮食生产经营主体农地投资予以适度补偿，总结推广切实可行的农地投资开发模式。

四、反馈机制

信息源泉、信息通道以及信息传播对象均为信息传播的基本要素。行之有效的信息反馈机制，同样也是粮食主产区农户农地投入利益补偿机制的重要组成。为保证信息反馈机制的有效运行，首先应建立包括农地政策信息、农地质量信息及农户动态信息在内的信息管理系统，确立信息反馈机制良性运行的信源基础；其次应策划农产、农资、农技、农信等职能管理部门的信息资源整合与共享机制，使之共同服务于农地投入利益补偿机制的信道建设；再次应多渠道开创对种粮农户农地投资意愿与行为选择的信息采集途径，顺畅相关职能管理部门与种粮农户之间的沟通对话机制；最后应构建合理的评价指标体系，以检验农地投入利益补偿机制的有效性。

参考文献

[1] 占金刚：《我国粮食补贴政策绩效评价及体系构建》，博士学位论文，湖南农业大学，2012。

[2] 王姣、肖海峰：《我国良种补贴、农机补贴和减免农业税政策效果分析》，《农业经济问题》2007年第2期。

[3] 李红：《农机具购置补贴政策的经济学分析》，博士学位论文，新疆农业大学，2008。

[4] 马秀华：《粮食主产区农机购置补贴政策效应机理与机制研究》，硕士学位论文，河南农业大学，2009。

[5] 韩剑锋：《我国农机购置补贴政策对农民收入的影响分析》，《生产力研究》2010年第3期。

[6] 李军政、孙松林、谢方平：《湖南省农业机械购置补贴实施成效分析》，《农机化研究》2011年第2期。

[7] 顾和军：《农民角色分化与农业补贴政策的收入分配效应》，博士学位论文，南京农业大学，2008。

[8] 朱志刚、胡静林、李志红等：《关于调整完善粮食最低收购价政策的调研报告》，中华人民共和国财政部经济建设司网（www.mof.gov.cn），2006。

[9] 方鸿：《中国粮食最低收购价合理确定机制研究》，《经济与管理》2009年第4期。

[10] 施勇杰：《新形势下我国粮食最低收购价政策探析》，《农业经济问题》2007

年第 6 期。

［11］焦善伟：《近年来粮食最低收购价变化情况及市场影响展望》，《中国粮食经济》2009 年第 12 期。

［12］张桂林、宋宝辉、Michael Reed：《美国联邦政府农业补贴（下）》，《世界农业》2003 年第 12 期。

［13］喻漫、易法海：《欧盟农产品价格支持政策及剖析》，《经济纵横》1996 年第9 期。

［14］侯明利：《中国粮食补贴政策的理论与实证研究》，博士学位论文，江南大学，2009。

［15］何兵：《粮食价格支持政策理论和我国实行的必要性研究》，硕士学位论文，苏州大学，2005。

［16］肖海峰、王姣：《我国粮食综合生产能力及保护机制研究》，中国农业出版社，2007。

［17］吴连翠：《基于农户行为视角的粮食补贴政策绩效研究》，博士学位论文，浙江大学，2011。

［18］袁宏：《农业补贴政策调整的国际经验与启示》，《世界农业》2011 年第 9期。

［19］龙方、苏李：《中国粮食安全的成本与收益分析》，《经济理论与经济管理》2007 年第 8 期。

［20］蓝海涛、姜长云：《经济周期背景下中国粮食生产成本的变动及趋势》，《中国农村经济》2009 年第 6 期。

［21］付恭华：《中国粮食生产的多维成本研究》，博士学位论文，中国农业大学，2014。

［22］曲昌荣：《中国近年基础地力贡献率不断下降，土地隐性流失》，《人民日报》2013 年 4 月 14 日。

［23］王士海：《中国粮食价格调控政策的经济效应》，博士学位论文，中国农业科学院，2011。

第八章

合理调控农地边际化，确保粮食主产区农户收入增长与国家粮食安全的政策建议

导致农地边际化的既有地区间自然条件及其年际的不稳定性变化，以及社会、经济条件等宏观层面的诱因，也有微观层面农户职业分化、经营分化、收入分化的原因。农地边际化直接威胁着国家的粮食安全，而解决国家的粮食安全不能仅仅依靠政府的力量，或市场调节的作用。对于具有突出"政治经济"特性的粮食安全问题，需要深化农村土地产权、劳动转移、金融投资、技术推广和组织创新等领域的改革，掣肘农地边际化。而实施粮食主产区农户农地投入合理化的行动规划与政策措施，方是粮食安全目标与营粮农户利润最大化目标相统一，"稳粮、增收、强基础、重民生"政策目标落到实处的重要举措。

第一节 创新农地制度，调控农地边际化

在农地边际化进程中，农地制度变迁对农地利用经济效益的变动产生了较大影响，正如第一章所述，合理的农地制度安排对农村社会、经济发展都有着积极作用。改革开放初期的家庭联产承包责任制有效地提高了农地经济效益，规避了农地边际化现象的发生。但随着农村社会经济环境的变化，现行农地产权主体不清、农地流转市场不畅等在一定程度上阻碍了农地资源的合理配置，出现不合理的农地非农化与非粮化现象，致使农地

滑向边际化。因而，为保障国家粮食安全，农地制度的创新成为调控农地边际化的重要措施之一。

一、强化最严格耕地保护制度

现行的最严格耕地保护制度主要是随着我国社会经济以及农业发展而逐步形成的。20世纪50~60年代，我国就曾强调非农建设尽量不占用耕地，但由于那个时期我国耕地面积总体上处于增加态势，这一倡议未受到较大关注。改革开放以后，随着耕地面积的下降，我国于1999年对《土地管理法》做了修订，确立了真正的最严格耕地保护制度。耕地保护就是运用法律、行政、经济、技术等手段和措施，对耕地的数量和质量进行保护。目前我国的耕地保护制度主要有土地用途管制制度、占用耕地补偿制度、基本农田保护制度等。新形势下，工业化、城镇化的快速推进，农地边际化现象时有发生，在一定程度上对国家粮食安全构成威胁。2014年，国土资源部下发了《关于强化管控落实最严格耕地保护制度的通知》，该通知体现了政府坚守耕地保护红线和粮食安全底线的战略定力。一直以来，耕地保护制度的实施，主要通过法律和行政的手段，忽视了经济手段。事实上，从调节耕地相关主体间的利益配置入手，维持保护耕地获利与占用耕地成本间的均衡状态，形成完备的耕地保护经济约束机制势在必行。

第一，设置和推广耕地保护基金制度。耕地保护基金是为提高农民保护耕地的主动性和积极性而由政府设立的。粮食主产区可根据各地的经济发展水平，依据人均耕地面积和人均GDP水平来确定其耕地保护基金率和基金额[1]。耕地保护基金主要来源于新增建设用地土地有偿使用费、土地出让收入的一定比例资金、耕地占用税的一部分以及其他财政资金，基金按照"统一政策、分级筹集"的原则运行。比如可借鉴成都市的做法：一是耕地保护基金由市和区（县）共同筹集，主要来源于每年新增建设用地土地有偿使用费和一定比例的土地出让收入，当这两项不足时，由政府财政资金补足；二是对完成确权颁证的耕地每年发放耕地保护基金，补贴标准根据基本农田等级标准而异；三是耕地保护基金总量的一部分用于耕地流转担保资金和农业保险补贴，由市级统筹使用，剩余资金发放给农户和集体经济组织，专款用于农户养老保险补贴和集体经济组织现金补贴，领取耕地保护基金的农户和集体经济组织承担相应的耕地保护义务[2]。耕地保护基金的设立，能够推进土地确权进程，增强农户保护耕地意识，保障农户切身利益，进而形成耕地保护的长效机制。

第二，重视耕地保护科技制度。第二次全国土地调查数据显示耕地面积有所增加，但粮食生产的实有耕地面积并未增长，人口多、耕地少的基本国情没有改变，粮食安全和耕地保护形势依然严峻，耕地保护不容放松。因而，需要大力发展现代农业科技，挖掘耕地资源内部潜力来提高耕地资源的集约利用率。具体可通过作物育种技术、农地平整技术、遥感技术以及灌溉技术等提高单位耕地资源的产量；推广农业标准化，发展节约型农业，科学施用化肥、农药和农膜，推广测土生物防治病虫害、平衡施肥、配方施肥、缓释氮肥等适用技术来改善土壤肥力结构，提升耕地质量。提高农业科学技术的推广应用，进一步加强农业科技创新和转化能力，是调控低端农地边际化的有效途径。

第三，健全耕地保护的实施机制。保护耕地不仅是国家及地方各级政府的责任，而且是所有社会参与者的责任，更是全社会义不容辞的义务，因而需要建立行政监督、立法监督、舆论监督、公众监督等多层次的社会监督机制[3]。地方政府在依法行政中要加强法律法规的宣传，引导和鼓励各社会团体、新闻舆论组织、群众尤其是农民群体参与到耕地保护工作中，主动进行社会监督。同时，政府部门应建立社会监督信息接收和信息汇总机制，保障社会监督的多方信息及时准确地传导给政府及其相关的职能部门，实现多部门协调联动。

二、划定永久基本农田保护区

在工业化、城市化的推进下，建设用地的需求量不断增加，坚守耕地红线，划定永久基本农田保护区，是国家粮食安全的基础保障。对于肩负粮食安全重任的粮食主产区，应根据区域的地理位置、耕地质量、土壤肥力等状况，筛选出耕地比重大、质量等级高、累计面积达到一定规模的基本农田聚集区，作为永久基本农田保护区。为此，首先要区分和规划基本农田、永久基本农田与高标准基本农田。一定要遵照土地利用总体规划，根据规划期内人口与社会经济发展变化情况，划定基本农田来保障农产品的基本需求。对于具有较高或潜在生产能力的农用地，为确保土地资源可持续利用和经济社会可持续发展，在土地利用总体规划中需将其划定为永久基本农田。同时，将经过土地整理后建成的基础地力强、灌溉等设施完善、生态环境良好的土地划定为高标准基本农田，它是需要长期保护的农田，是13亿人的"保命田"。其次，划定永久基本农田要与各类规划、土地整理相结合。在协调土地利用总体规划、城乡建设规划、农业发展规划、生态环境建设规划以及基本农田专项规划等的基础上，整合土地整理与农地流转后的优等耕地，并根据农用地分等定级成果，将高等优级的耕地划入永久基本农田，使之集中连片，发挥永久基本农田的聚集效应。最后，建立永久基本农田保护的补偿机制与监管体系。对永久基本农田给予经济补偿，是调动广大农民保护永久基本农田、激发农民种粮积极性的重要举措。同时，要充分采用卫星遥感等现代化科技手段，通过"天上看、地上查、网上管、群众监"等方式构建多部门协调联动的防控体系，保证永久基本农田得到长期保护。

三、培育农地流转的市场主体

随着我国经济体制的转轨，家庭承包经营制度的局限性逐步暴露出来。在第二轮土地承包期延长30年不变的前提下，因势利导地提出农地的有序流转，不仅是在保护和调动农民从事农业生产的积极性，而且是解放和发展农村社会生产力的重要举措。然而，在农地流转中，受低端与高端边际化的影响，农地撂荒、"非农化"与"非粮化"风险共存。规避该风险，需要从以下几个方面着手。

第一，培育农地流转市场。劳动力机会成本的上升，使得大量农村青壮年劳动力甚至农户举家外出就业，这为农地流转提供了市场可能。目前需要建立和完善农村土地流转资料信息库、农地流转中介服务组织、农地流转市场定价机制以及农地流转仲裁制度等。同时，在农地流转过程中，一定不能触碰土地的承包关系，且需要引导农民增强法治观念，不随便变更签约的合同。在有偿流转的原则下，倡导农民积极、自愿采取不同的市场化流转方式，达到"双赢"。

第二，发展新型农业经营主体。要适时对现有家庭农场主、种养大户以及第一代返乡农民工进行培训，使之向新型职业农民转变。职业农民作为新型农业经营主体，具备一定的现代经营能力和资金实力，能够成为农业生产的生力军。在农地流转规模化加快，农业生产非农、非粮日趋明显的情况下，鼓励和引导家庭农场主、专业大户、合作社种粮，加大对其保险、金融、补贴及项目的支持力度，方能增强农地流入主体的种粮积极性，稳定粮食生产。

第三，对大规模租赁农地设定准入限制。针对目前一些企业打着投资农业的旗号，以各种名义圈占土地，擅自改变土地用途的状况，亟须规范工商业资本进入农业的门槛与准入细则，防止企业打"大农业"的擦边球，借"农家乐"等项目大搞旅游、地产的开发，从根本上制止企业的"圈地"行为。国土资源部曾下发《关于严禁工商企业租赁农地后擅自改变用途进行非农业建设的紧急通知》。该紧急通知的下发在一定程度上表明工商企业在农村直接租赁农地的经营方向有悖初衷，因而把住农地租赁的"入口"，规范农地流转行为，让真正想从事农业的新型农业经营主体流转到土地，坚持农地农用、农地农有，才能更好地规避农地非农、非粮带来的风险。

第二节　加大对粮食主产区建设的投入力度，优化农地资源的配置

粮食主产区肩负着国家粮食安全的重任，因而需要加大对粮食主产区建设的投入力度，更好地发挥粮食主产区基础条件好、生产水平高、商品粮调出量大的优势，完善各类资源的有序流动。

一、加大对粮食主产区建设的投入力度

在目前粮食生产比较利益偏低的情况下，要稳定粮食主产区粮食种植面积，提高其粮食生产效率，亟须增加对粮食主产区建设的投入力度。第一，加大对粮食主产区农业基础设施建设的投入。构建对农田基本建设、水田沟渠及其他水利设施投入多元化的机制，其中政府要发挥重要的引领作用。第二，逐步取消地方财政专项配套政策，如农村基础设施等生产性项目的配套政策、"三农"政策性保险政策、县级财政配套政策以及粮食风险基金县级财政配套政策。国家需从宏观层面加快推进国有政策性银行的资产重组，尽快卸除粮食主产区财政的不合理负担，让地方政府能够在发展粮食生产上做文章，进而解决粮食大县、财政穷县的窘境。第三，加

大对粮食主产区的转移性支付力度，提高粮食主产区的人均财力水平，保证粮食主产区有能力、有意愿投身粮食生产，增强保障粮食产能的动力。同时通过提升转移支付，平衡产粮区公共服务与社会事业等资源不均的现象[4]，激发农户种粮的积极性。第四，提升粮食附加值的空间。在社会经济转型中，人们的消费习惯与品质发生了较大变化，借此可以通过挖掘当地文化，树立品牌意识，满足市场变革的需求，提高粮食主产区在粮食加工、物流上的效益。

二、加强粮食主产区科技服务建设

粮食作为一种特殊的产品，不仅是人们生产生活的必需品，而且具有战略性物资的特性[5]，因而任何一个国家对涉及国计民生的粮食问题都非常重视。从这个层面来讲，粮食科技研发是以社会效益为主的公益性事业，国家应建立长期稳定的财政投入机制，稳步提高对农业科研、农业技术推广、农民教育与技术培训等方面的投入强度。尤其应针对小麦、稻谷、玉米等不同类的粮食主产区增加相适应的科技资源配置，这能够较好地保障粮食生产者的利益，有利于粮食主产区农民收入水平的提高和农村经济社会的稳定。粮食主产区的粮食行政管理部门，也应积极配合国家的系列粮食科技工程项目，与有条件的科研院校建立联系，建立资源共享机制，使有限的项目资金发挥出最大的效应，真正提升自身粮食生产流通等环节的科技实力，增强自身产品在全球粮食市场的竞争力。同时，要加强农业科技推广模式及机制的创新，确保基层农技推广队伍有机构、有人员、有装备、有经费，能够下得去、待得住、用得上。在农业科技投入与推广中，应充分发挥信息化服务的功能，以信息化建设促进农业科技创新和推广，提升农业科技创新和服务能力，提高粮食主产区农业科技的投入产出效率。

三、优化粮食主产区农地资源配置

农地资源作为一种特殊的生产要素，其配置效用表现为在遵循农地自然属性的前提下，如何以有限的农地资源满足社会经济发展的需求，这就对农地资源在时间、空间、用途和数量上的配置提出了要求。在我国，今后相当长一段时期内，提高农地产出率仍是首要目标，为达到这一目标，就必须赋予农民长期而又稳定的农地使用权，并使农地成为农民财产的合法组成部分。只有农民克服用地的短期行为，自觉增加农地投入，才能提高农地的利用率。同时，还要谨防农地不合理的"非农化"与"非粮化"。为此，在保障粮食安全的框架下，首先要完善基层土地流转的考核办法，建立农地"非农化"的惩罚机制与粮地规模经营的奖励机制；其次，对于流转入农地的粮农，要增加其种粮补贴、农机补贴等，而对于流转入农地后不进行粮作经营或农业经营的，取消其相应的粮食补贴；再次，将培育新型农业经营主体作为重点，通过土地确权等方式，尽快将农地可抵押贷款、农业保险、经营主体信用等级评估制度等建立起来，降低规模经营农户粮作经营的风险，提升农地配置效率，推进农地市场的良性发展。

第三节　完善粮食补贴政策设计，调节政策环节的各种关系

在快速转型时期，如何在粮食增产、农民增收基础上实现国家粮食安全是一重大课题。当前形势下，大力提升粮食补贴政策的科学化水平是实现国家粮食安全战略的重要保证。

一、科学定位粮食补贴政策的功能

现阶段，与欧美、日、韩等发达国家或地区相比，我国农业从业人员基数大、比重高，照搬其粮食补贴政策，不仅不利于促进农户在经营分化基础上分业分流，而且会因补贴面广且对象众多而弱化政策绩效，且可能导致财政支出不堪重负。针对我国粮食产业整体弱势、粮农趋于分业分流、粮食市场供求紧平衡的状况，应综合应用旨在改善生产条件的收入补贴政策以及立足于提高交易流通效率的价格支持政策，兼而发挥收入补贴政策的普惠作用与价格支持政策在流通领域的间接支持功能。因此，应继续发挥粮食综合直接补贴基于农民身份权利的收入补贴功能，充分实现良种补贴以及农机具补贴的成本补偿作用，从而达到收入补贴政策的减支增收目标。在此基础上，要特别重视粮食最低收购价政策对规模经营户的甄选识别机制及定向支持功能，构建旨在通过生产计划调控、储备调节、进出口调剂等措施达成稳定粮食市场价格的一揽子政策，以实现粮食安全战略目标。同时，针对托市收购

价政策旨在在保证粮食增产与农民增收基础上实现国家粮食安全的目标定位，优化该政策与农资行业支持、农业产业规划、农业保险以及粮食期货等制度的综合应用，巧施政策"组合拳"。为避免政策操作上的各自为政，应使粮食行业计划、区域规划、物流支持及金融服务等，充分与粮食补贴政策配套，并使之上升到促进农户分业分流与塑造（潜力）规模种粮户的战略高度上来，进而达成政策制度资源的协同整合。

二、协调粮食主产区与主销区的利益关系

立足自给解决粮食安全问题，是我国的基本国策。粮食主产区为国家粮食安全做出了重大贡献，且其重要性渐次上升。然而，由于长期存在粮食价格与农业生产资料价格"剪刀差"，以及粮食价格与粮食加工产品价格"剪刀差"等的制度机制缺陷，粮食主产区所创造的价值和利益流向了区外。为此，应在受益地区征收粮食生产调节税，提高粮食主产区建设自身的经济效益；需完善粮食补贴政策在粮食主产、主销区的利益平衡机制，并逐步建立粮食主产区巨灾保险体系；需健全普惠型农村金融、粮食风险基金、生产大户补贴以及粮食储备制度；等等。同时，为转变粮食主产区在粮食市场中的不利局面，应从以下方面协调粮食产销区间的利益关系：一是从发达省份粮食主销区的土地出让金中提取一定比例作为粮食主产区农地整理开发基金，以增强粮食主产区粮食生产中的基础设施建设能力；二是依据均衡负担原则，从发达省份粮食主销区的增量财税收入中提取一定比例作为粮食主产区粮食流通领域的仓储物流设施建设基金，以补偿粮食主产区在全国粮食市场贡献中的超额负担；三是允许托市粮在粮食主产区与主销区间存在合理的地区差价，广泛吸引民营性质的粮食企业介入粮食仓储物流、期权期货贸易及金融服务业，促进托市粮在区域流通中的"国退民进"与组织制度创新，通过推进区域市场一体化进程来实现粮食主产区与主销区间的互竞、互促与良性发展。

三、创新粮食补贴政策的补偿机制

创新粮食补贴政策的利益补偿机制，首先需要构建国家粮食安全微观主体核心依托的甄别系统与瞄准机制。识别谁将成为营粮主力，可谓政策操作的关键所在。应依据各政策间的主从关系与产业环节关联特征，科学

构建宏微观激励相容、环节关联协同、动态调节有度的综合配套政策体系。现行的收入型补贴、生产型补贴和流通型补贴都旨在提高粮食的生产能力，而忽略对粮食质量和生态环境的关注，因此需对使用绿肥、农家肥以及生物农药等的农户进行更高标准的补贴。其次，要提高对粮食主产区种粮农户的补贴标准、扩大补贴范围、改进补贴方式。加大对良种、化肥、农用机械、农机收割用油等的财政投入，提高粮食补贴的标准与力度，降低农民种粮的成本[6]。同时根据物价上涨与农资价格上涨情况，动态调整补贴标准，合理弥补种粮农民增加的农业生产资料成本，并将新近开垦的耕地和之前由于工作失误造成的漏报耕地均纳入当前的补贴范围中[7]。最后，实施对粮食规模化生产的专项补贴，尤其要对粮食生产大县进行适当的财政转移支付倾斜，以有效保证粮食生产的稳定性。在粮食补贴政策向粮食大县、规模化农户倾斜的同时，要结合农户组织化参与、规模化发展、市场化融入程度，分类型判定其营粮决策的调整轨迹，制定合理甄别与科学培育（潜力）规模种粮户的政策方案组合。

第四节　强化粮食补贴政策的主体依托，构建政策的长效机制

构建粮食补贴政策的长效机制旨在充分发挥该政策的持续导向作用，避免粮作经营风险，夯实粮食生产的微观基础，优化粮食补贴政策的运作模式与绩效评价体系，以保障国家粮食安全。

一、甄选粮食补贴政策运行的核心依托

研究表明，不同规模经营户对粮食补贴政策的行为响应存在差异，其中粮作较小规模经营户为弱响应主体，中等规模经营户为敏感响应主体，较大规模经营户为积极响应主体。因而，较小规模经营户业已非粮化与非农化，其粮作经营收入在家庭收入中的重要性不高，粮食补贴政策难以对该类型农户产生较大的正向作用（或达到同样政策绩效的相应政策成本居高），他们应被定位为政策作用的边缘对象群体；中等规模经营户经营分化加速，部分将分化为非粮、非农农户，部分将演变为规模粮作经营户，粮食补贴政策对该类型农户的绩效趋异，他们应被定位为政策作用的难点

对象群体；较大规模经营户业已发生演变，在粮作经营中趋于规模化、专业化与市场化，其粮作经营收入的重要性程度较高，他们应被定位为政策作用的重点对象群体。这与 2014 年中央一号文件提出的要加大对专业大户、家庭农场和农民合作社等新型农业经营主体的支持力度，实行新增补贴向专业大户、家庭农场和农民合作社倾斜政策相吻合。同时，政策实施应突破原有的行政力量偏好，在对粮食市场的宏观调控中，通过简化行政依附关系、培育市场核心主体、布局战略调控体系，使政府部门从"既当裁判员又当运动员"的双重身份简化为专司制度规范的裁判员角色。在此基础上，构建"隐性成本显性化、弹性成本规则化"市场导向的运行机制，能够实现粮食补贴政策推动力由政府向市场的转换。总之，基于合理财政负担与加速农户分化的双层考量，科学甄选政策运行的核心组织依托，有助于解决政府失灵与市场失灵的问题。

二、优化粮食补贴政策的运作模式

在粮食市场化改革进程中，路径依赖下行政力量主导的强制性粮食补贴政策始终处于主导地位，因而亟须在政策运行设计上进行改革完善。一是要转变粮食补贴政策制度变迁模式。变政府供给主导型粮食补贴政策制度变迁模式为市场诱致型粮食补贴政策制度变迁模式，通过培育壮大各类型市场主体，规范粮食市场经营秩序，理顺政策调控主体、传导主体及微观参与主体间的关系，以达成优化粮食补贴政策运行设计的目标。二是要重塑政策执行载体。确定各类型粮食市场主体间的平等身份权利，产、供、销、储各环节上的市场主体均可自由参与市场竞争或彼此间展开分工协作。三是要转变政策调控方式。在粮食补贴政策项目从登记到发放的各个环节上，建立健全各项管理机制，形成相互制约、相互监督制度，防止种粮农户得不到应有的补贴。四是要减少政策操作成本。粮食补贴工作涉及面广、工作量大，需要运用现代化工具，编制一系列微机软件，减少工作量，提高核查效率，提高粮食补贴工作的透明度。

三、科学构建粮食补贴政策绩效评价体系

基于专业化分工形成的产业与行业的比较利益差异是农户合理配置生产要素的关键。从根本上来说，粮食补贴政策绩效要与农户营粮决策出发

点高度一致。乡土根植性以及低成本生产、生活方式与农户低收入水平的高度切合,为现阶段大多数农户(兼业)营粮的立足点。因而,在追求营粮风险最小化基础上维持家庭收入稳定,仍然是现阶段农户的重要诉求。目前,我国执行粮食补贴政策秉承促进粮农增收、稳定粮食价格、实现粮食安全的思路,相关政策设计存在短期化、局限化等缺陷。为此,应构建科学的政策绩效评价体系,以指导粮食补贴政策的优化设计与高效运行。依据长期、短期政策目标规划及宏微观利益关系协调需要,科学构建及完善粮食补贴政策绩效评价体系:一是要有利于粮食市场体系的合理建立;二是要有利于政策调控方式实现从直接调控向间接调控的根本性转变;三是要能够检验粮食补贴政策与诸多惠农政策间的合理衔接程度;四是要便于测度粮食补贴政策优化设计运行后的增量制度收益与制度成本变化。

参考文献

[1] 刘国凤:《中国最严格耕地保护制度研究》,博士学位论文,吉林大学,2011。

[2] 马义华、李太后:《成都市耕地保护基金制度的实践与思考》,《改革与战略》2012 年第 8 期。

[3] 张君宇、杜新波、胡杰:《建立和完善耕地保护社会监督机制的思路探讨》,《中国国土资源经济》2007 年第 2 期。

[4] 张桂华:《支持粮食主产区粮食生产》。求是理论网,http://www.qstheory.cn/tbzt/tbzt_2014/2014lh/dbwyzs/201403/t20140313_329810.htm。

[5] 侯立军:《我国粮食主产区建设投入和利益补偿机制研究》,《粮食储藏》2012 年第 4 期。

[6] 李琪:《完善我国粮食主产区利益补偿机制》,《企业经济》2012 年第 12 期。

[7] 蒋和平:《完善我国粮食主产区利益补偿的政策建议》,《中国农业信息》2013 年第 13 期。

[8] 高建设:《农地制度变迁路径回顾及"十二五"展望》,《山西高等学校社会科学学报》2011 年第 6 期。

附　录

一、种粮农户调查问卷

您好！我们是河南财经政法大学农业与农村发展研究中心课题组的成员。为了全面了解我省种粮农户的生产经营现状，特请您参加问卷调查。本问卷仅用于学术研究，您的意见对本次研究有重大意义。您的回答无所谓对错，只要能真实反映种粮农户情况即可。未经您的允许，我们不会泄露任何数据。再次感谢您的支持！

祝您身体健康！万事如意！

地址：_____县（市、区）_____乡（镇）_____村
填表日期：年_____月_____日　调查员（学号）：_____

（一）被调查农户户主的基本情况（在相应的序号上打√或填空）
  1. 户主姓名：_____，性别_____，年龄_____岁，电话_____
  2. 户主的受教育程度？
    ①文盲　②小学　③初中　④高中　⑤高中以上
  3. 是否担任村干部？
    ①是　②否
  4. 接受过农业技术培训_____次。
  5. 是否专业？

①是　②否

如果是专业种粮农户，专业种粮已有_____年。

成为种粮农户之前，你的职业是_____。

6. 是否取得过农业技术专业证书？

①是_____②否。

7. 您家是否定有农业科技或经营管理方面的刊物？

①是_____②否

8. 您和家人是否常收看收听农情和农技节目？

①是_____②否

(二)被调查农户的家庭特征（在相应的序号上打√或填空）

1. 家庭人口数为_____人，家庭劳动力数为_____个，其中务农劳动力有_____个。

2. 2012年您的家庭总收入为_____元，农业收入为_____元。

3. 您家经营耕地总面积为_____亩，所经营的土地中：自家承包地有_____亩，代耕代种_____亩，租赁_____亩，其他的有_____亩。租入土地支付租金：_____元/亩，实物地租_____粮食_____斤/亩。租入土地来自？_____

①农户　②村组集体　③国有林场或农场　④其他

您家出租土地_____亩，获租金_____元/亩，实物地租_____粮食_____斤/亩_____。

4. 您的土地分为_____块。

5. 土地转包的合同期限平均为_____年。

6. 您家租田的方式（租期）：①一年一议；②订立协议，协议期限为_____年，有无书面协议_____

①有　②无；有无毁约行为_____　①有　②无

7. 您家农田中易旱易涝田有_____亩，占_____%，其中旱田有_____亩，涝田有_____亩。

8. 您家灌溉农田有用？_____

①井灌　②渠灌　③喷灌，灌溉费用为_____元/次/亩，其中麦_____次，玉米_____次

9. 您的土地购买过粮食种植农业保险有_____亩，保费是_____元/

亩，其中政府补贴_____元/亩。

　　10. 您认为您家最合适的种粮面积应是_____亩。

（三）生产经营及其收入情况

　　1. 粮食作物生产经营情况

粮食生产经营情况

作物	播种面积（亩）	亩产（斤）	粮食价格（元）
小麦			
玉米			
水稻			
其他粮油作物（　　　　）			

　　是否种植种子粮：是，_____亩，种子粮亩产量_____千克，种子粮回收价格为_____元/千克。

　　2. 经济作物种植面积为_____亩，净收入为_____元。

　　3. 非农产业经营净收入为_____元，您从事的非农产业是_____。

　　4. 粮食总产量为_____公斤，其中销售_____公斤，用于饲料粮的有_____公斤，存粮_____公斤。

　　5. 粮食作物生产成本构成情况（注意是总投入，而不是单位面积投入，单位：元）。

作物种类	总成本	种子	肥料	农药	农机	水电	农膜	雇工	运输	其他
小麦										
玉米										
水稻										
大豆										
其他										

　　7. 享受到的政府种粮直补为_____元/亩，良种补贴为_____元/亩，农资直补为_____元/亩，购置农机具补贴为_____元/年，目前政府的补贴方式是_____。总共享受补贴_____元。

　　8. 家有农用资产（农机、农用设施等）的价值约为_____元

（四）经营态度及行为

1. 您要大面积种植粮食的原因是？_____
①您有种粮的专长　②您认为种粮有良好的收益　③政府相关部门的引导　④没有其他就业出路　⑤其他种粮农户收益好影响

2. 您认为目前影响土地承包规模扩大的主要因素是？_____
①资金不足贷款困难　②土地流转秩序不完善，土地承包合同不规范　③农资价格上涨，生产成本持续增加　④粮食价格过低，种粮收入低　⑤自然灾害异常发生，严重影响产量　⑥补贴保险不到位　⑦种粮品种单一，产量提升困难

3. 是否愿意再转入部分农田，增加种植规模（农田流入）？
①愿意　②不愿意

4. 您日常购买农资的主要方式为？
①单独购买　②合伙购买　③专业合作社统一购买　④其他

5. 您现在自有的农机主要有？（可多选）
①收割机　②播种机　③排灌机械　④拖拉机　⑤耕作机　⑥农用车　⑦脱粒机　⑧烘干机　⑨其他_____

6. 您在生产过程中租用的农机主要是？（可多选）
①收割机　②播种机　③排灌机械　④拖拉机　⑤耕作机　⑥农用车　⑦脱粒机　⑧烘干机　⑨其他_____

7. 在生产经营中遇到资金短缺时，您如何解决？
①向银行等金融机构申请贷款　②向亲朋好友转接　③向政府求助　④向相关粮食加工企业求助　⑤其他_____

8. 您借钱或者贷款的过程怎么样？
①很容易　②容易　③一般　④有点难　⑤很难

9. 是否愿意参加粮食生产销售专业合作组织？
①愿意　②不愿意

10. 如果转包期较长，您是否愿意参与农田水利建设（基础设施投入）？
①愿意　②不愿意

11. 是否愿意接受有偿农技服务（农技服务需求）？
①愿意　②不愿意

12. 您在生产经营中：_____ ①常年有雇工 ②季节性有雇工
③无雇工
您的农业雇工价格为_____元/天，或您了解的本村农业雇工价
格_____元/天

13. 您家是否有粮食晒场？①有_____平方米 ②无

14. 您家是否有粮食储存库？①有_____平方米 ②无

15. 您生产的粮食：①收获后直接出售 ②等待时机出售

16. 您生产的粮食主要卖到：①国家收购占_____% ②企业订单
占_____% ③出售给粮食经营公司占_____% ④商贩上门收
购占_____% ⑤自己直接到市场上销售占_____% ⑥其他占
_____%

17. 制约你扩大粮食种植规模的因素有：_____（多选）
①缺土地 ②缺资金 ③缺劳动力 ④缺技术 ⑤缺农机 ⑥缺
烘晒设施 ⑦难管理 ⑧种粮收益低 ⑨政府补贴少 ⑩用地用
工农资价格高 ⑪其他_____。

（五）被调查农户行为控制认知特征（目前指的是 2012 年）

1. 您对目前的粮食补贴政策在实施中对种粮农户支持的总体评价是：
_____。
①很不满意 ②不满意 ③基本满意 ④满意 ⑤非常满意

2. 2012 年河南种粮补贴标准：小麦_____元/亩，玉米_____元/
亩。您对该补贴标准的评价是：_____。
①很不满意 ②不满意 ③基本满意 ④满意 ⑤非常满意

3. 您对目前购买农机具补贴对象、标准和实施方式的总体评价是：
_____。
①很不满意 ②不满意 ③基本满意 ④满意 ⑤非常满意

4. 您对地方政府对种粮农户奖励、农田改造、水利建设等扶持力度
的总体评价是：_____。
①很不满意 ②不满意 ③基本满意 ④满意 ⑤非常满意

5. 您对目前的农技部门提供的技术指导方面的评价是：_____。
①很不满意 ②不满意 ③基本满意 ④满意 ⑤非常满意

6. 您对当前农村信用社为种粮农户提供信贷服务方面的评价是：

_____。

①很不满意　②不满意　③基本满意　④满意　⑤非常满意

7. 您对目前农业保险对减少种粮灾害方面的作用的评价是：_____。

①很不满意　②不满意　③基本满意　④满意　⑤非常满意

8. 您对当前政府实行粮食最低收购价标准（每斤：小麦_____元，玉米_____元）的评价是：_____

①很不满意　②不满意　③基本满意　④满意　⑤非常满意

9. 相对于其他农产品价格，您对近两年粮食市场玉米小麦销售价格的评价是：_____。

①很不满意　②不满意　③基本满意　④满意　⑤非常满意

10. 相对于粮食价格，您对农药、化肥价格的评价是：_____。

①很不满意　②不满意　③基本满意　④满意　⑤非常满意

11. 您对政府农资价格调控方面的评价是：_____。

①很不满意　②不满意　③基本满意　④满意　⑤非常满意

12. 您对政府引导和规范农田使用权流转方面所起作用的评价是：_____。

①很不满意　②不满意　③基本满意　④满意　⑤非常满意

13. 您对从其他农户租种农田的租金标准的评价是：_____。

①很不满意　②不满意　③基本满意　④满意　⑤非常满意

14. 您对在转包中与其他农户谈判、交易的难易程度的评价是：_____。

①很不满意　②不满意　③基本满意　④满意　⑤非常满意

15. 您对您家 2012 年粮食生产经营效益的评价是：_____。

①很不满意　②不满意　③基本满意　④满意　⑤非常满意

16. 相对于小麦、玉米的价格和种粮收入，您的雇用的劳动力工资的评价是：_____。

①很不满意　②不满意　③基本满意　④满意　⑤非常满意

17. 您认为种粮农户担心的主要问题是：_____。

①粮食价格下跌　②旱涝灾害及病虫害　③农技服务跟不上

④雇工难　⑤粮食市场信息不畅通

18. 您需要农业技术部门提供的技术服务是：_____。

①引进和介绍新品种　②栽培和施肥技术　③病虫防治服务

19. 您认为您愿意的合作是：_____。

①耕种合作　②技术合作　③资金合作　④销售合作

20. 您认为种粮农户需要政府支持的服务是：_____。

①销售服务　②技术服务　③信贷服务

21. 您认为粮食直接补贴最合理的方式是：_____。

①按农田面积补　②按种植面积补　③按计税面积补　④按出售的粮食数量补

二、河南省农户粮作经营行为调查

敬爱的父老乡亲：

农业生产资料是农业生产的关键性要素，对农民增收和社会主义新农村建设具有重大意义。本项目将对我省几个典型农区进行实地调查，以此来反映我省农业生产资料供求的状况及其模式特征。希望您能在百忙中抽出宝贵时间，配合本次问卷调查。另外，本问卷采用不记名方式调查，仅用于学术目的，您的个人信息，我们会为您严格保密，敬请放心！

谢谢您对我们调研工作的大力支持，祝您及家人身体健康，幸福快乐！

河南财经学院农资调研小组

调查地点：_____市（地区）_____县（区）_____乡（镇）_____村

调查时间：_____年_____月_____日　　　　　调查人：_____

1. 您的性别是（　　）。　　A. 男　B. 女

2. 您的年龄是（　　）。

   A. 16～30 岁　B. 31～45 岁　C. 46～60 岁　D. 60 岁以上

3. 您的文化程度是（　　）。

   A. 没上过学　B. 小学　C. 初中　D. 高中或中专　E. 大专或以上

4. 您家庭人数为_____人，在家务农劳动力有_____人，全家年平均收入约为_____元。

5. 您家居住在：__平原/丘陵/山区__？距中心（集贸）镇或市场_____公里？交通：__方便/不方便__？

6. 去年您家有耕地_____亩，种田毛收入为_____元，扣除成本外收入为_____元。主要成本包括（　　　　）。（可多选）

   A. 种子　B. 农药　C. 化肥　D. 农膜　E. 农技服务费　F. 机耕机收作业费　G. 其他

7. 与去年比较，今年种粮的每亩成本增加幅度（　　　　）。

   A. 较小　B. 一般　C. 较大

   亩成本的增加主要是由以下费用的增加所致（　　　　）。（可多选）

A. 农机具　B. 种子　C. 化肥　D. 农药　E. 灌溉　F. 机耕机收作业费 G. 技术服务　H. 其他

8. 在种植上，您家（　）技术人员辅导？　　A. 有　B. 没有

若有：主要由（　）类人员辅导。

A. 粮食种植　B. 瓜菜种植　C. 果木种植　D. 其他

辅导　收费/否　？农民一般愿意　交/不交　？这种辅导　有/没有作用　？

9. 您村或临近村　有/没有　真正的农业生产服务组织？

如果有，您家　是/否　加入？为什么？_____

如果没有，您　是/否　希望有？为什么？_____

10. 在怎样施肥、施药问题上，您是（　）？

A. 听农技人员的　B. 自己决定　C. 听邻居或亲戚介绍　D. 听销售商推荐

您怎样接受农技部门推广的新产品或良种？（　）

A. 农技人员说好就用　B. 听上年使用过的农户的反映

C. 随大流

您对农技服务的要求是（可多选）：（　）。

A. 多下田头，现场指导　B. 提高推广产品的科技含量

C. 保证推广新产品质量和效果　D. 强化服务意识　E. 做好售后服务

11. 您　知道/不知道　农民种粮用柴油、化肥等农业生产资料综合直补政策。

若知道：您家亩均农资综合直补 2007 年为_____元，比上年增加

_____元，2008 年为_____元；

获得的补贴（　）农资价格上涨。

A. 高于　B. 持平　C. 低于

您　清楚/不清楚　农资综合直补标准。

若清楚你认为现在农资综合直补的标准（　）。

A. 较高　B. 适当　C. 较低

您　知道/不知道　当地农资综合直补的依据。

若知道：是按（　）补贴的

A. 按原计税面积　B. 按实际播种面积　C. 按实际购买农业生产资料数量　D. 其他方式

您希望采取（对上述四项进行选择）___依据，补贴方式是（　　）。

A. 直接发现金　B. 存入银行卡发放　C. 发补贴券

12. 您___知道/不知道___农机购置补贴政策。

您家在购买农业机械时，获得_____元补贴，补贴金额占机械原值的_____%。

13. 农资市场上的假农药、假化肥、假种子现象（　　）。

A. 很少　B. 常有　C. 很多

您家购买农资产品的主要渠道为（可多选）：（　　）。

A. 农资公司连锁店　B. 城镇农资零售店　C. 村头商店　D. 村集体　E. 合作社

购买农资时一般是根据（　　）。

A. 自己经验　B. 农技人员介绍　C. 农资店推销　D. 邻居介绍　E. 其他

购买时农资商___有/没有___向您提供相关性能、使用方法及售后服务等内容。

14. 以下农资商品的内容，您最重视的依次是（　　）。

A. 价格　B. 质量　C. 安全性　D. 包装　E. 服务和技术服务　F. 送货上门或送到田间　G. 其他

15. 您认为激励农民增加粮食供给的有效方式是（可多选）：（　　）。

A. 提高粮价　B. 降低农资价格　C. 通过流转扩大营粮户耕地面积　D. 培养地力（增高土地肥力）　E. 农业技术支持　F. 加大农资补贴力度

16. 若您家及村里有典型经验或实例，请予以描述，我们将对您所反映的情况做重点关注与回访。

_____

_____

17. 农户购买农资调查表。

项　目		购买主渠道（可多选）：①农资公司；②农资市场；③小商小贩；④村集体；⑤合作社	上一年购买（公斤、元）		本年度购买（公斤、元）		满意度：①满意/②一般/③不满意	
			购买总量	支出总额	购买总量	支出总额	质量	价格
化肥	氮　肥							
	复合肥							
	其　他							
农　药								
农　膜								
种　子								
农用柴油								
合　计								

注：上年购买的农资用于本年农业生产的，计入本年度。

三、最低收购政策下农民的营粮行为调查

本调查依托河南财经政法大学农业与农村发展研究中心课题项目,旨在了解近年来粮食最低收购价政策实施及绩效状况。谨代表中心全体师生,对您的支持与协作,表示最为诚挚的谢意!

调查地点: _____ 市 _____ 县 _____ 乡镇 _____ 村

1. 您的性别? _____   A. 男   B. 女

2. 您的年龄? _____
   A. 30~40 岁   B. 40~50 岁   C. 50~60 岁   D. 60 岁以上

3. 您的学历? _____
   A. 小学   B. 初中   C. 高中   D. 中专   E. 大专及以上

4. 您是否为中共党员? _____
   A. 是   B. 否

5. 户主是否为您本人? _____
   A. 是   B. 否

6. 您家种粮决策方式? _____
   A. 由户主本人决定   B. 家庭成员协商决定   C. 其他

7. 今年您家小麦种植面积大约为_____亩,平均亩产为_____公斤。

8. 2006 年前您家小麦种植面积大约为_____亩,平均亩产为_____公斤。

9. 您家种麦的主要目的是? _____
   A. 赚钱   B. 解决家庭就业   C. 供自家食用   D. 避免土地荒芜
   E. 其他

10. 今年您家每亩小麦种子的成本为_____元,化肥成本为_____元,农药成本为_____元,播种成本为_____元,收割成本为_____元;2006 年以前平均每亩投资为_____元。

11. 不考虑农资物价上涨因素,您感觉自家比 2006 年前是否加大了投资力度? _____
    A. 是   B. 否

12. 现在小麦的播种与收割是否全部机械化？_____
    A. 是　B. 否

13. 您家近年来是否购买了新的农机具？_____
    A. 是　B. 否

14. 近年来您家每年储备的粮食大约为_____公斤，2006 年前每年储
    备为_____公斤。

15. 您家食用的面粉主要采用的消费形式？_____
    A. 磨面　B. 在面粉厂用粮食换取面粉　C. 花钱购买面粉

16. 近年来您家卖粮主要集中在_____月份，2006 年前您家卖粮集中
    在_____月份。

17. 近年来您家卖粮点主要为_____，2006 年卖粮点主要为_____。
    A. 粮库　B. 粮食加工企业　C. 本村　D. 自己家　E. 就地收购

18. 您是否了解最低收购价政策？_____
    A. 非常了解　B. 了解一些　C. 不太了解　D. 完全不了解　E.
    不关心

19. 近年来您家种植小麦的主要品种为_____，2006 年之前的主要品
    种为_____。

20. 您是否会因为小麦收购等级的差分而调整小麦种植品种？_____
    A. 是　B. 否

21. 您家离最低收购价收储点的距离大约为_____里。
    其间的交通方便吗？_____
    A. 方便　B. 一般　C. 不方便
    货运车辆的费用_____。
    A. 昂贵　B. 适中　C. 低廉

22. 每年 7 月到 9 月份您家小麦的售价与最低收购点的托市价差额为
    _____分，其他月份的差额为_____分。

23. 您感觉近年来您家小麦的实际售价与托市收购价的差额在_____。
    A. 拉大　B. 基本不变　C. 偏小

24. 您认为现行粮食最低收购价标准_____。
    A. 偏高　B. 适中　C. 偏低

25. 在维持现有粮价基本稳定或小幅度提升的前提下，您家种粮面积

将_____。

　　A. 维持不变　B. 缩小　C. 扩大

26. 您感觉实行最低收购价政策对您家种粮行为的影响作用如何？_____

　　A. 较大　B. 一般　C. 较小　D. 没有影响

27. 您了解的惠农政策有_____（可多选），对您家种粮决策影响最大的为_____。

　　A. 综合直补　B. 良种补贴　C. 农机具补贴　D. 粮食最低收购价

28. 影响您家种粮决策的因素_____。

　　A. 种粮比较收益　B. 非农就业机会　C. 农资成本　D. 农地规模
　　E. 家庭劳动力数　E. 粮食补贴政策　F. 最低收购价政策

29. 您家耕地的使用状况？_____

　　A. 全部自己种　B. 部分自己种，部分租出、卖出　C. 部分耕种，部分荒废或作为非耕地用　D. 全部荒废或租出、卖出

30. 您家人口数为_____人，劳动力数为_____人，家庭年收入_____元。

31. 是否出去务工？_____

　　A. 是　B. 否

　　一般每年外出务工天数为_____天，外出务工收入为_____元。

　　促使您外出务工的因素有哪些？_____

32. 您认为务农收入与外出务工收入有差距吗？_____

　　A. 没有差距　B. 有一些差距　C. 有很大差距

33. 您认为影响种粮积极性的最主要原因_____（选3个）

　　A. 粮食价格不稳定　B. 农资价格不断上升　C. 农产品内部比价不合理（比如种植经济作物收入比种粮收入高）　D. 农业基础设施不够完善　E. 生产与销售脱销　F. 国家补贴政策不合理
　　G. 务工收入与农务收入差异　H. 收入不稳定　I. 其他（请注明）

　　再次感谢您的合作，我们将用百分百的努力换您百分百的满意！

图书在版编目（CIP）数据

粮食主产区农户农地投入行为研究/张建杰，张改清著．-- 北京：社会科学文献出版社，2016.8
（工业化、城镇化和农业现代化协调发展研究丛书）
ISBN 978 - 7 - 5097 - 9426 - 5

Ⅰ.①粮… Ⅱ.①张… ②张… Ⅲ.①粮食产区 - 农业用地 - 农业投入 - 研究 - 中国 Ⅳ.①F321.1

中国版本图书馆 CIP 数据核字（2016）第 163134 号

工业化、城镇化和农业现代化协调发展研究丛书
粮食主产区农户农地投入行为研究

著　　者/张建杰　张改清

出　版　人/谢寿光
项目统筹/周　丽　陈凤玲
责任编辑/陈凤玲　田　康

出　　版/社会科学文献出版社·经济与管理出版分社（010）59367226
　　　　　地址：北京市北三环中路甲 29 号院华龙大厦　邮编：100029
　　　　　网址：www.ssap.com.cn
发　　行/市场营销中心（010）59367081　59367018
印　　装/三河市尚艺印装有限公司

规　　格/开　本：787mm × 1092mm　1/16
　　　　　印　张：16.5　字　数：269 千字
版　　次/2016 年 8 月第 1 版　2016 年 8 月第 1 次印刷
书　　号/ISBN 978 - 7 - 5097 - 9426 - 5
定　　价/79.00 元

本书如有印装质量问题，请与读者服务中心（010 - 59367028）联系